Accounting

全国高职高专会计专业
理实一体化系列教材

U0681929

# 基础会计

## 理论·实务·案例

沈清文 主 编
吕玉林 王秀华 副主编

清华大学出版社
北 京

## 内 容 简 介

本书是理实一体化教材，打破学科体系，紧紧围绕岗位工作任务组织内容，从会计人员应知应会，到建账、凭证处理、账簿登记、报表编报，再到会计档案管理，过程完整，是"教、学、做一体化"极好的教学资源。本书采用"项目—任务"式编写思路，除知识讲解外，每个项目都有"典型任务实例"和"课堂活动"等模块，以提高学生的应用能力和技能水平。

本书既可作为高职高专教材，也可作为会计从业资格考证教材，还可作为社会人员会计入门用书。

**图书在版编目（CIP）数据**

基础会计：理论·实务·案例 / 沈清文主编 . -- 北京：清华大学出版社，2016

全国高职高专会计专业理实一体化系列教材

ISBN 978-7-302-42767-4

Ⅰ. ①基…　Ⅱ. ①沈…　Ⅲ. ①会计学－高等职业教育－教材　Ⅳ. ①F230

中国版本图书馆 CIP 数据核字（2016）第 025555 号

责任编辑：陈凌云
封面设计：毛丽娟
责任校对：袁　芳
责任印制：何　芊

出版发行：清华大学出版社
　　　　网　　　址：http://www.tup.com.cn，http://www.wqbook.com
　　　　地　　　址：北京清华大学学研大厦 A 座　　　邮　　编：100084
　　　　社 总 机：010-62770175　　　　　　　　　邮　　购：010-62786544
　　　　投稿与读者服务：010-62776969，c-service@tup.tsinghua.edu.cn
　　　　质 量 反 馈：010-62772015，zhiliang@tup.tsinghua.edu.cn
　　　　课 件 下 载：http://www.tup.com.cn，010-62770175-4278
印 装 者：北京密云胶印厂
经　　销：全国新华书店
开　　本：185mm×260mm　　　印　张：13.5　　　字　　数：326 千字
版　　次：2016 年 6 月第 1 版　　　　　　　　印　　次：2016 年 6 月第 1 次印刷
印　　数：1～2000
定　　价：29.00 元

产品编号：056229-01

　　本书的编写适应了当前高等职业教育改革的需要，教材内容的选择遵循了先进、实用、适用、适当、精练的原则，以全面提高学生综合素质为基础，以能力培养为本位，以实际工作过程为主线，结合职业资格标准要求，集知识教育、技能教育和素质教育为一体。

　　本书所涉及的内容均以最新会计理论、会计方法和会计法规为依据。在编写过程中，按照高职高专人才培养的要求，充分体现了原创性、新颖性、创新性和鲜明的职教特色，以达到培养具有职业技术应用能力和基本素质的高等技术应用型专门人才的目的。"原创性"体现在有些内容是编者根据人才培养需要独创的，在其他教材中找不到。"新颖性"体现在内容结构新，版块设计新，体现形式新，给读者以新视觉，突破了传统的教材结构体系。"创新性"体现在本书以最新的国内外研究成果充实教材，以最新的法规为依据进行内容组织，同时，对会计理论有所创新，改变了传统的习惯性说法，如用记账规律代替记账规则，用账户汇总表代替科目汇总表等。"鲜明的职教特色"体现在本书注重理论联系实际，以应用为准绳，以大量案例强化岗位技能培养和综合素质提升。另外，教材内容安排充分考虑中高职衔接，给学生更多的思考空间，引领发散思维，锻炼学生分析和解决问题的能力，内容中避免了固定答案的出现。值得一提的是，本书内容准确，表述清晰，案例典型，代表性强，文字浅显易懂，没有涉及高深理论，所选入的理论内容都是直接触及与技能相关的理论，是支撑实践技能不可或缺的内容。

　　本书编者大多是"双师型"教师，既有较高的理论水平，又有丰富的实战经验。本书运用大量案例对基本概念、基本方法、基本技能进行了详细说明，以满足学生取得会计从业资格的需要。此外，本书每个项目前有知识概览，每个项目中有任务，每个任务都有任务描述、任务素材和任务要求；每个任务中设有开阔视野、温馨提示、请注意、想一想、动一动等小栏目，并根据内容适时穿插"课堂活动"，可丰富学生知识，开阔学生视野，提高学生分析问题、解决问题的能力，对实现教师主导、学生主体的教学提供了资源保障，最大限度地满足加强学生实践动手能力培养和提升综合素质的需要。

　　本书由黑龙江农业职业技术学院沈清文教授担任主编，黑龙江农业职业技术学院吕玉林、黑龙江省农副产品加工机械研究所王秀华担任副主编，具体分工为：项目1、项目2、项目3、项目6、项目9由沈清文执笔；项目7、项目8由吕玉林执笔；项目4、项目5由王秀华执笔。

　　在编写过程中，我们参阅了同行专家的相关研究成果及收集的案例，也得到了清华大学出版社的帮助和支持，在此一并表示衷心的感谢。

　　我们衷心希望本书能成为学生的好帮手，教师的好参谋。

　　由于编写水平有限，对新准则理解的偏差，不妥之处在所难免，敬请读者批评、指正。

编　者

2016年3月

# 目 录

# 认识会计职业和企业

## 知 识 概 览

| | | |
|---|---|---|
| 认识会计职业 | 会计职业的特点 | 会计职业是指会计从业人员所从事的职业。它与法律、法规密切相关，与价值和利益因素关系密切，具有很大的责任和风险，现在实行的是准入制 |
| | 会计职业的种类 | 按照会计岗位工作目标和作用不同，会计职业分为单位会计和公共会计两类 |
| | 会计职业的发展趋势 | 1. 管理会计将成为会计管理的主流<br>2. 会计管理手段的改变迫使会计职业作出变革<br>3. 会计职业的国际化趋势日渐明显<br>4. 会计职业安全和自我保护意识逐渐增强<br>5. 会计职业所需要的知识基础与技术能力日益拓宽<br>6. 会计职业越来越受到人们的尊敬和向往 |
| 了解与认知企业 | 企业的概念及其特征 | 企业是指依法设立的以营利为目的、从事商品的生产经营和服务活动的独立核算经济组织。它具有组织性、独立性、营利性、经济性和商品性五大特征 |
| | 企业的作用 | 1. 企业是市场经济的主要参加者<br>2. 企业是社会经济技术进步的主要力量<br>3. 企业是社会生产、流通和服务的直接承担者 |
| | 企业组织形式的类型 | 1. 按照财产的组织形式和所承担的法律责任划分，可分为个人独资企业、合伙企业和公司<br>2. 按投资者的不同，可分为内资企业和外商投资企业<br>3. 按照国民经济行业分类标准，可分为制造企业、商品流通企业和服务企业等 |

## 任务1.1  认识会计职业

任务描述

了解会计职业的概念、种类和发展趋势，能根据会计职业的发展趋势，对自己未来会计职业生涯做出合理的规划。

## 一、会计职业的概念

按现行惯例，会计职业是指会计从业人员所从事的职业。会计职业历史悠久，是一个传统的职业，会计真正成为一个职业，应该是在原始社会晚期。马克思曾经考证过，在远古的印度公社，簿记工作已经独立为公社官员的专职，配备有一个农业记账员。1854年，苏格兰爱丁堡会计师公会的成立，标志着会计职业初具规模。会计职业的发展与经济的发展密切相关，可以说是如影随形。随着会计职业的发展，它已经像医生和律师那样，成为人们所向往的前景无限的职业。

## 二、会计职业的特点

与其他职业相比，会计职业有以下四大特点：①会计职业与法律、法规密切相关，如业务处理需要遵循各类相关法规，在法规框架下操作；②与价值和利益因素关系密切，如业务过程主要体现价值运动，更多地与货币资金打交道，工作重心主要是为利益相关者进行经济决策提供数据等；③会计职业具有很大的责任和风险，会计人员除了对管理层负责之外，还要对各利益相关者负责，如政府、投资者、债权人、单位员工等，这就使得会计从业人员面临更多的风险和责任；④会计职业实行"门槛"准入制，需持证上岗，且要终身学习，不断更新自身的知识结构，积累实践经验。

开阔视野

据美国《福布斯》杂志统计，2008年世界500强企业的首席执行官中，约有25%以上的教育背景是会计专业，有35%是从首席财务官升任的。

## 三、会计职业的种类

按照不同的标准，会计职业的分类有所不同，本书只介绍按照会计岗位工作目标和作用不同所做的分类。按此标准，会计职业分为单位会计和公共会计两大类。

### 1. 单位会计

单位会计是指企业、政府机关、社会团体等单位的会计，其主要工作任务是会计核算、会计监督和财务管理等。

单位会计是人们常说的会计典型工作，是具体的会计工作表现形式，也是从业人员较多的会计职业。

### 2. 公共会计

公共会计是指为社会各界服务的会计职业，主要指注册会计师职业。执行会计业务的注册会计师，受企业、事业单位等当事人的委托，对该单位的会计凭证、账簿、会计报表等进行检查，其目的主要是为了鉴定企业的会计报表是否恰当、真实地反映其财务状况、经营成果和现金流量，也有的是为了特殊目的而进行的审查。注册会计师在服务社会、国企改革、促进资本市场发展等方面发挥了重要的审计监督和专业服务作用。

🔔 **温馨提示**

在我国从事注册会计师职业，必须取得注册会计师资格证，并在注册会计师事务所从事审计工作两年以上，申请注册取得职业资格，才能独立承担审计业务。未取得职业资格者，只能作为注册会计师的助理人员。

📖 开阔视野

1981年1月1日成立的"上海会计师事务所"是新中国成立最早的会计师事务所。普华永道（PWC）、毕马威（KPMG）、德勤（DTT）和永安（TY）是目前国际上最具影响力的会计师事务所。

## 四、会计职业的发展趋势

1. 管理会计将成为会计管理的主流

一个专业会计师，如何才能在真实、可靠的信息基础上，利用会计信息数据为企业发展作出规划、决策、控制和业绩评价呢？管理会计在这方面显示出其重要性，担当起了企业决策者参谋的作用，甚至于直接参与决策，成为会计管理的重要手段，拥有重要地位。

📖 开阔视野

美国管理会计师协会（IMA）资助进行的一项关于会计职业现在和未来的调查研究显示，客户和产品获利能力、流程改善、业绩评价、长期战略计划、计算机系统及其操作、成本会计系统、合并购售和剥离、项目会计、职业教育、内部咨询、财务和经济活动分析、质量系统及其控制等，是今后数年内重要的会计职业活动。传统的财务会计已不适应企业的发展，而管理会计是会计职业的发展方向。

2. 会计管理手段的改变迫使会计职业做出变革

在计算机和网络广泛应用于会计领域的今天，会计人员只会算账、报账是不可能在会计行业中生存的，因此，迫使会计职业做出变革。

3. 会计职业的国际化趋势日渐明显

随着世界经济全球化和一体化进程的加快，国际融投资活动以及跨国公司的经营活动日益活跃，会计信息要有可比性，各国的会计法规也已趋同，促使会计职业国际化趋势明显。

4. 会计职业安全和自我保护意识逐渐增强

随着全球经济一体化进程步伐的加快，我国经济运行操作规程日趋国际化，许多行业规则也逐步与国际惯例接轨，特别是会计法规近几年的国际化趋势明显，伴随着业务的复杂化，其审计风险也越来越大，会计执业人员提高安全和自我保护意识显得极为重要。

5. 会计职业所需要的知识基础与技术能力日益拓宽

一名称职的职业会计师，不仅应掌握会计领域先进的专业技术知识，还应熟悉商业方面综合知识及全球商业环境的应用知识等。此外，还应具备将不同商业与会计学科的概念融会贯通的能力、领导技巧、对复杂的经济业务交易进行分析并与他人进行沟通的能力，同时还应具有较强的职业操守和职业判断能力。由此可见，如今对会计执业者的知识和能力要求越来越高。

6. 会计职业越来越受到人们的尊敬和向往

近年来，会计职业越来越受到追捧，从事会计职业也受到了尊重，特别是那些注册会计师更是众多人可望而不可即的，于是越来越多的人渴望从事这个职业，都想成为会计职业人，希望从这个职业中受益。

**开阔视野**

### 会计专业四大职业方向

方向1：实施会计的工作，即从事会计核算、会计信息披露的狭义上的会计人员，包括总会计师或首席财务官（Chief Finance Officer，CFO）。

方向2：审查会计的工作，包括注册会计师、政府和企事业单位审计部门的审计人员、资产清算评估人员。

方向3：管理会计的工作，主要指财政部门下设的会计管理部门和各级财务部门的领导。

方向4：研究会计的工作，包括专职的会计理论研究人员、大学教师、财政部门相关人员等。

**想一想**

为什么会计职业既受欢迎，又不太被社会广泛认可呢？

**课堂活动**

目的：培养学生的逻辑思维能力和文字书写能力，加深学生对会计职业的认识。
形式：个人独立完成。
时间：2学时。
地点：教学场所（能上网的）。
要求：制订会计职业生涯规划。
评价：从逻辑性、思路的清晰性、文字书写能力三方面进行评价。

# 任务1.2　了解与认知企业

**任务描述**

了解企业的概念、特点及主要作用，判别企业组织形式的类型，认知制造企业的常见组织机构和基本业务流程。

# 一、企业的概念及其特征

企业是指依法设立的以营利为目的、从事商品的生产经营和服务活动的独立核算经济组织。企业是按照一定的组织规律，有机构成的经济实体，以营利为目的，以实现投资人、客户、员工、社会大众的利益最大化为使命，通过提供产品或服务取得收入。企业的主要特征包括以下五个方面。

### 1. 组织性

企业是一个有名称、组织机构、规章制度的正式组织，且不同于靠血缘、亲缘、地缘或神缘组成的家族宗法组织、同乡组织或宗教组织，而是由企业所有者和员工主要通过契约关系组合而成的一种开放的社会组织。

### 2. 独立性

企业是一种在法律和经济上都具有独立性的组织，它在社会上完全独立，依法独立享有民事权利，独立承担民事义务和民事责任。它与其他自然人、法人在法律地位上完全平等，没有行政级别和行政隶属关系。它拥有独立、清晰的产权，具有完全的经济行为能力和独立的经济利益，实行独立经济核算，在法律、法规允许的框架下独立自主开展生产、经营活动。

### 3. 营利性

企业作为商品经济组织，却不同于以城乡个体户为典型的小商品经济组织，它是发达商品经济即市场经济的基本单位，是单个职能资本的运作实体，是以获取利润为直接和基本目的，以生产、经营某种商品为手段，通过资本经营，追求资本增值和企业利益最大化。

### 4. 经济性

企业作为一种社会组织，不同于行政、军事、政党、社团组织和教育、科研、文艺、体育、医卫、慈善等组织，它以经济活动为中心，实行全面的经济核算，追求并致力于不断提高经济效益。而且，它也不同于政府和国际组织对宏观经济活动进行调控监管的机构，它是直接从事经济活动的实体。

### 5. 商品性

企业作为经济组织，又不同于自给自足的自然经济组织，而是商品经济组织、商品生产者或经营者和市场主体，其经济活动面向且围绕市场来进行。不仅企业的产出（产品、服务）和投入（资源、要素）是商品，而且企业自身（企业的有形、无形资产）也是商品，企业产权可以有偿转让。

# 二、企业的作用

企业在社会经济生活中发挥着重要的作用，主要表现在以下三个方面。

1. 企业是市场经济的主要参加者

市场经济的健康发展，市场经济活动的顺利进行，都离不开企业的生产、销售和服务活动。离开了企业的生产、销售和服务活动，市场就成了无源之水，无本之木。因此，企业的生产和经营活动直接关系着整个市场经济的发展。

2. 企业是社会经济技术进步的主要力量

企业通过生产经营活动，不仅创造和实现了社会财富，而且也是先进技术和先进生产工具的制造者和采用者，加之使用过程中的不断研究和改进，在客观上推动了整个社会经济技术的进步。我国国民经济体系由众多不同形式的企业组成，企业的生产和经营活动，不仅决定着市场经济的发展状况，而且决定着我国社会经济活动的生机和活力。所以，企业是最重要的市场主体，在社会经济生活中发挥着巨大作用，是社会经济技术进步的主要力量。

3. 企业是社会生产、流通和服务的直接承担者

社会经济活动的主要过程是生产、流通和服务，这些活动的实施主体是企业。离开了企业，社会经济活动就无法进行。企业的生产状况、经济效益直接影响着国家经济实力的增长和人民物质生活水平的提高。

# 三、企业组织形式的类型

按不同的标准，企业组织形式可分为不同类型。

## （一）按照财产的组织形式和所承担的法律责任划分

### 1. 个人独资企业

个人独资企业（简称独资企业）是指依法在中国境内设立，由个人投资，财产为投资人所有，投资人以其个人财产对企业债务承担无限责任的经营实体。个人独资企业具有以下五个特点。

（1）企业的建立与解散程序简单。

（2）经营管理灵活自由。企业主可以完全根据个人的意志确定经营策略，进行管理决策。

（3）企业主对企业的债务负无限责任。当企业的资产不足以清偿其债务时，企业主以其个人财产偿付企业债务。

（4）企业的规模有限。独资企业有限的经营所得、企业主有限的个人财产、企业主一人有限的工作精力和管理水平等都制约着企业经营规模的扩大。

（5）企业的存在缺乏可靠性。独资企业的存续完全取决于企业主个人的得失安危。

我国的个体户很多都属于此类企业。

i 请注意

国家公务员、党政机关领导干部、警官、法官、检察官、商业银行工作人员等，不得作为投资人申请设立个人独资企业。

2000年1月1日开始施行的《个人独资企业法》规定，由投资人申报的出资金额未作限制，只是规定要有出资；设立个人独资企业可以用货币出资，也可以用实物、土地使用权、知识产权或者其他财产权利作为出资，但不能用个人劳务作价出资，也不能用个人信誉或者名誉作价出资。采用实物、土地使用权等作价时要折算成货币数额，投资人申报的出资也要与企业生产经营规模相适应；投资人可以用个人财产出资，也可以用家庭财产作为个人出资，但要在设立或变更登记说明书上予以注明。

**想一想**

如果你想申请设立个人独资企业（广告设计室），将自有的房产用于办公，存折上只有2 000元，工商局会不会因为你的货币投资额太少而拒绝你的申请？

2. 合伙企业

合伙企业是指由两个或两个以上的个人或法人共同出资、合伙经营的企业。合伙企业具体以下四个特点。

（1）合伙企业是不具备法人资格的营利性经济组织。
（2）普通合伙人对合伙企业的债务承担无限连带清偿责任。
（3）全体合伙人订立书面合伙协议。
（4）合伙人共同出资、合伙经营、共享收益、共担风险。

**请注意**

国有独资公司、国有企业、上市公司以及公益性的事业单位、社会团体不得成为普通合伙人。

合伙企业可分为普通合伙企业和有限合伙企业两类。普通合伙企业由普通合伙人组成，合伙人对合伙企业债务承担无限连带责任。有限合伙企业由普通合伙人和有限合伙人组成，普通合伙人对合伙企业债务承担无限连带责任，有限合伙人以其认缴的出资额为限对合伙企业债务承担责任。合伙人可以用货币、实物、知识产权、土地使用权或者其他财产权利出资，也可以用劳务出资。

**想一想**

某高校和当地一家企业计划成立一家普通合伙企业，当地工商局能否同意？如果申请设立的是有限公司，工商局能否同意？

3. 公司

公司是依法设立的，以营利为目的的，由股东投资形成的企业法人。公司一般设有股东会、董事会和经理层，而非公司制企业不设股东会和董事会，可成立职工代表大会。依照承担责任的形式，可将公司分为有限责任公司、股份有限公司、无限公司和两合公司。

有限责任公司是指股东以其认缴的出资额为限对公司承担责任，公司以其全部财产对公司的债务承担责任的公司。

股份有限公司是指将公司全部资本分为等额股份，股东以其认购的股份为限对公司承担责任，公司以其全部财产对公司的债务承担责任的公司。

无限公司是指由两个以上的股东组成，全体股东对公司的债务承担无限连带责任的公司。

两合公司是指由负无限责任的股东和负有限责任的股东组成的公司，无限责任股东对公司债务承担无限连带责任，有限责任股东仅就其出资额为限对公司债务承担责任。

### 🔔 温馨提示

我国《公司法》规定的公司形式只有有限责任公司和股份有限公司，而且公司的股东不得以劳务、信用、自然人姓名、商誉、特许经营权或者设定担保的财产等作价出资。

### 📖 开阔视野

有限责任公司是指不通过发行股票，而且由为数不多的股东（一般是2~50人）集资组建的公司，其资本无须划分为等额股份，但股东出让股权要受到一定的限制。中小型企业一般属于这种形式。有限责任公司的董事和高层经理人员往往具有股东身份，使所有权和管理权的分离程度不如股份有限公司那样高。有限责任公司的设立和解散程序较股份有限公司简单，管理机构也较简单，有限责任公司的财务状况不必向社会公开。股份有限公司将全部资本分成等额股份，股东仅以其认购的股份全额为限，而不以其私人的全部财产承担负责的公司。股份有限公司的财务状况必须向社会公开。公司股份可以自由转让，但不能退股。公司设立和解散有严格的法律程序，手续较为复杂。

### 🖱 动一动

查阅学习现行中小企业标准暂行规定，明确中小企业是怎样界定的。

#### （二）按投资者的不同划分

**1. 内资企业**

内资企业是指由中国居民（包括中国个人、法人等）以国有资产、集体资产、国内个人资产投资创办的企业。

**2. 外商投资企业**

外商投资企业是指外国投资者经中国政府批准，在中国境内创办的企业。外商投资企业可分为中外合资企业、中外合作经营企业、外资企业和中外合资股份有限公司。

（1）中外合资企业。中外合资企业是指由外国企业、组织、个人同中国企业或组织，依照中国法规，经中国政府批准，设在中国境内的，由双方共同投资、共同经营，按照各自的出资比例共担风险、共负盈亏的企业。这种企业形式较多地适用于投资多、技术性强、合作时间长的项目。

（2）中外合作经营企业。中外合作经营企业是指由外国企业、组织、个人同中国企业或组织，依照中国法规，经中国政府批准，设在中国境内的，由双方通过合作经营合同约定各自的权利和义务的企业。这种企业形式中的中方投资者可以其无形资产等要素作为合作的条件，允许外方投资者先行回收投资，合作期满后，企业全部固定资产无偿归中方所有。

（3）外资企业。外资企业是指由外国企业、组织、个人依照中国法规，经中国政府批准，设在中国境内的，全部资本由外国投资者投资的企业。

（4）中外合资股份有限公司。中外合资股份有限公司是指由外国企业、组织、个人同中国企业或组织，依照中国法规，经中国政府批准，设在中国境内的，全部资本由等额股份构成，股东以其认购的股份对公司承担责任，公司以其全部财产对公司债务承担责任，中外股东共同持有公司股份的企业法人。

**开阔视野**

外商投资企业并不能投资所有的项目，我国《指导外商投资方向规定》注明，外商投资企业的投资项目分为鼓励、允许、限制和禁止四类。其中禁止类包括：危害国家安全或者损害社会公众利益的；对环境造成污染损害，破坏自然资源或者损害人体健康的；占用大量耕地，不利于保护、开发土地资源的；危害军事设施安全和使用效能的；运用我国特有工艺或者技术生产产品的，等等。

**想一想**

如果你是某家计划在中国设立公司的外国企业的CEO（首席执行官），哪种外商投资企业形式让你愿意投入更加先进的技术和设备？

### （三）按照国民经济行业分类标准划分

#### 1. 制造企业

制造企业是指对制造资源（物料、能源、工具、设备、资金、信息、技术和人力等），按照市场要求，通过制造过程，转化为可供人们使用和利用的工业品与生活消费品的企业。

**动一动**

查阅资料，了解制造企业的具体分类。

#### 2. 商品流通企业

商品流通企业是指独立于生产领域之外，专门从事商品流通和流通服务的独立核算的经济组织。商品流通企业具有以下五个特点。

（1）专门从事商品(含生活资料和生产资料)经营和流通服务活动。

（2）经营业务主要是购、销、运、存。

（3）流动资金占用比例高。

（4）经营商品的种类多。

（5）消费者(含生产性用户)数量多。

**想一想**

从事物流运输业务的企业属于商品流通企业吗？

3. 服务企业

服务企业是指为政府、事业单位、企业和居民提供各种服务的企业。它不生产物质产品，但为制造企业和商品流通企业提供资金、保险、技术服务，为行政事业单位和居民提供生活、餐饮、旅游、娱乐等服务。

在我国，将服务企业划为第三产业，即将服务业定义为除农业、工业、建筑业之外的其他所有产业部门。

**想一想**

上海大众汽车公司、沃尔玛超市、中国人寿保险公司、清华大学出版社分别属于哪个行业？

**开阔视野**

2014年世界500强前十名企业排名（见表1-1）。

表1-1　2014年世界500强前十名企业排名　　　　单位：百万美元

| 2014年 | 2013年 | 公司名称 | 营业收入 | 利润 | 国家 |
|---|---|---|---|---|---|
| 1 | 2 | 沃尔玛（WAL-MART STORES） | 476 294.0 | 16 022.0 | 美国 |
| 2 | 1 | 荷兰皇家壳牌石油公司（ROYAL DUTCH SHELL） | 459 599.0 | 16 371.0 | 荷兰 |
| 3 | 4 | 中国石油化工集团公司（SINOPEC GROUP） | 457 201.1 | 8 932.1 | 中国 |
| 4 | 5 | 中国石油天然气集团公司（CHINA NATIONAL PETROLEUM） | 432 007.7 | 18 504.8 | 中国 |
| 5 | 3 | 埃克森美孚（EXXON MOBIL） | 407 666.0 | 32 580.0 | 美国 |
| 6 | 6 | 英国石油公司（BP） | 396 217.0 | 23 451.0 | 英国 |
| 7 | 7 | 国家电网公司（STATE GRID） | 333 386.5 | 7 982.8 | 中国 |
| 8 | 9 | 大众公司（VOLKSWAGEN） | 261 539.1 | 12 071.5 | 德国 |
| 9 | 8 | 丰田汽车公司（TOYOTA MOTOR） | 256 454.8 | 18 198.2 | 日本 |
| 10 | 12 | 嘉能可（GLENCORE） | 232 694.0 | −7 402.0 | 瑞士 |

## 四、制造企业的组织机构和生产经营过程

不同的企业，由于性质和特点不同，其组织机构和基本业务流程也不完全一样。现以公司制制造企业为例，简要介绍其组织机构和生产经营过程。

### （一）制造企业的组织机构

公司制的企业中一般设股东会、董事会、监事会、总经理，另设若干个职能部门，如销售部、生产部、财务部、行政部和质检部等。这些职能部门还可设置相关子部门。

股东会是公司的最高权力机构，依法行使的职权有：决定公司的经营方针和投资计划；选举和更换董事、监事，决定其报酬事项；审议批准董事会、监事会的报告；审议批准年度财务预算方案和决算方案；对公司合并分立、变更公司形式、解散和清算等事项作出决议等。

董事会对股东会负责，依法行使的职权有：执行股东会的决议；决定公司的经营计划和投资方案；决定聘任或者解聘公司经理及其报酬事项，并根据经理的提名决定聘任或者解聘公司副经理、财务负责人及其报酬事项；决定内部管理机构的设置等。

监事会由股东代表和适当比例的公司职工代表组成，其职权有：检查公司财务；对董事、公司管理人员执行公司职务的行为进行监督；当董事、高级管理人员的行为损害公司的利益时，可要求其予以纠正，提出罢免建议和起诉；提议召开临时股东会会议等。

总经理对董事会负责，行使的职权有：组织实施公司年度经营计划和投资方案；拟订公司内部管理机构设置方案；制定公司的具体规章；提请聘任或者解聘公司副经理、财务负责人；决定聘任或者解聘除应由董事会决定聘任或者解聘以外的负责管理人员等。

### 🛈 请注意

董事、高级管理人员不得兼任监事。

### （二）制造企业的生产经营过程

制造企业的日常生产经营过程可以分为供应、生产和销售三个阶段。

供应过程的主要业务是材料的采购、运输、装卸、搬运、验收入库，支付材料买价、运输及装卸搬运费用，计算材料进项增值税额，办理与供应、运输等单位的结算业务以及计算采购成本。在这一阶段，企业将货币资金转化为储备资金。

在产品生产过程中，劳动者通过对生产资料的加工制作，生产出社会所需的各种产品。

同时，产品在生产过程中会伴随着各种费用的损耗，包括材料的消耗费用、固定资产损耗费用、员工的工资及福利费以及其他各种费用，将这些费用中可以对象化的部分，按照产品对象进行归集和分配，计算确定产品的总成本和单位成本，企业将储备资金转化为生产资金。随着完工产品的验收入库，实现了生产资金向成品资金的转化。

在销售过程中，企业通过销售商品取得销售收入，同时支付必要的产品包装、运输、广告等销售费用，要计算销售成本和销售税金，办理货款及其他各项销售费用的结算，实现成品资金向货币资金的转化。在企业的实际生产经营活动中，在同一会计期间，企业的供应、生产和销售活动实际上是同时进行的。

企业在组织上述供应、生产、销售等生产经营活动的过程中，同时会发生各种销售费用、管理费用和财务费用，所取得的销售收入扣除各种销售成本、费用后，计算确定盈亏

及应交所得税，确定财务成果。最后，年终应确定利润分配政策，对全年的利润按规定程序进行合理分配，一部分以股利的形式分配给投资者；另一部分留在企业作为留存资金，继续参加新一轮的周转循环，以保证企业能够不断发展壮大。

企业在进行日常经营的同时，除了取得收入获取利润之外，还要履行其他的对各个利益相关群体的义务。这在资金的运动中，表现为一部分资金以发放工资、上交税费、偿还本息以及支付股利等形式逐步退出企业。

### 开阔视野

#### 公司的登记管理

1. 登记管辖

我国的公司登记机关是工商行政管理机关。公司登记机关实行国家、省（自治区、直辖市）、市（县）三级管辖制度。

2. 登记事项

公司的登记事项包括：名称、住所、法定代表人姓名、注册资本、实收资本、公司类型、经营范围、营业期限、有限责任公司股东或股份有限公司发起人的姓名或者名称，以及认缴和实缴的出资额、出资时间、出资方式。

3. 设立登记

首先，公司名称要预先核准；其次，公司的设立人依照《公司法》规定的设立条件与程序向公司登记机关提出设立申请，并提交法定登记事项文件；最后，工商机关准予登记，并发给"企业法人营业执照"。公司可凭营业执照刻制印章，开立银行账户，申请纳税登记。

4. 年度检验

公司在每年3月1日至6月30日向公司登记机关提交年度检验报告书、年度资产负债表和损益表、"企业法人营业执照"副本，登记机关根据公司提交的年度检验资料，对与公司登记有关的情况进行审查。公司应当向公司登记机关缴纳年度检验费。

5. 变更登记

在公司发生如下变化时，应向原公司登记机关申请变更登记：公司名称、法定代表人、经营范围、注册资本、股东、分公司、公司合并、分立。公司董事、监事、经理发生变动的，应当向原登记机关备案。

6. 注销登记

公司如因合并、分立、破产等解散时，应当向登记机关申请注销登记，公司终止。

### 动一动

查阅资料，了解公司注册的基本流程和应提交的资料。

### 课堂活动

#### 关于企业标准的判断

目的：培养学生的逻辑思维能力、辨别能力和语言表达能力，加深学生对企业的认知。

观点：个人开办的旅店是企业（正方）；个人开办的旅店不是企业（反方）。

形式：小组辩论。

时间：60分钟。

地点：教学场所（用手机或计算机能上网查询资料的场所）。

组织：首先，以小组形式查阅资料；其次，小组整理资料形成辩论稿；再次，由代表阐述本组观点；最后，老师总结评价。

# 认识会计和会计工作

## 知 识 概 览

| | | | |
|---|---|---|---|
| 认识会计 | 会计发展三阶段 | | 古代会计、近代会计和现代会计 |
| | 会计的概念及特点 | 会计的概念 | 会计是以货币为主要计量形式，运用专门的方法和程序，对经济活动进行核算和监督，提供反映会计主体经济活动的信息，旨在提高经济效益的一项具有反映和控制职能的管理活动 |
| | | 会计的特点 | 1. 以货币为主要计量单位<br>2. 会计核算有独特的方法和程序<br>3. 有连续性、系统性、全面性和综合性<br>4. 会计工作依据具有权威性 |
| | 会计的目标和任务 | 会计的目标 | 为国家宏观经济管理和调控、为单位内部经营管理、为其他方面提供会计信息 |
| | | 会计的任务 | 1. 进行经济核算，提供符合要求的会计信息<br>2. 监督经济活动，维护财经法纪和各方利益<br>3. 进行会计分析，参与经济计划、预测和决策 |
| | 会计的职能 | 会计核算职能 | 会计确认、会计计量、会计报告 |
| | | 会计监督职能 | 主要是监督内容、环节和主体 |
| | | 会计的发展或拓展职能 | 预测经济前景、参与经济决策、评价经营业绩 |
| | 会计的对象 | 资金运动 | 资金运动的表现形式：货币资金、储备资金、生产资金、成品资金、结算资金 |
| | 会计要素 | | 六大要素：资产、负债、所有者权益、收入、费用、利润<br>要素之间关系：资产=负债+所有者权益；收入－费用=利润 |
| | 会计方法 | | 会计方法包括会计核算方法、会计分析方法、会计检查方法三类<br>会计核算方法包括设置账户、复式记账、填制和审核凭证、登记账簿、成本计算、财产清查和编制会计报表 |

| | 会计工作内容 | 1. 填制、整理、审核原始凭证<br>2. 填制、审核记账凭证<br>3. 登记会计账簿<br>4. 成本计算<br>5. 财产清查<br>6. 编制会计报表 |
|---|---|---|
| 认识会计工作 | 会计工作组织 | 会计工作组织是指针对会计机构的设置、会计人员的配备、会计制度的制定与执行等各项工作所做的统筹安排 |
| | 会计从业人员 | 会计从业人员要持证上岗，会计人员任用实行回避制度，要履行岗位责任，遵守职业道德，要每年参加国家规定的继续教育 |
| | 会计工作组织形式 | 集中核算和非集中核算 |
| | 会计工作基本流程 | 会计工作流程就是会计工作程序，是指会计凭证、会计账簿、会计报表相结合的方式。常见的有：①记账凭证会计工作流程；②汇总记账凭证会计工作流程；③账户汇总表会计工作流程 |
| | 会计的基本假设 | 会计主体、持续经营、会计分期、货币计量 |
| | 会计核算基础 | 权责发生制和收付实现制 |

# 任务2.1  认识会计

任务描述

认识会计，了解会计的产生和发展，明确会计的特点和目标，掌握会计的职能、对象和方法。

## 一、会计的产生和发展

会计是人类社会生产发展到一定阶段的产物，它是随着人类社会生产的发展而发展的。会计的发展大体经历了以下三个阶段。

### （一）古代会计（15世纪末以前）

古代会计在时间上大体可以划分在15世纪末期以前。早在原始社会，随着先人们猎取食物的技术不断提高，食物开始有了剩余时，"刻石记事""结绳记事"便应运而生，这就是会计的萌芽，但此时的会计只是生产职能的附带。随着生产的发展，出现了大量的剩余产品，会计也就逐渐从生产职能中分离出来，成为一种专门的职业。

### （二）近代会计（15世纪末期至20世纪50年代）

近代会计最明显的标志就是复式记账法理论的产生和运用。在中世纪的地中海一带，商业和金融业特别繁荣，使得来自银行业的复式记账法被广泛运用于商业会计核算中。

1494年，在意大利数学家卢卡·巴其阿勒出版的《算术、几何、比与比例概要》一书中，系统介绍了威尼斯的复式记账法，并在理论上进行了全面的阐述。这是关于会计理论和方法方面最早的著作，它标志着近代会计的产生。

### （三）现代会计（20世纪50年代至今）

现代会计阶段，会计方法技术和内容的发展有两个重要标志：一是会计核算手段方面质的飞跃，即现代电子技术与会计融合产生的"会计电算化"；二是会计伴随着生产和管理科学的发展而分化为财务会计和管理会计两个分支。1946年在美国诞生了第一台电子计算机，1953年便在会计中得到初步应用，其后迅速发展，至20世纪70年代，发达国家就已经出现了电子计算机软件方面数据库的应用，并建立了电子计算机的全面管理系统。从系统的财务会计中分离出来的"管理会计"一词，在1952年的世界会计学会上获得正式通过。

中华人民共和国成立后，我国在借鉴苏联会计模式的基础上，继续使用复式记账法，结合我国实际，逐步建立了我国的会计制度。经过几十年的会计实践，形成了适应我国经济管理要求，指导我国会计实践的一系列会计制度。随着经济体制改革的深入，我国对会计也进行了很大的改革，并与国际会计惯例接轨，制定和发布了《企业会计制度》《企业新会计准则》等会计法规和制度，适应了市场经济发展与经济全球化的客观需要。

## 二、会计的概念及特点

### （一）会计的概念

会计是一个历史的概念，自从会计产生以来，会计的内涵一直在不断完善和丰富，中外会计界对会计的定义也分成不同的学派观点。但从对会计的基本认识出发，对会计形成了这样的共识：会计是以货币为主要计量形式，运用专门的方法和程序，对经济活动进行核算和监督，提供反映会计主体经济活动的信息，旨在提高经济效益的一项具有反映和控制职能的管理活动，是经济管理的重要组成部分。

### （二）会计的特点

从会计的概念可以看出，会计主要是通过对经济活动进行核算和监督，来提供反映会计主体经济活动的信息。从核算的内容来讲，包括对经济活动的确认、计量、记录和报告；从监督的内容来讲，包括对各单位经济活动的全过程的合法性、合理性、有效性的监督。会计具有以下四个特点。

#### 1. 以货币为主要计量单位

在对经济活动进行计量和记录时，经常采用的计量单位有三种：实物计量单位（千克、箱、件）、劳动计量单位（工时、吨、千米等）和货币计量单位（元、角、分）。由于这些计量单位衡量的基础不同，在不同经济业务事项中不可累加，在会计核算中具有一定的局限性，要全面地、综合地反映不同的经济业务事项，只能以货币形式计量，才能为企业的管理者、投资者以及债权人、潜在投资者及财政、税务、审计等政府有关部门提供全面、综合的财务状况和经营成果信息。

2. 会计核算有独特的方法和程序

会计核算的专门方法有设置账户、复式记账、填制和审核会计凭证、登记账簿、成本计算、财产清查和编制会计报表。会计核算的程序是：原始凭证→记账凭证→登记账簿→填制报表。会计核算必须以凭证为依据，只有根据审核无误的原始凭证才能编制记账凭证，进而进行账簿登记，这些方法在其他管理方面不用或很少采用。

3. 具有连续性、系统性、全面性和综合性

连续性是指会计对各种经济业务或事项按发生的时间顺序，进行不间断的记录；系统性是指进行会计核算必须采用一整套专门方法，对各种经济活动进行科学的归类、整理和记录，提供系统化的数据或资料；全面性是指会计对纳入会计核算范围的全部经济活动进行完整的计量和记录，不可有选择地记录，也不可遗漏应记录的内容；综合性是指会计对各种经济业务的记录都统一用货币计量形式来汇总反映，以避免不可比情况的发生。

4. 会计工作依据具有权威性

会计工作都要依据法规进行，而不是按权威和各种关系进行，法规大于权威和关系。由此可见，会计工作依据具有权威性。

# 三、会计的目标和任务

## （一）会计的目标

会计的目标是提供财务会计信息和其他经济信息，为相关方面进行科学决策、提高经济效益提供依据。我国《企业会计准则》对企业会计核算的目标作了明确规定：会计提供的信息应当符合国家宏观经济管理的要求；满足有关方面了解企业财务状况和经营成果的需要；满足企业加强内部经营的需要。就企业而言，其会计目标主要是为三方面提供信息。

1. 为国家宏观经济管理和调控提供会计信息

现阶段，虽然市场在我国资源配置中发挥了基础性作用，但政府通过采取一定的措施对国民经济的运行进行调节，对资源的合理配置仍十分必要和重要。市场管理和调控离不开国家有关部门，这些调控和管理很大程度上是利用企业提供的会计信息，通过对会计信息的汇总分析，可以了解和掌握国民经济整体运行情况，进而制定正确、合理、有效的调控和管理措施，避免对国民经济实施不当的调控，促进国民经济协调稳定、健康有序的发展。

2. 为企业内部经营管理提供信息

企业经营的目的是实现利益最大化。企业内部管理的好坏，直接影响企业的经济效益，影响企业在市场中的竞争能力，进而影响企业的生存和发展。只有真实、准确的会计信息，才能使企业管理者做出科学、合理的决策，为企业站稳市场提供有力保障。由此可见，会计为企业内部提供信息的必要性和重要性。

3. 为其他方面提供会计信息

为其他方面提供会计信息，首先是为企业的所有者和债权人等提供信息，如企业的

股东、银行等金融机构、供应商和客户等需要了解企业的财务状况、偿债能力。其次是为那些相关的中介机构、组织和个人等提供信息，如为证券发行与交易机构、经纪人、会计师事务所及注册会计师、律师事务所及律师、经济研究单位及研究人员等提供会计信息。

### （二）会计的任务

会计的任务就是为实现会计目标所应完成的各项工作以及各项工作所应达到的要求。不同的会计主体由于其经济业务或事项不同，其会计的工作任务也不完全相同，但会计的基本任务都包括以下三方面内容。

#### 1. 进行经济核算，提供符合要求的会计信息

要做好各项经济工作，相关的决策单位或决策者必须随时掌握会计主体的经济活动情况，而这些情况都要通过财会部门的会计核算反映出来，如会计部门提供的各项收支情况、成本开支指标、各期的经营成果等。

#### 2. 监督经济活动，维护财经法纪和各方利益

会计部门按照法律及经济管理的目标和要求，通过审核环节，对经济业务事项的合法性、合理性和有效性进行监督，防范和制止违法行为，控制资金、成本及不合理开支，维护法律的尊严和财经纪律，保护各方面的利益。

#### 3. 进行会计分析，参与经济计划、预测和决策

进行会计分析就是利用会计信息及其他相关信息资料，计算相关指标，如资产、负债、盈利情况和货币资金流动等指标，分析企业的营运能力、偿债能力、获利能力和现金流量情况等，为单位制订经济计划、进行经济预测和决策提供可靠依据，促进单位加强资金管理，制订合理的计划，进行科学的预测和决策，提高单位的整体功能，提高经济效益，最大限度地实现管理目标。

## 四、会计的职能

会计的职能是指会计在经济管理中所具有的功能。会计的基本职能是会计核算和实施会计监督，同时，还有其他相关职能。

### （一）会计核算职能

会计核算职能是会计的最基本职能，也称反映职能，是指会计以货币为主要计量单位，通过对特定主体的经济活动进行确认、计量和报告，为各方面提供会计信息。会计确认、计量和报告是会计核算的重要环节，会计准则对此作了严格规定。

#### 1. 会计确认

会计确认是运用特定会计方法，以文字和金额同时描述某一交易或事项，使其金额反映在特定主体财务报表合计数中的会计程序。会计确认有初始确认和后续确认之分，它解决的是定性问题，以判断发生的经济活动是否属于会计核算的内容，归属于哪类性质的业务，是作为资产、负债，还是作为其他会计要素等。

## 2. 会计计量

会计计量解决的是定量问题，是确定会计确认中用以描述某一交易或事项金额的会计程序。

## 3. 会计报告

会计报告是指在确认、计量和记录的基础上，对特定主体的财务状况、经营成果和现金流量情况，以财务报表的形式提供给信息使用者。

除此之外，会计记录是指对特定主体的经济活动采用一定的记账方法，在账簿中进行登记的会计程序。《企业会计准则——应用指南》的附录部分，对会计记录进行了规范。

### （二）会计监督职能

会计监督职能是会计的第二个基本职能，是指会计在其核算过程中，对经济活动的合法性和合理性所实施的审查。会计监督是通过预测、决策、控制、分析和评价等方法，促使经济活动按照既定的要求运行，以达到预期的目的。

#### 1. 会计监督的内容

监督经济活动的合法性和合理性是会计监督的内容。合法性监督是指保证各项经济业务符合国家有关法律法规，遵守财经纪律，执行国家的各项方针政策，杜绝违法乱纪行为；合理性监督是检查各项财务收支是否符合财务收支计划，是否有利于预算目标的实现，是否违背内部控制制度，是否有奢侈浪费现象等，为增收节支、提高经济效益提供保证。

#### 2. 会计监督的环节

从监督环节看，会计监督有事前监督、事中监督和事后监督。事前会计监督是会计在经济活动开始前进行的监督，如通过制定预算和定额，控制费用和消耗；通过对会计资料的分析，找出差距，制定对策和措施，从而做到在事前就有目的地控制经济活动的进程。事中会计监督是会计对正在发生的经济活动过程和取得的核算资料进行审查、分析，并据以纠正偏差和错误，控制经济活动按照预定目的和要求进行。事后会计监督是会计对已经发生的经济活动以及相应的核算资料进行审查、分析。

#### 3. 会计监督的主体

从监督主体看，会计监督有内部监督和外部监督。《会计法》确立了单位内部监督、社会监督、政府监督三位一体的会计监督体系，并为会计监督的具体内涵及其实现方式赋予了具体内容。本教材仅限于以会计机构和会计人员为监督对象的监督，也就是进行会计工作自查，防止会计工作中出现违规或错误。

会计的两项基本职能相辅相成，辩证统一。一方面，会计核算是会计监督的基础，没有核算所产生的信息，监督就失去了依据；另一方面，会计监督又是会计核算质量的保障，只有核算，没有监督，难以保证核算所提供信息的真实性、合法性和合理性。

### （三）会计的发展或拓展职能

随着生产力水平的日益提高，社会经济关系的日益复杂和管理理论的不断发展，会计的作用越来越大，其职能也在不断拓展。预测经济前景、参与经济决策、评价经营业绩等已成为会计的第三大职能，这属于会计基本职能的拓展，所以，也称其为拓展职能或发展职能。

# 五、会计的对象

会计对象是指会计核算和监督的内容。某单位能够以货币表现的经济活动，都是会计核算和监督的内容，也就是会计的对象。

一般来说，会计对象就是指会计工作所要核算和监督的内容；具体来说，会计对象是指单位在日常经营活动或业务活动中所表现出的资金运动，即资金运动构成了会计核算和会计监督的内容。

资金运动是指各单位的资金投入、资金运用、资金退出等过程，而具体到企业、行政单位、事业单位等又有较大差别。同样是企业，工业、商业、金融业等也有各自资金运动的特点。本书仅介绍工业企业的资金运动。

工业企业进行生产经营活动，首先要用货币资金去购买生产设备和材料物资，为生产过程做准备，然后将其投入企业生产过程中，生产出产品，最后还要将所生产出来的产品对外出售，并收回因出售产品而取得的货币资金。因而，工业企业的经济活动一般分为筹资、供应、生产、销售和分配五个阶段，并形成相应的资金运动。资金运动的表现形式有以下五种。

（1）货币资金。货币资金的来源主要是投资者投入的资金和向债权人借入的资金。

（2）储备资金。企业经营者将货币资金用于雇用员工、购买材料和机器、设备等，形成储备资金。

（3）生产资金。有了相应的生产所需诸要素，企业就要组织生产加工，形成生产资金。

（4）成品资金。生产过程将投入生产的产品加工完成后，在产品变成产成品，形成成品资金。

（5）结算资金。企业将产品出售后收回货币资金，即结算货款的过程形成了结算资金。

工业企业的资金运动就是在这种反复的资金循环和周转中实现的。能够用货币表现的经济活动，就是企业会计所要核算和监督的内容，是企业会计对象的一般表述。

# 六、会计要素

会计要素是会计对象的具体表现。企业的经济活动均以交易或事项的形式表现出来，由于经济活动多种多样，借以反映经济活动的交易或事项也表现为不同类别，人们将其中内容相同的事项归类，将每一类均称为会计要素。我国会计准则对会计要素作了如下分类：资产、负债、所有者权益、收入、费用和利润。

## （一）资产

1. 定义

资产是指企业过去的交易或事项形成的、企业拥有或者控制的、预期会给企业带来经济利益的资源。资产的基本特征有：①资产由企业拥有或者控制；②资产能以货币计量；

③资产能够给企业带来未来经济利益。

2. 分类

资产按其流动性大小，分为流动资产和非流动资产两大类。

流动资产是指企业可以在1年或者超过1年的一个营业周期内变现或者运用的资产，是企业资产中必不可少的组成部分。流动资产主要包括库存现金、银行存款、应收及预付款项、材料、商品等。流动资产的主要特征有：①流动资产在周转过渡中，从货币形态开始，依次改变其形态，最后又回到货币形态；②周转速度快；③变现能力强。

流动资产是最危险的资产，加强流动资产管理，有利于保护财产的安全与完整。

非流动资产是指除流动资产以外的资产，主要包括长期投资、固定资产、无形资产和其他资产。

## （二）负债

1. 定义

负债是指由过去的交易或者事项形成的、预期会导致经济利益流出企业的现时义务。负债具有以下特征：①负债是现已存在的、由过去的交易或事项形成的经济责任或经济义务，包括以取得资产形成的和由于法律规定对债权人和国家承担的经济责任；②负债必须能以货币确切或合理予以计量；③负债需有明确的债权人和偿付日期；④履行该义务预期会导致经济利益流出企业。

2. 分类

负债按其所满足的条件，分为流动负债和非流动负债两大类。

流动负债是指将在1年（含1年）或者超过1年的一个营业周期内偿还的债务。流动负债主要包括短期借款、应付票据、应付账款、应付职工薪酬、应交税费等。流动负债的主要特征有：①流动负债的金额一般比较小；②流动负债的到期日在1年或一个营业周期以内。

非流动负债是指偿还期在1年或者超过1年的一个营业周期以上的债务。非流动负债的主要项目有长期借款和应付债券。

## （三）所有者权益

1. 定义

所有者权益是指企业资产扣除负债后由所有者享有的剩余权益。所有者权益的金额取决于资产和负债的计量。

2. 内容

所有者权益包括实收资本（股本）、资本公积、盈余公积和未分配利润。

实收资本（股本）是指投资者按照企业章程或合同、协议的约定，实际投入企业的资本。投入资本的形式可以是现金资产，也可以是非现金资产。

资本公积是企业由于资本（或股本）溢价、接受捐赠资产、拨款转入、外币资本折算差额等增加的资本积累。

盈余公积是按照公司法的规定和公司决议从税后利润中提取的公积金，有法定盈余公积和任意盈余公积等。企业的盈余公积可以用于弥补亏损，也可用于转增资本（或股本）。

未分配利润是指归投资者所有，但企业留于以后年度分配的利润或待分配利润。

### （四）收入

#### 1．定义

收入是指企业在日常活动中形成的、会导致所有者权益增加、与所有者投入资本无关的经济利益的总流入。收入包括销售商品收入、提供劳务收入和让渡资产使用权收入。

#### 2．特征

收入具有以下特征：①收入是指企业日常经营活动产生的收入，不包括偶发交易或事项中产生的收入；②收入可能表现为资产的增加、负债的减少，或者二者兼而有之；③收入会导致企业所有者权益的增加；④收入只包括本企业经济利益的流入，不包括为第三方或客户代收的款项。

### （五）费用

#### 1．定义

费用是指企业在日常活动中发生的、会导致所有者权益减少、与向所有者分配利润无关的经济利益的总流出。

#### 2．分类

按其承担者不同，费用可分为成本费用和期间费用。

成本费用是指企业为生产商品和提供劳务而发生的各种费用，包括材料费、人工费、机器设备磨损费等。

期间费用是企业为实现本期收入而发生的费用，包括管理费用、财务费用、销售费用。

管理费用是企业行政管理部门为组织和管理生产经营活动而发生的费用。

财务费用是企业为筹集生产经营所需要资金等而发生的费用，包括利息支出、汇兑损益以及金融机构手续费等。

销售费用是企业在产品销售过程及商品流通企业在商品购进过程中发生的各项费用。

### （六）利润

#### 1．定义

利润是企业在一定会计期间的经营成果，主要指收入减去费用后的净额。

#### 2．表现形式

根据利润涉及的业务内容，可分别用营业利润、利润总额和净利润三种形式来表现。

营业利润主要是指营业收入减去营业成本和其他费用、损失后的余额。

利润总额主要是指营业利润加减营业外收支后的余额。

营业外收入和营业外支出是指企业发生的与其生产经营活动没有直接关系的各项收入

和各项支出。

营业外收入是指企业发生的与其生产经营活动没有直接关系的各项收入，主要包括处置固定资产净收益、罚款净收入等。营业外支出是指企业发生的与其生产经营活动没有直接关系的各项支出，主要包括固定资产盘亏、处置固定资产净损失、罚款支出等。

净利润是指利润总额减去所得税费用后的余额，也称税后利润。

会计要素中的资产、负债和所有者权益，是企业财务状况的静态反映，属于资产负债表的构成要素；收入、费用和利润是动态反映企业的经营成果，属于利润表的构成要素。会计工作都是围绕着会计要素的确认、计量、记录和报告展开的，因此，必须明确会计要素的内涵和特点。

**想一想**

会计六大要素之间存在什么样的关系？

**课堂活动**

目的：培养学生的记忆能力和理解能力，加深学生对会计要素的认识。

形式：个人独立完成。

时间：40分钟。

地点：教学场所（可上网的）。

要求：写出各种资产、收入和费用的表现形式。

评价：从数量和准确性两方面进行评价。

# 七、会计方法

会计方法是指从事会计工作所使用的各种技术方法，是会计核算和监督的基本手段，是会计职能的具体实现形式。

会计方法包括会计核算方法、会计分析方法和会计检查方法。其中，会计核算方法是最基本的会计方法。由于会计分析方法和会计检查方法均有各自的特色和体系，因此，本书不作介绍。

会计核算方法是对企业已经发生的经济活动系统地、连续地、全面完整地、综合地进行核算所采用的手段。

企业经济发生后，相关人员取得发票、收据等原始凭证，会计人员接到原始凭证后对其进行审核、整理，将不同类型的经济业务按会计要素的细目进行分类，之后，运用复式记账法编制记账凭证，再按照记账凭证内容分类记入各账簿中，在每个会计期末，以一定的方法编制成会计报表，向各信息使用者提供会计信息，完成会计核算的基本过程。

会计核算的全过程，涉及的方法一般包括设置账户、复式记账、填制和审核凭证、登记账簿、成本计算、财产清查和编制会计报表七个方面。除成本计算外，其他方法将在本书后面的内容中陆续加以介绍。

# 任务2.2 认识会计工作

任务描述

明确会计工作内容，了解会计工作组织、会计工作基本流程、会计的基本假设和核算基础。

## 一、会计工作内容

会计人员在日常工作中项目较多，主要内容包括以下几个方面。

（1）填制、整理、审核原始凭证。

（2）填制、审核记账凭证。

（3）登记会计账簿。

（4）成本计算。

（5）财产清查。

（6）编制会计报表。

同时，会计需要辅助领导做好以下工作。

（1）协助领导处理银行业务，如准备领导活动所需要的各种经费，具体办理各种投资业务等。

（2）协助领导进行各种现金交易，如了解现金收入状况和盈亏情况，筹备和处理备用金等。

（3）协助领导处理工资管理事宜，如了解国家及有关主管部门对工资处理的新规定和要求、协助领导了解工资总额的变化等。

（4）配合财务部门处理有关财务报表，如参与办公预算编制等。

## 二、会计工作组织

### （一）会计工作组织的含义

会计工作组织是指针对会计机构的设置、会计人员的配备、会计制度的制定与执行等各项工作所做的统筹安排。

会计工作是一项综合性、政策性很强的管理工作，它与统计、审计等其他工作关系密切。要做好会计工作，实现会计目标，协调好会计工作与其他经济管理工作之间的关系，就必须科学、合理地组织会计工作，才能对会计工作实施有效管理。

科学、合理组织会计工作具有重要作用。

（1）可以促进会计工作质量提高，提高工作效率。

（2）可以促进同其他管理工作的协调，提高企业管理水平。

（3）有利于完善企业单位的内部经济责任制。

（4）有利于维护财经法规，保护利益相关者的权益。

### （二）会计机构设置

会计机构是指单位内部设置的办理会计事务和组织领导会计工作的职能部门。会计机构设置既要符合国家法律、法规的规定，也要考虑单位的具体情况，根据会计业务的需要设置会计机构。具备设置条件的单位，应当单独设置会计机构。

设置会计机构的单位，应当配备会计机构负责人，并至少应该设置两个会计岗位，即会计机构负责人（会计主管）岗位和出纳岗位。不具备单独设置会计机构条件的单位，应当在有关机构中配备专职会计人员，且同时在专职会计人员中指定会计主管人员。

不单独设置会计机构，也不在有关机构指定会计主管的单位，应在有关机构中设置一名出纳员。不设置会计机构和配备会计人员的单位，应当委托合法的机构进行代理记账，如委托会计师事务所或其他代理记账机构进行代理记账。

**想一想**

一个单位是否设置会计机构，一般取决于哪些因素？

**动一动**

查阅资料，了解代理记账的相关规定。

## 三、会计从业人员

### （一）会计人员从业条件

《会计法》对不同层次的会计从业人员条件做出了明确规定：从事会计工作的人员，必须取得会计从业资格证书。会计机构负责人，除取得会计从业资格证书外，还应当具备会计师以上专业技术职务资格或从事会计工作3年以上会计工作经历，具有较高的政治素质和政策业务水平、良好的职业道德、组织领导能力和较好的身体素质。总会计师必须是取得会计师任职资格，主管一个单位或者单位内一个重要方面的财务会计工作时间不少于3年的会计人员。担任注册会计师的人员，须具备规定的学历和一定的实际会计工作经验，经全国统一考试合格，由财政部门批准注册后，方可从事注册会计师工作。

取得会计从业资格要具备两个条件：一要具备基本条件，即遵守会计和其他财经法律、法规；具备良好的道德品质；具备会计专业基本知识和技能。二要通过考试。会计从业资格的取得实行考试制度，考试科目为"财经法规与会计职业道德""会计基础""初级会计电算化"。

**请注意**

我国会计从业资格证实行注册登记管理制度。持证人员从事会计工作要进行上岗注册登记；离岗时要备案；持证人员调转工作单位，学历或学位、会计专业技术职务资格等发生变更时要登记。

**开阔视野**

会计从业资格证书是从事会计工作的一种法定资质，种类也较多，各种证书的价值情况是会计从业人员应该关注的内容。2009年5月，中国会计视野网站调查的国内财会类相关资格的价值评价情况见表2-1。

表2-1　财会类资格的价值评价

| 国内资格 | 价值评分 |
|---|---|
| 注册会计师/CPA | 4.18 |
| 会计职称（高级） | 3.58 |
| 会计职称（中级） | 3.00 |
| 审计职称（中级） | 2.43 |
| 审计职称（初级） | 2.07 |
| 会计从业资格（上岗证） | 2.02 |
| 会计职称（初级） | 1.81 |

备注：表中价值评分高者为好。

### （二）会计人员任用的相关规定

（1）国家机关、国有企业、事业单位任用会计人员实行回避制度。单位负责人的直系亲属不得担任本单位会计机构负责人或会计主管，会计机构负责人和会计主管的直系亲属不得在本单位担任出纳工作。

**动一动**

查阅资料，了解直系亲属包括哪些关系人。

（2）设总会计师的单位，总会计师人选须由本单位主要行政领导人提名，政府主管部门任命或聘任，免职或解聘程序与任命或聘任程序相同。

**开阔视野**

总会计师在单位负责人领导下，主管经济核算和财务会计工作。我国《会计法》规定，国有的和国有资产占控股地位或者主导地位的大、中型企业必须设置总会计师。国有大、中型企业以外的其他单位可以根据业务需要，视情况自行决定是否设置总会计师。

（3）设置总会计师的单位，会计人员的任用、晋升、调动、奖惩，应当事先征求总会计师的意见，会计机构负责人或会计主管的人选，应当由总会计师考核，并履行规定审批程序。

**想一想**

某国有企业决定任用本企业财务经理的侄子肖钢（已取得会计从业资格证书）担任出纳，这个决定是否存在不妥？

### （三）会计人员岗位责任制

**1. 会计人员岗位责任制的含义**

会计人员岗位责任制是指在会计机构内部按照会计工作的内容和会计人员的配备情况，将会计机构的工作划分为若干个岗位，并按岗位规定职责进行考核的责任制度。

由于各单位的性质不同，规模大小不一，业务多少有较大差别，所以，不同的单位会计岗位设置情况有所不同，但应该根据会计业务需要设置会计工作岗位，并对各个岗位的会计人员按照岗位责任进行考评。

我国《会计基础工作规范》规定："会计工作岗位一般可分为：会计机构负责人或会计主管人员、出纳、财产物资核算、薪资核算、成本费用核算、财务成果核算、资金核算、往来核算、总账报表、稽核、档案管理等。"开展会计电算化和管理会计的单位，可根据需要设置相应的会计工作岗位，也可与其他工作岗位相结合。

🔔 **温馨提示**

会计工作岗位可以一人一岗、一人多岗，也可以一岗多人，但出纳人员不得兼任稽核、会计档案保管和收入、费用、债权债务账簿的登记工作。会计人员要有计划地进行轮岗，以促进会计人员全面熟悉业务和不断提高综合业务素质。

**2. 会计工作岗位职责**

每个会计工作岗位虽职责不同，但都有各自明确的职责。

（1）会计负责人工作岗位。负责本单位财务会计的全面工作。主要职责有：组织制定本单位的财务会计制度及核算办法，并督促贯彻执行；组织编制本单位的财务成本费用计划、筹资计划和资金使用预算；组织会计人员进行业务学习；及时、准确地编制会计报表和统计报表；进行财务成本费用和资金执行情况分析，开展工作总结，提出改进意见；参与单位投资等决策。

（2）出纳工作岗位。负责办理现金收付和结算业务；保管库存现金、有价证券、空白收据和支票，并对其安全负责；登记现金和银行存款日记账；保管有关印章。

（3）财产物资核算工作岗位。负责拟定固定资产管理和核算办法；负责固定资产和材料物资的明细核算；参与财产物资需用量的核定，参与固定资产更新改造和大修理计划的编制；按期编制反映固定资产增减变动的会计报表；计算和提取固定资产折旧；会同有关部门定期对财产物资进行盘点和清查，及时进行账务处理。

（4）薪资核算工作岗位。负责计算职工的各种薪酬，办理职工薪酬分配、结算和明细核算；分析薪资政策的执行情况，做好薪酬发放工作；编制有关薪资的报表。

（5）成本费用核算工作岗位。负责编制成本费用计划，并将该计划落实到责任部门或个人；归集和分配费用，计算产品成本；进行成本费用记录与核算，登记成本费用明细账；编制费用报表，分析成本计划执行情况。

（6）财务成果核算工作岗位。负责收入和利润计划的编制；负责销售等各项收入的计算，审查收入凭证并进行利润计算和分配；进行利润的明细核算，登记销售、利润和税费明细账；编制有关收入、利润方面的报表，并对收入和利润实现情况进行分析；预测销售前景，提出增收节支的途径和措施。

（7）资金核算工作岗位。负责资金的筹集、使用、调度和核算。其中，主要工作是负责资金筹集和各项投资的明细分类核算。

（8）往来核算工作岗位。负责其他暂收暂付和应收应付业务的办理、核对与清算；负责备用金的明细核算及管理；管理往来业务所涉及的账证及其他资料；及时处理无法收回或无法支付的款项，查明原因并及时向会计机构负责人报告。

（9）总账报表工作岗位。负责总账的登记以及与日记账、明细账的核对工作；编制会计报表，并负责财务状况的综合分析；制订或参与制订财务计划，参与生产经营决策等。

（10）稽核工作岗位。负责组织稽核工作，确立稽核工作的组织形式和人员分工；制定稽核工作职责；负责会计凭证、账簿和报表的复核，审核财务收支的合理性和合法性；审查各项财务收支以及计划的执行情况，提出经营管理的建议。

（11）档案管理工作岗位。负责制定会计档案管理的规章制度，包括会计档案的立卷、归档、保管、借阅和销毁等制度；保护会计档案的安全和完整，确保商业秘密不外泄。

### （四）会计人员职业道德

会计职业道德是指在会计职业活动中应当遵循的，体现会计职业特征的，调整会计职业关系的职业行为准则和规范。在会计工作过程中，会计人员应遵守职业道德规范，树立良好的职业形象，形成严谨的工作作风，严格执行工作纪律，不断提高工作质量和效率。会计人员职业道德规范要求会计人员要做到以下几点。

（1）爱岗敬业。要求会计人员热爱会计工作，安心本职岗位，忠于职守，尽心尽力，尽职尽责。

（2）诚实守信。要求会计人员做老实人，说老实话，办老实事，执业谨慎，信誉至上，不为利益所诱惑，不弄虚作假，不泄露秘密。

（3）廉洁自律。要求会计人员不贪不占，公私分明，遵纪守法，清正廉洁。

（4）客观公正。要求会计人员端正态度，依法办事，实事求是，不偏不倚，保持应有的客观独立性。

（5）坚持准则。要求会计人员熟悉国家法律、法规，始终坚持按法律、法规的要求进行会计核算，实施会计监督。

（6）提高技能。要求会计人员增强提高专业技能的自觉性和紧迫感，勤学苦练，刻苦钻研，不断进取，提高业务水平。

（7）参与管理。要求会计人员在做好本职工作的同时，努力钻研相关业务，全面熟悉本单位经营活动和业务流程，适时提出合理化建议，协助领导决策，积极参与管理。

（8）强化服务。要求会计人员树立服务意识，提高服务质量，努力维护和提升会计职业的良好形象。

**想一想**

一贯表现优秀的会计王莉，在心情不好时，因发泄将单位的重要会计资料透露给了丈夫，且给单位造成了经济损失，她的做法是否违法？

### （五）会计人员继续教育

按照《会计法》规定，会计人员要每年接受一定学时的继续教育培训。会计人员继续教育是指取得会计从业资格的人员继续接受一定形式的、有组织的理论知识、专业技能、政策法规和职业道德的教育和培训活动，不断提高和保持其专业胜任能力和职业道德水平。会计人员继续教育可以是接受培训，也可以通过自学形式完成继续教育。培训可以是财政系统各级部门组织的培训，也可以是会计专业学历教育培训；自学包括部门或单位组织的学习、专题报告、课题研究、参加上一级别的专业技术资格考试等。

对于无正当理由，年度内未完成规定学时的会计人员，予以警告。连续两年未参加或连续两年未按规定完成继续教育学时的会计人员，不予办理会计从业资格证年检，不得参加上一级专业技术资格考试或高级会计师评审，也不得参加会计工作者先优评选，财政部门不予颁发会计人员荣誉证书；会计人员所在单位负有责任的，其单位不得申请会计基础工作规范化资格。连续3年未参加或连续3年未按规定完成继续教育学时的会计人员，由省级财政部门做出或建议做出取消其会计从业资格证书、会计专业技术资格、会计人员所在单位会计基础工作规范化资格证书的决定。

**开阔视野**

高、中级会计人员继续教育的时间每年累计不少于68小时，其中接受培训时间每年累计不少于20小时，自学时间每年累计不少于48小时。初级会计人员继续教育的时间每年累计不少于72小时，其中，接受培训时间每年累计不少于24小时，自学时间每年累计不少于48小时。

**温馨提示**

被取消会计从业资格证书、会计专业技术资格、会计基础工作规范化资格证书的人员和单位，两年内（含两年）不得重新参加会计从业资格证书考试、会计专业技术资格证书考试或评审、申请会计基础工作规范化资格。要想两年后重新获得以上证书，须经省级财政部门批准后才能重新参加会计从业资格证书、会计专业技术资格证书考试或评审、申请会计基础工作规范化资格。

## 四、会计工作组织形式

会计工作组织形式主要有集中核算形式和非集中核算形式两种。

1. 集中核算形式

集中核算形式是指单位的会计工作大都集中由会计部门进行。单位内部的其他部门和下属单位只对其发生的经济业务填制原始凭证，定期对这些原始凭证进行初步的审核、整理和汇总，送交会计部门。这种核算的优点在于：会计部门能及时掌握企业经济业务的全貌，便于对企业内部各个部门进行会计监督，也便于对会计人员的管理。集中核算的缺点是不利于单位内部经济责任制的落实。因此，集中核算形式适用于小型企业和事业单位。

2. 非集中核算形式

非集中核算形式是指将会计工作分散在单位内部所属单位、部门来进行的核算组织形式。在这种核算形式下，企业的产品成本是由生产产品的生产车间进行核算，而损益则由厂部会计机构负责核算。这种核算的优点在于：便于内部单位利用会计资料加强经营管理，有利于经济责任制的落实。其缺点是组织形式层次多、手续复杂、核算工作量大，不利于会计人员分工。因此，非集中核算形式适用于大中型企、事业单位。

ℹ️ **请注意**

集中核算和非集中核算是相对而言的。在实际工作中，企、事业单位可分别采用集中核算和非集中核算两种形式。但无论采用哪种形式，企、事业单位对外的资金往来、物资购销、债权债务的结算都由会计部门集中办理。

## 五、会计工作基本流程

### （一）会计工作流程的含义

会计工作流程也称会计核算形式或会计工作程序，是指会计凭证、会计账簿、会计报表相结合的方式，是由原始凭证到编制记账凭证、登记明细分类账和总分类账、编制会计报表的工作程序和方法等。

### （二）常见的会计工作流程

在会计工作实践中，不同的账簿组织、记账程序和记账方法，及其不同的结合方式，形成了不同的会计工作流程。目前采用较多的会计工作流程有：记账凭证会计工作流程、汇总记账凭证会计工作流程和账户汇总表会计工作流程。

#### 1. 记账凭证会计工作流程

（1）记账凭证会计工作流程的概念。记账凭证会计工作流程是指对发生的经济业务或事项，都要根据原始凭证或汇总原始凭证编制记账凭证，然后直接根据记账凭证逐笔登记总分类账，并定期绘制会计报表的一种会计工作流程。它是基本的会计工作流程，是其他会计工作流程的基础。

ℹ️ **请注意**

记账凭证会计工作流程的特点是直接根据记账凭证登记总账。

（2）记账凭证会计工作流程下凭证和账簿的设置。采用记账凭证会计工作流程的单位，记账凭证可以采用一种通用的格式，即通用记账凭证；也可采用收款凭证、付款凭证和转账凭证三种格式，即专用记账凭证。

账簿组织一般应设置库存现金日记账、银行存款日记账、总分类账和明细分类账。库存现金日记账和银行存款日记账可采用三栏式；总分类账应按总账科目设置，可采用三栏式；明细分类账可根据管理的需要设置，可采用三栏式、数量金额式或多栏式。

（3）记账凭证会计工作流程的工作步骤。

① 根据原始凭证编制汇总原始凭证。

② 根据原始凭证或汇总原始凭证，填制记账凭证。

③ 根据收款凭证、付款凭证逐笔登记现金日记账和银行存款日记账。

④ 根据原始凭证（或汇总原始凭证）和记账凭证，登记各种明细分类账。

⑤ 根据记账凭证逐笔登记总分类账。

⑥ 期末，现金日记账、银行存款日记账和明细分类账的余额同有关总分类账的余额核对。

⑦ 期末，根据总分类账和明细分类账的记录，编制会计报表。

记账凭证会计工作流程见图2-1。

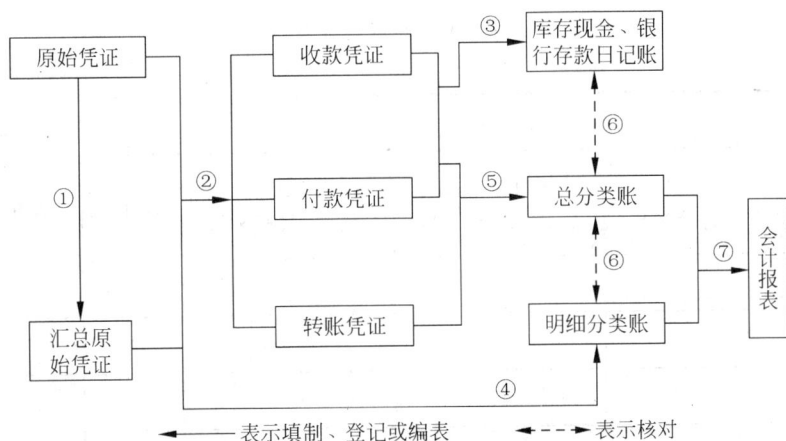

**图2-1　记账凭证会计工作流程图**

（4）记账凭证会计工作流程的优缺点及适用范围。记账凭证会计工作流程的优点是：总账登记的直接依据是记账凭证，易于理解，容易操作，同时，每一张记账凭证的内容都在总账中单独体现，比较详细，便于检查。其缺点是由于要根据记账凭证逐笔登记总账，工作量较大。

适用范围：记账凭证会计工作流程适用于规模小、经济业务或事项较少的单位。

### 2. 汇总记账凭证会计工作流程

（1）汇总记账凭证会计工作流程的概念。汇总记账凭证会计工作流程是指对发生的经济业务或事项，先根据原始凭证或汇总原始凭证编制记账凭证，再定期根据记账凭证分类编制汇总记账凭证（汇总收款凭证、汇总付款凭证和汇总转账凭证），然后根据汇总记账凭证登记总分类账的一种会计工作流程。

### ⓘ 请注意

汇总记账凭证会计工作流程的特点是：定期根据记账凭证分类编制汇总收款凭证、汇总付款凭证和汇总转账凭证，再根据汇总记账凭证登记总账。

（2）汇总记账凭证会计工作流程下凭证和账簿的设置。

① 凭证设置。采用汇总记账凭证会计工作流程，记账凭证可采用通用的统一格式，但一般采用收款凭证、付款凭证和转账凭证专用格式。同时，应设置汇总记账凭证。如果记账凭证是通用的统一格式，设置的汇总记账凭证也应采用通用的统一格式。如果记账凭证是收、付、转专用格式，则应分别设置汇总收款凭证、汇总付款凭证和汇总转账凭证。

② 账簿设置。一般应设置库存现金日记账、银行存款日记账、明细分类账和总分类账。日记账和总账可采用三栏式；明细分类账可根据需要采用三栏式、数量金额式或多栏式。

（3）汇总记账凭证的编制方法。

① 汇总收款凭证及其编制方法。汇总收款凭证是指按"库存现金"和"银行存款"账户的借方分别设置的一种汇总记账凭证。它汇总了一定时期内库存现金和银行存款的收款业务，其格式见表2-2。

表2-2　汇总收款凭证

借方账户：　　　　　　　　　　　　　　　　　　　　年　月　　　　　　汇收字第　号

| 贷方账户 | 金　额 | | | | 记　账 | |
| --- | --- | --- | --- | --- | --- | --- |
| | ×日至×日<br>凭证×号至×号 | ×日至×日<br>凭证×号至×号 | ×日至×日<br>凭证×号至×号 | 合计 | 借方 | 贷方 |
| | | | | | | |
| | | | | | | |
| | | | | | | |
| | | | | | | |
| 合　计 | | | | | | |

汇总收款凭证的编制方法是：将一定时期内全部库存现金和银行存款收款凭证，分别按其对应贷方账户进行归类，计算出每一贷方账户发生额合计数，填入汇总收款凭证中。一般可5天、10天或15天汇总一次，月终计算出合计数，据以登记总分类账。

② 汇总付款凭证及其编制方法。汇总付款凭证是指按"库存现金"和"银行存款"账户的贷方分别设置的一种汇总记账凭证，它汇总了一定时期内库存现金和银行存款的付款业务，其格式见表2-3。

表2-3　汇总付款凭证

贷方账户：　　　　　　　　　　　　　　　　　　　　年　月　　　　　　汇付字第　号

| 借方账户 | 金　额 | | | | 记　账 | |
| --- | --- | --- | --- | --- | --- | --- |
| | ×日至×日<br>凭证×号至×号 | ×日至×日<br>凭证×号至×号 | ×日至×日<br>凭证×号至×号 | 合计 | 借方 | 贷方 |
| | | | | | | |
| | | | | | | |
| | | | | | | |
| | | | | | | |
| 合　计 | | | | | | |

汇总付款凭证的编制方法是：将一定时期内全部库存现金和银行存款付款凭证，分别按其对应借方账户进行归类，计算出每一借方账户发生额合计数，填入汇总付款凭证中。一般可5天、10天或15天汇总一次，月终计算出合计数，据以登记总分类账。

③ 汇总转账凭证及其编制方法。汇总转账凭证是指按每一贷方账户分别设置，用来汇总一定时期内转账业务的一种汇总记账凭证，其格式见表2-4。

表2-4　汇总转账凭证

贷方账户：　　　　　　　　　　　　　　　　　年　月　　　　汇转字第　号

| 借方账户 | 金 额 | | | | 记 账 | |
| --- | --- | --- | --- | --- | --- | --- |
| | ×日至×日 凭证×号至×号 | ×日至×日 凭证×号至×号 | ×日至×日 凭证×号至×号 | 合计 | 借方 | 贷方 |
| | | | | | | |
| | | | | | | |
| | | | | | | |
| | | | | | | |
| 合　计 | | | | | | |

汇总转账凭证的编制方法是：将一定时期内全部转账凭证按照每一账户的贷方设置，并按其对应的借方账户进行归类，计算出每一借方账户发生额的合计数，填入汇总转账凭证。一般可5天、10天或15天汇总一次，月终计算出合计数，据以登记总分类账。

🔔 温馨提示

为了便于填制汇总转账凭证，平时填制转账凭证时，应尽可能使账户的对应关系保持"一借一贷"或"一贷多借"，避免"一借多贷"或"多借多贷"。

想一想

涉及库存现金和银行存款之间划转业务时，凭证汇总在哪种汇总记账凭证中进行？

（4）汇总记账凭证会计工作流程的工作步骤。

① 根据原始凭证编制汇总原始凭证。

② 根据原始凭证或汇总原始凭证，编制收款凭证、付款凭证和转账凭证，也可采用通用的记账凭证。

③ 根据收款凭证、付款凭证逐笔登记库存现金日记账和银行存款日记账。

④ 根据原始凭证、汇总原始凭证和记账凭证，登记各种明细分类账。

⑤ 根据各种记账凭证编制有关汇总记账凭证。

⑥ 根据各种汇总记账凭证登记总分类账。

⑦ 期末，库存现金日记账、银行存款日记账和明细分类账的余额同有关总分类账的余

额核对相符。

⑧ 期末，根据总分类账和明细分类账的记录，编制会计报表。

汇总记账凭证会计工作流程见图2-2。

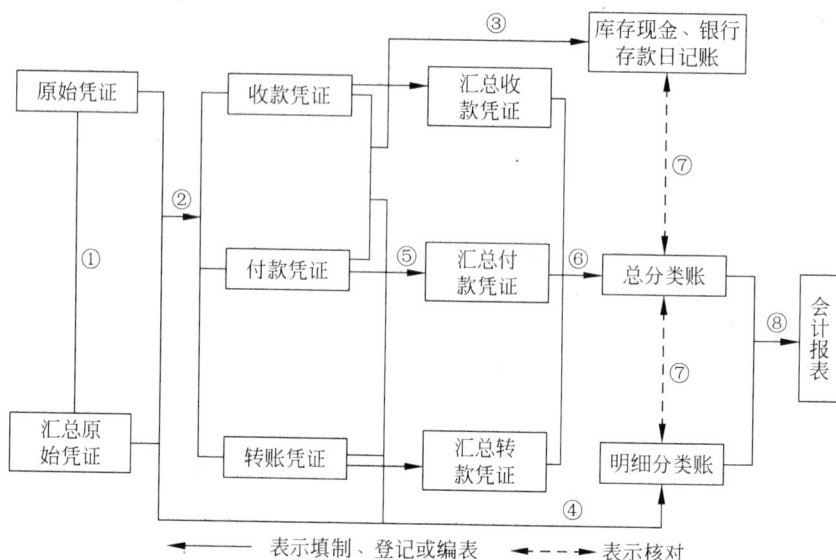

**图2-2　汇总记账凭证会计工作流程图**

（5）汇总记账凭证会计工作流程的优缺点及适用范围。汇总记账凭证会计工作流程的优点是：减轻了登记总分类账的工作量；能够反映会计账户之间的对应关系，便于了解经济业务的来龙去脉。其缺点是：由于汇总转账凭证按贷方账户设置，按借方账户汇总，割裂了经济业务的完整性，不利于会计核算的日常分工，在转账凭证较多时，编制汇总转账凭证的工作量较大。

适用范围：汇总记账凭证会计工作流程适用于规模较大、经济业务事项较多的单位。

3．账户汇总表会计工作流程

（1）账户汇总表会计工作流程的概念。账户汇总表会计工作流程也称记账凭证汇总表会计工作流程，它是根据记账凭证定期编制账户汇总表，再根据账户汇总表登记总分类账的一种会计工作流程。

ⓘ **请注意**

账户汇总表会计工作流程是先根据记账凭证编制账户汇总表，再根据账户汇总表登记总分类账。

（2）账户汇总表会计工作流程下凭证和账簿的设置。按照账户汇总表会计工作流程进行会计工作，会计凭证可采用通用格式，也可采用收款凭证、付款凭证和转账凭证专用格式，同时应设置账户汇总表。其账簿组织与上述两种会计工作流程类似。

（3）账户汇总表及其编制方法。账户汇总表是指根据一定时期内的全部记账凭证，按相同的会计账户归类，汇总每一总账账户本期借方发生额和贷方发生额所编制的汇总表，其格式见表2-5。

表2-5 账户汇总表

年 月 日 至 日 　　　　　　账汇字第 号

| 会计账户 | 本期发生额 | | 总账页数 | 记账凭证起讫号数 |
| --- | --- | --- | --- | --- |
| | 借方余额 | 贷方余额 | | |
| | | | | |
| | | | | |
| | | | | |
| | | | | |
| | | | | |
| 合　计 | | | | |

（4）账户汇总表会计工作流程的工作步骤。

① 根据原始凭证编制汇总原始凭证。

② 根据原始凭证或汇总原始凭证，编制记账凭证。

③ 根据收款凭证、付款凭证逐笔登记库存现金日记账和银行存款日记账。

④ 根据原始凭证、汇总原始凭证和记账凭证，登记各种明细分类账。

⑤ 根据各种记账凭证编制账户汇总表。

⑥ 根据账户汇总表登记总分类账。

⑦ 期末，库存现金日记账、银行存款日记账和明细分类账的余额同有关总分类账的余额核对。

⑧ 期末，根据总分类账和明细分类账的记录，编制会计报表。

账户汇总表会计工作流程见图2-3。

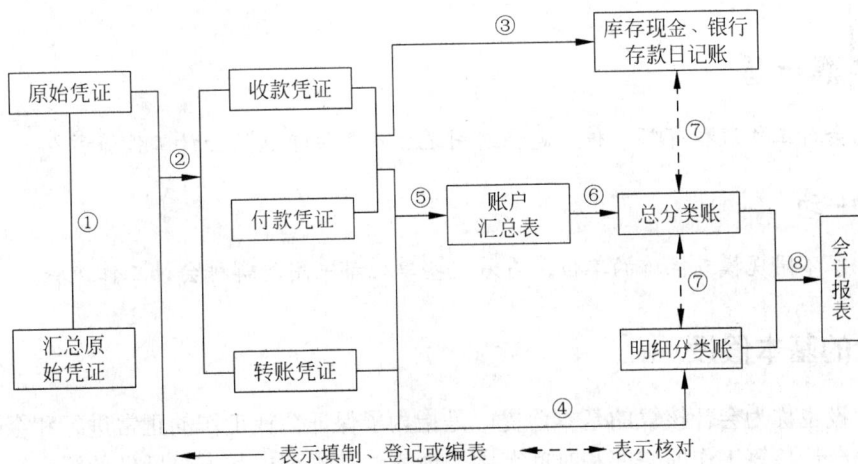

图2-3 账户汇总表会计工作流程图

（5）账户汇总表会计工作流程的优缺点及适用范围。账户汇总表会计工作流程的优点是：减少了登记总分账的工作量，并可做到试算平衡，简明易懂，操作简单。其缺点是不能看出经济业务的来龙去脉。

适用范围：账户汇总表会计工作流程适用于经济业务事项较多的单位。

## （三）常见会计工作流程比较

上述三种常见会计工作流程的比较见表2-6。

表2-6　常见会计工作流程比较表

| 会计工作流程 | 联　系 | 区　别 | | | |
|---|---|---|---|---|---|
| | | 登记总账的依据 | 优　点 | 缺　点 | 适用范围 |
| 记账凭证会计工作流程 | 1. 凭证组织相同，都设收款凭证、付款凭证、转账凭证 <br> 2. 账簿组织相同，都设库存现金日记账、银行存款日记账、明细账、总账 <br> 3. 报表组织相同，对外报送的会计报表都是资产负债表、利润表、现金流量表 <br> 4. 会计工作各环节除登记总账的依据不同外，其他基本相同 | 依据记账凭证逐笔登记总分类账 | 1. 总分类账可详细地反映经济业务的发生情况 <br> 2. 简单明了，易于理解 | 登记总分类账的工作量较大 | 适用于规模较小、经济业务事项较少的单位 |
| 汇总记账凭证会计工作流程 | | 依据各种汇总记账凭证登记总分类账 | 1. 减轻登记总账的工作量 <br> 2. 便于了解账户之间的对应关系 | 1. 按贷方账户编制汇总转账凭证，不利于会计核算的日常分工 <br> 2. 转账凭证较多时，工作量较大 | 适用于规模较大、经济业务事项较多的单位 |
| 账户汇总表会计工作流程 | | 依据账户汇总表登记总分类账 | 1. 减轻登记总账的工作量 <br> 2. 可试算平衡 <br> 3. 简明易懂，方便易学 | 1. 不能反映账户对应关系 <br> 2. 不便于查对账目 | 适用于经济业务事项较多的单位 |

**想一想**

常用的会计工作流程有哪几种？怎样选用适合本单位特点的会计工作流程？

**动一动**

走访几家不同规模或性质的单位，看看这些单位都采用的哪种会计工作流程。

# 六、会计的基本假设

会计假设也称为会计核算的基本前提，是指为了保证会计工作的正常进行和会计信息的质量，对会计核算工作的空间和时间范围、内容、基本程序和方法所做的限定，并在此基础上确定会计原则。按照国际会计惯例，结合我国情况，我国《企业会计准则》和《企业会计制度》规定，企业在组织会计核算时，应以会计主体、持续经营、会计分期、货币计量作为会计核算的基本前提。

1. 会计主体

会计主体是指会计所服务的特定单位。会计主体假设是指会计所反映的是一个特定单位的经济活动。它限定了会计工作的空间范围。

只有以会计主体为基本前提，明确会计核算和监督的空间范围，才能正确反映特定单位和组织所拥有的资产、对外所承担的债务和投资者所拥有的权益；合理地计算经营过程中发生的收益和耗费；向有关各方提供准确的会计信息。

### 🔔 温馨提示

会计主体不同于法律主体。法律主体指的是法人，是指在政府部门注册登记、有独立的财产、能够承担民事责任的法律实体。会计主体不一定是法律主体，但法律主体必然是会计主体。

2. 持续经营

持续经营是指会计核算应该以持续、正常的生产经营活动为前提，而不考虑企业是否将破产清算。它明确了会计主体工作的时间范围。

只有在持续经营前提下，企业的资产和负债才区分为流动和非流动；资产才以历史成本计价；才有必要和可能进行会计分期。

3. 会计分期

会计分期是指把企业持续不断的生产经营过程划分为较短的、等距离的会计期间以便分期结算账目，按期编制会计报表。它侧重于对时间范围的划分。

会计期间是指会计工作中为核算生产经营活动或者预算执行情况所规定的起止日期。会计期间分为年度、半年度、季度和月度。半年度、季度和月度称为会计中期。

### ℹ️ 请注意

会计中期不是指半个年度。

有了会计期间这个前提，才有了本期、非本期的区别，才产生了收付实现制和权责发生制，才能正确贯彻配比性的要求。只有正确地划分会计期间，才能准确地提供经营成果和财务状况的资料，才能进行会计信息的对比。

### 🧑 想一想

持续经营和会计分期有什么关联？

4. 货币计量

货币计量是指对所有会计对象采用同一种货币作为统一尺度来进行计量，并把企业经营活动和财务状况的数据转化为按统一货币单位反映的会计信息，并忽略货币本身的价值波动的影响。

我国会计法规规定，单位进行会计核算应以人民币为记账本位币。有外币收支的单位，也可以选定某种外币作为记账本位币，但编制的会计报表应当折算为人民币进行反映。

以货币作为统一计量单位，包含着币值稳定的假设，但实际上货币本身的价值不可能没有变动。按照国际会计惯例，当货币本身的价值波动不大，或前后波动能够被抵销时，会计核算中可以不考虑这些波动因素，即仍认为币值稳定。

会计四项假设的联系体现在：进行会计工作首先要明确为之服务的特定单位，采用货币为统一尺度，在持续经营条件下运用会计方法记录、计算和反映该单位日常发生的经济业务，并按规定的会计期间正确、及时地编报会计报表。

# 七、会计核算基础

会计核算基础有两种：一是权责发生制；二是收付实现制。

## 1. 权责发生制

权责发生制即凡是当期已经实现的收入和已经发生或应当负担的费用，不论款项是否收付，都应当作为当期的收入和费用；凡是不属于当期的收入和费用，即使款项已在当期收付，也不应当作为当期的收入和费用。例如，预付下年度的财产保险费，钱是本期付出，但并不是为本期的生产经营活动而产生的费用，按照权责发生制，这笔支出不记入当期费用。再例如，本期销售商品，但本期没收回货款，按照权责发生制，也应该确认收入实现。

## 2. 收付实现制

收付实现制又称现金制或实收实付制，是以现金收到或付出为标准，来记录收入的实现和费用的发生。按照收付实现制，收入和费用的归属期间将与现金收支行为的发生与否紧密地联系在一起。即现金收支行为在其发生的期间全部记作收入和费用，而不考虑与现金收支行为相连的经济业务实质上是否发生。例如，本期收到上月销售商品的货款存入银行，按照收付实现制，这笔货款应当作为本期的收入。因为现款是本期收到的。再例如，预付下年度的财产保险费，钱是本期付出，尽管这笔钱不是为本期所发生，按照收付实现制，这笔款也应该确认为本期费用。

### 请注意

企业会计核算采用权责发生制；行政、事业单位采用收付实现制。

### 想一想

采用权责发生制和采用收付实现制的主要区别在哪里？

### 动一动

走访几家单位，了解会计假设对会计工作所产生的影响和所起的作用。

# 认识经济业务与会计等式

## 知 识 概 览

| 了解经济业务的变化规律 | 经济业务的概念 | 经济业务也称会计事项,是指企事业单位在生产经营过程中能引起会计要素增减变化的事项 |
|---|---|---|
| | 经济业务类型 | 资产类项目等额增减、权益类项目等额增减、资产类和权益类项目等额增加、资产类和权益类项目等额减少 |
| | 经济业务的变化规律 | 始终保持:资产=负债+所有者权益 |
| 认识会计等式 | 会计等式 | 1. 资产=负债+所有者权益(会计恒等式)<br>2. 收入-费用=利润<br>3. 资产=负债+所有者权益+(收入-费用) |

# 任务3.1 了解经济业务的变化规律

**任务描述**

了解经济业务及其变化类型,掌握经济业务的变化规律,能够判断经济业务发生后对会计要素的影响。

## 一、经济业务的概念

经济业务也称会计事项,是指企事业单位在生产经营过程中能引起会计要素增减变化的事项。

任何一个单位在生产、经营过程中,每天都会发生多种多样、错综复杂的经济业务,从而引起各会计要素的增减变动。

## 二、经济业务类型

经济业务类型按资产、负债、所有者权益的变化情况,可分为以下9种类型。

(1)经济业务的发生只引起资产内部项目等额增减的变动。

（2）经济业务的发生引起资产和所有者权益同时等额增加的变动。

（3）经济业务的发生引起资产和负债同时等额减少的变动。

（4）经济业务的发生引起资产和负债同时等额增加的变动。

（5）经济业务的发生引起资产和所有者权益同时等额减少的变动。

（6）经济业务的发生引起所有者权益同时等额增减的变动。

（7）经济业务的发生引起负债同时等额增减的变动。

（8）经济业务的发生引起所有者权益和负债同时等额增减的变动。

（9）经济业务的发生引起负债和所有者权益同时等额增减的变动。

### 典型任务实例3-1

资料：2015年1月，方圆公司发生以下经济业务。

业务1：2日，以银行存款购入200 000元材料，并验收入库。

业务2：5日，接受投资者投入设备一台，价值100 000元。

业务3：8日，以银行存款80 000元偿还短期借款。

业务4：10日，向银行借入期限为3年的借款200 000元，现已到账。

业务5：15日，按规定以银行存款100 000元返还投资者的投资款。

业务6：19日，公司在法规允许范围内，将盈余公积50 000元转为投资者的资本金。

业务7：22日，与大华公司、向阳公司达成协议，将欠大华公司的60 000元货款转到向阳公司名下，使原欠向阳公司款项增加60 000元。

业务8：26日，与长城公司达成协议，将原欠长城公司的货款500 000元转为长城公司对方圆公司的投资。

业务9：30日，年终分配方案已定，计算确认应分配给投资者的股利为40 000元。

要求：总结这9笔业务的变化规律。

任务解析：

业务1使方圆公司"原材料"这项资产增加了200 000元，同时，也使"银行存款"这项资产减少了200 000元。这种变化只是资产内部以相等的金额发生增减变动，资产总额没变，属于第1种经济业务类型。

业务2使方圆公司"固定资产"这项资产增加了100 000元，同时，也使"实收资本"这项所有者权益增加了100 000元。这种变化只是资产和所有者权益以相等的金额同时增加，资产和所有者权益处于平衡状态，属于第2种经济业务类型。

业务3使方圆公司"银行存款"这项资产减少了80 000元，同时，也使"短期借款"这项负债减少了80 000元。这种变化只是资产和负债以相等的金额同时减少，资产和负债处于平衡状态，属于第3种经济业务类型。

业务4使方圆公司"银行存款"这项资产增加了200 000元，同时，也使"长期借款"这项负债增加了200 000元。这种变化只是资产和负债以相等的金额同时增加，资产和负债处于平衡状态，属于第4种经济业务类型。

业务5使方圆公司"银行存款"这项资产减少了100 000元，同时，也使"实收资本"这项所有者权益减少了100 000元。这种变化只是资产和所有者权益以相等的金额同时减少，资产和所有者权益处于平衡状态，属于第5种经济业务类型。

业务6使方圆公司"盈余公积"这项所有者权益减少了50 000元，同时，也使"实收资本"这项所有者权益增加了50 000元。这种变化只是所有者权益内部以相等的金额发生增减变动，所有者权益总额没变，属于第6种经济业务类型。

业务7使方圆公司"欠向阳公司货款"这项负债增加了60 000元，同时，也使"应付大华公司货款"减少了60 000元。这种变化只是负债内部以相等的金额发生增减变动，负债总额没变，属于第7种经济业务类型。

业务8使方圆公司的"实收资本"这项所有者权益增加了500 000元，同时，也使"应付账款"这项负债减少了500 000元。这种变化只是负债和所有者权益以相等的金额发生增减变动，所有者权益总额没变，属于第8种经济业务类型。

业务9使方圆公司"应付股利"这项负债增加了40 000元，同时，也使"利润分配"这项所有者权益减少了40 000元。这种变化只是负债和所有者权益以相等的金额发生增减变动，所有者权益总额没变，属于第9种经济业务类型。

由于负债和所有者权益统称为权益，因此，上述9种类型的经济业务，可归纳为四大类型，即资产类项目的等额增减、权益类项目的等额增减、资产类和权益类项目的等额增加、资产类和权益类项目的等额减少（见图3-1）。

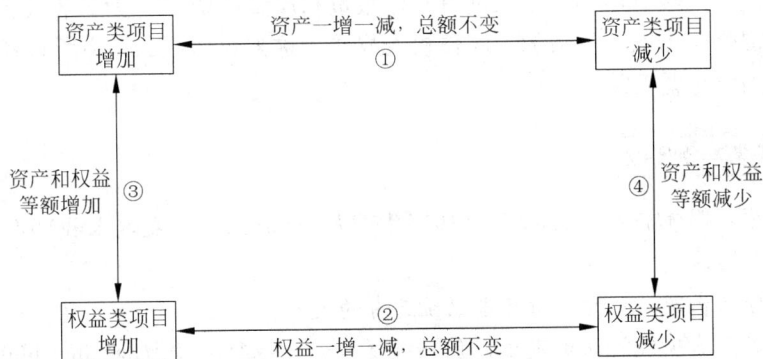

图3-1　经济业务变化的四大类型

### 想一想

用自己的语言怎样表述经济业务类型？

### 课堂活动

目的：熟悉经济业务类型。

形式：分组活动（每组2人）。

时间：30分钟（15分钟后交换角色）。

地点：教学场所。

方式：一人说经济业务，另一人指出经济业务具体类型（按照详细的经济业务类型分类）。

评价：从说出经济业务类型多少、判断经济业务类型的准确性两方面进行评价。

# 任务3.2 认识会计等式

**任务描述**

认识会计等式，明确会计等式与会计要素之间的关系，明白为什么会计等式被称为会计恒等式。

## 一、会计等式

会计等式是指各个会计要素之间在数量上的关系。会计六要素中，资产、负债、所有者权益反映了资金运动的静态情况，收入、费用、利润反映了资金运动的动态情况。这几个会计要素之间在数量上存在着特定的平衡关系，这种平衡关系用公式来表示，就会形成下面几个会计等式。

1. 资产＝负债＋所有者权益

企业开展生产经营活动，必须拥有一定数量和质量的资产，资产来源于两个渠道：一是由债权人提供的借款等形成的，叫债权人权益，称为负债；二是由所有者投入的资金等形成的，称为所有者权益。

**典型任务实例3 2**

资料：甲有限责任公司经批准于2015年12月1日成立，其发起人共10人，总计投入现金500万元存入银行。

要求：分析资产、负债、所有者权益三者的关系。

任务解析：这项经济业务发生，使一项资产——银行存款增加5 000 000元，同时使一项权益——所有者权益增加5 000 000元。在12月1日，该公司的资产、负债、所有者权益的数量关系用公式表示为

$$资产（5\ 000\ 000）＝负债（0）＋所有者权益（5\ 000\ 000）$$

可见，一个企业所拥有的资产和权益是同一资金的两个方面。从资金的占用形式来说是资产；从这些资产的来源渠道来说是权益。同时两者又相互依存，没有权益就没有资产，权益需要资产来表现。有一定数量的资产就有一定数量的权益与之相对应；相反，有一定数量的权益就有一定数量的资产与之相对应。两者在总额上是相等的，这种相等关系构成了下面的会计基本等式

$$资产＝负债＋所有者权益 \tag{3-1}$$

**请注意**

有关法律明确指出，债权人权益优先于所有者权益，也就是负债优先于所有者权益。因此，在会计恒等式中负债在前，所有者权益在后，二者位置不得前后颠倒。

2. 收入－费用＝利润

企业经营的目的是为了获取收入，最大限度地盈利。当然，取得收入的同时必须支付

费用。在一定会计期间，当收入总额大于费用总额，企业产生利润；当收入总额小于费用总额，企业发生亏损（或称负利润）。但无论是盈利还是亏损，收入、费用、利润这三个会计要素之间的数量关系是固定的，具体为

$$收入-费用=利润 \qquad (3-2)$$

> **典型任务实例3-3**

资料：2015年10月，甲有限责任公司实现收入500万元，发生费用支出350万元。

要求：分析收入、费用、利润三者的关系。

任务解析：这项经济业务发生，使收入增加5 000 000元，同时使费用增加3 500 000元。该公司的收入、费用、利润的数量关系用公式表示为

$$收入（5\,000\,000）-费用（3\,500\,000）=利润（1\,500\,000）$$

3. 资产＝负债＋所有者权益＋（收入－费用）

从式（3-2）我们知道，收入与费用的差形成利润，利润即企业的净收益。从产权的角度来分析，净收益归投资者所有，也就是说，企业取得利润，将增加其所有者权益，而所有者权益的增加又必然表现为一定形态的资产，使资产增加；相反，若企业发生亏损，形成负利润，将减少其所有者权益，也必然表现为资产的减少。也就是说，在某一时点上资产、负债、所有者权益这三个静态要素之间是平衡的，即式（3-1）。经过一个时段的经营后，发生了费用，取得了收入，形成了利润，这三个动态要素发生了变化，而它们之间的变化是平衡的，即式（3-2）。经过上述变化后，资产、负债、所有者权益三个静态要素的数量发生了变化，而变化后的数量仍然是平衡的。据此即可得出一个新的平衡关系

$$资产=负债+所有者权益+（收入-费用） \qquad (3-3)$$

将式（3-3）变形为

$$资产+费用=负债+所有者权益+收入 \qquad (3-4)$$

这一公式表达，对于初学者理解账户的性质很有帮助。

## 二、会计恒等式

会计等式"资产＝负债＋所有者权益"也被称为会计恒等式。它是财务会计记录的出发点与归宿，任何经济业务的发生都不会破坏会计恒等式的平衡关系。

> **典型任务实例3-4**

在前面学习的经济业务9种变化中，所举实例都能证明会计等式的恒等关系成立，这里不再重述。下面仅就企业实现盈利后会计等式的恒等关系加以说明。

2015年年初，张丽和大为共同出资创立了同益公司，每人各投入资金50万元，该公司的全部资产为100万元。此时该公司所有资产归两人所有。用公式表示为

$$100万元（资产）=100万元（所有者权益）$$

同益公司在生产经营过程中，资金不足，向银行贷款30万元存入银行。此时，该公司的资产总额达到130万元（银行存款增加30万元），债权人（银行）占有30万元，张丽和大为占有100万元。用公式表示为

130万元（资产）=30万元（负债）+ 100万元（所有者权益）

2015年1月份，同益公司取得了销售产品收入50万元，收到货款存入银行；转出该批产品成本40万元，则利润为10万元。用公式表示为

50万元（收入）-40万元（费用）=10万元（利润）

即同益公司2015年1月份获取10万元的利润。

同益公司经过一个月的经营后，期末总资产由月初的100万元增加到140万元（银行存款增加80万元，产成品减少40万元），本期实现利润10万元（销售收入50万元，产品成本40万元），公式就转化为

140万元（资产）=30万元（负债）+100万元（所有者权益）+10万元（利润）

即

140万元（资产）=30万元（负债）+110万元（所有者权益）

总之，企业所有资产都必定有相应的来源，这样，"资产=负债+所有者权益"这一等式在任何情况下，两边的平衡关系都不会被破坏。

**想一想**

如果企业亏损，会计恒等式会发生变化吗？为什么？

**课堂活动**

目的：熟悉会计等式。

形式：分组活动（每组4~5人）。

时间：30分钟。

地点：教学场所。

方式：每组由其中一人说出经济业务及其变化，另几人证明会计等式成立。

评价：从完成任务的速度和理由的充分性两方面进行评价，确定最佳小组和优秀成员。

# 建账前的准备

## 知 识 概 览

| | | |
|---|---|---|
| 认识会计科目 | 会计科目及其设置原则 | 会计科目是对会计要素按其经济内容或用途作进一步的分类后所划分出的若干具体项目。设置会计科目时应遵循合法性原则、相关性原则和实用性原则 |
| | 会计科目表 | |
| | 会计科目分类 | 1. 按其提供会计信息的详略程度分为总分类科目和明细分类科目两大类<br>2. 按会计报表要素分为资产类、负债类、共同类、所有者权益类、成本类、损益类六大类 |
| 了解建账公共知识 | 建账的含义 | 建账就是按照会计法规的规定，以及行业要求和将来可能发生的会计业务情况，确定账簿种类、格式、内容，并登记期初余额 |
| | 会计账簿分类 | 1. 按照用途分为序时账簿、分类账簿和备查账簿<br>2. 按外表形式分为订本式、活页式和卡片式账簿<br>3. 按账页格式分为三栏式账簿、多栏式账簿和数量金额式账簿 |
| | 账簿的基本内容 | 主要包括账簿名称、记账单位名称和会计年度、起止页数、经管人员、账户目录和账页 |
| | 会计账簿设置的原则 | 选择的针对性、内容的完整性和体系的科学性 |
| 认识会计账户 | 账户的概念<br>账户的基本结构<br>账户发生额及余额 | 发生额有借方发生额和贷方发生额，余额有期初余额和期末余额<br>发生额和余额的关系是：期初余额+本期增加发生额－本期减少发生额＝期末余额 |
| 领会借贷记账法 | 记账方法 | 单式记账法；复式记账法（现行法规要求用此方法） |
| | 借贷记账法的账户结构 | 账户分左右两方，左方为借方，右方为贷方 |
| | 借贷记账法的记账规律 | 有借必有贷，借贷必相等 |

# 任务4.1  认识会计科目

任务描述

认识会计科目，明确会计科目的设置原则，熟悉会计科目的分类标准，熟练掌握会计科目的类别。

## 一、会计科目的概念

通过前面的经济变化规律可知，企业的经济活动多且复杂，所引起的各项会计要素的增减变化也较为复杂，即使只涉及同一项会计要素，其内容和性质也有不同。例如，固定资产和存货，虽然都属于资产，但它们的经济内容以及在经济活动中的周转方式和所起的作用各不相同。为了既取得各会计要素增减变化及其结果的总括指标值，又取得具体的分类指标值，就要对会计要素按其经济内容或用途作进一步的分类，将其划分为若干具体项目，并按所划分的具体项目进行分类核算。所划分出来的这些具体项目，在会计上被称为会计科目。每一个会计科目都明确反映特定会计要素的具体内容。

## 二、设置会计科目的原则

设置会计科目必须根据企业会计准则和国家统一会计制度的要求，结合企业的实际情况设置和使用。设置会计科目时应遵循以下三条原则。

1. 合法性原则

遵循合法性原则，就是所设置的会计科目应符合国家统一的会计制度规定，核算指标的计算标准、口径都要一致。

2. 相关性原则

遵循相关性原则，就是所设置的会计科目应为提供各方所需的会计信息服务。一是要符合国家宏观经济管理的要求；二是要符合企业自身经济管理的要求；三是要符合包括投资者在内的有关各方面对企业生产经营情况的要求。

3. 实用性原则

遵循实用性原则，就是所设置的会计科目既不违法，又能满足企业自身需要，也就是在能够提供统一核算指标的前提下，各个单位可增设、分拆、合并会计科目，企业不存在的交易或者事项，可不设置财政部已列的会计科目。

## 三、会计科目表

行政事业单位和企业的会计科目有所不同，下面介绍企业的会计科目。企业常用的会计科目见表4-1。

表4-1 企业常用的会计科目

| 顺序号 | 名　　称 | 顺序号 | 名　　称 |
|---|---|---|---|
| 1 | 一、资产类 | 33 | 累计折旧 ** |
| 2 | 库存现金 ** | 34 | 固定资产减值准备 |
| 3 | 银行存款 ** | 35 | 在建工程 ** |
| 4 | 其他货币资金 | 36 | 工程物资 ** |
| 5 | 交易性金融资产 | 37 | 固定资产清理 |
| 6 | 应收票据 ** | 38 | 无形资产 ** |
| 7 | 应收账款 ** | 39 | 累计摊销 ** |
| 8 | 预付账款 ** | 40 | 无形资产减值准备 |
| 9 | 应收股利 ** | 41 | 商誉 |
| 10 | 应收利息 ** | 42 | 长期待摊费用 ** |
| 11 | 其他应收款 ** | 43 | 递延所得税资产 |
| 12 | 坏账准备 ** | 44 | 待处理财产损溢 ** |
| 13 | 代理业务资产 | 45 | 二、负债类 |
| 14 | 材料采购 * | 46 | 短期借款 ** |
| 15 | 在途物资 ** | 47 | 交易性金融负债 |
| 16 | 原材料 ** | 48 | 应付票据 ** |
| 17 | 材料成本差异 * | 49 | 应付账款 ** |
| 18 | 库存商品 ** | 50 | 预收账款 ** |
| 19 | 发出商品 ** | 51 | 应付职工薪酬 ** |
| 20 | 商品进销差价 | 52 | 应交税费 ** |
| 21 | 委托加工物资 | 53 | 应付利息 ** |
| 22 | 周转材料 ** | 54 | 应付股利 ** |
| 23 | 存货跌价准备 | 55 | 其他应付款 ** |
| 24 | 持有至到期投资 | 56 | 代理业务负债 |
| 25 | 持有至到期投资减值准备 | 57 | 预计负债 |
| 26 | 可供出售金融资产 | 58 | 递延收益 |
| 27 | 长期股权投资 * | 59 | 长期借款 ** |
| 28 | 长期股权投资减值准备 | 60 | 应付债券 * |
| 29 | 投资性房地产 | 61 | 长期应付款 * |
| 30 | 长期应收款 * | 62 | 未确认融资费用 |
| 31 | 未实现融资收益 | 63 | 专项应付款 |
| 32 | 固定资产 ** | 64 | 递延所得税负债 |

| 顺序号 | 名　称 | 顺序号 | 名　称 |
|---|---|---|---|
| 65 | 三、共同类 | 81 | 六、损益类 |
| 66 | 衍生工具 | 82 | 主营业务收入 ** |
| 67 | 套期工具 | 83 | 其他业务收入 ** |
| 68 | 被套期项目 | 84 | 公允价值变动损益 * |
| 69 | 四、所有者权益类 | 85 | 投资收益 ** |
| 70 | 实收资本 ** | 86 | 营业外收入 ** |
| 71 | 资本公积 ** | 87 | 主营业务成本 ** |
| 72 | 盈余公积 ** | 88 | 其他业务成本 ** |
| 73 | 本年利润 ** | 89 | 营业税金及附加 ** |
| 74 | 利润分配 * | 90 | 销售费用 ** |
| 75 | 库存股 | 91 | 管理费用 ** |
| 76 | 五、成本类 | 92 | 财务费用 ** |
| 77 | 生产成本 ** | 93 | 资产减值损失 ** |
| 78 | 制造费用 ** | 94 | 营业外支出 ** |
| 79 | 劳务成本 | 95 | 所得税费用 ** |
| 80 | 研发支出 | 96 | 以前年度损益调整 * |

注：标注**号是本课程中应熟练掌握的会计科目；标注*号是本课程中应掌握的会计科目。

# 四、会计科目分类

### 1. 按其提供会计信息的详略程度分类

会计科目按其提供会计信息的详略程度，可分为总分类科目和明细分类科目。

（1）总分类科目也称为一级科目，是对会计要素具体内容进行总括分类、提供总括信息的会计科目，如"库存现金""银行存款""原材料"等。

（2）明细分类科目，也称明细科目或细目，是对总分类科目作进一步分类、提供更详细更具体会计信息的科目，如"银行存款"科目按所存入银行的名称设置明细科目，可设置工行存款、农行存款等；"原材料"科目按原料及材料的类别、品种和规格等设置明细科目，可设置A材料、B材料、C材料等。

如果总分类科目所辖的明细分类科目较多，可以增设二级科目。二级科目是介于总分类科目和明细分类科目之间的科目。二级科目比总分类科目详细、具体，明细科目比二级科目详细、具体。例如，在"原材料"总分类科目下面，可按原材料的类别设置"原料及主要材料""辅助材料""燃料"等二级科目。在各二级科目下，再按原材料的品种、规格分别设置明细科目，如在"原料及主要材料"下再设置"钢材""水泥"等二级科目。在"钢材"这个二级科目下再设置"圆钢""方钢"等明细科目。

二级科目属于明细科目。

目的：熟悉总分类科目和明细分类科目的关系。

形式：分组对抗赛，每组获胜队与下一组进行对抗（每组3~5人）。

时间：20分钟（每场5分钟）。

地点：教学场所。

要求：设置总分类科目及其对应的明细分类科目。

评价：以设置会计科目多少和正确性为标准进行评价。

**想一想**

应收账款应该怎样设置明细科目？库存现金应该怎样设置明细科目？

2. 按会计报表要素分类

根据会计要素的特点，实务中具体会计科目的设置一般是从会计报表要素出发，将会计科目分为资产类、负债类、共同类、所有者权益类、成本类、损益类六大类。具体分类情况见表4-1。

**想一想**

资产类会计科目有哪些共同特点？负债类会计科目有哪些共同特点？

目的：熟悉会计科目按会计要素所做的分类。

形式：小组任务（每组2人）。

时间：20分钟（10分钟后交换角色）。

地点：教学场所。

要求：针对会计科目表，一人说出科目名称，另一人答出科目所属类别。

评价：以数量和正确率为标准进行评价。

# 任务4.2  了解建账公共知识

**任务描述**

了解建账的含义、会计账簿的概念和种类，明确账簿的基本内容和账簿的设置原则。

## 一、建账的含义

建账就是根据《中华人民共和国会计法》和国家统一会计制度的规定，以及行业要求和将来可能发生的会计业务情况，确定账簿种类、格式、内容，并登记期初余额。

## 二、会计账簿及其分类

### （一）会计账簿的概念

会计账簿是由具有一定格式并相互联系在一起的账页组成，以会计凭证为依据，序时、分类地记录和反映某单位各项经济业务的簿籍。会计核算中应用的账簿很多，不同的账簿，其用途、形式、内容和登记方法可能有所不同。

### （二）会计账簿的分类

#### 1. 按账簿的用途分类

账簿按照用途可以分为序时账簿、分类账簿和备查账簿三种。

（1）序时账簿也称为日记账，是按照经济业务发生的时间先后顺序，逐日逐笔登记经济业务的簿籍。目前使用比较广泛的是库存现金日记账和银行存款日记账。

（2）分类账簿也称为分类账，是对各项经济业务按照账户分类登记的账簿。按其反映内容的详细程度的不同，又可以分为总分类账和明细分类账。

总分类账簿（即总账账簿）是根据一级会计科目开设的账户所组成的账簿，用来分类登记全部经济业务，提供各种资产、负债、所有者权益、收入、费用、利润等总括核算资料。

明细分类账簿（即明细账账簿）是根据一级科目所属的二级科目或明细科目开设账户所组成的账簿，用来分类登记某一类经济业务，提供详细核算资料。实务中，内容复杂的财产明细账，可使用卡片账，如固定资产卡片。卡片账应用灵活，便于分工处理，数量可多可少，更适用于计算机记账。

（3）备查账簿也称为辅助账簿，是对某些在日记账和分类账等主要账簿中未能记载的事项进行补充记录的账簿，如代销商品登记簿、受托加工物资登记簿等。设置和登记备查账簿，能够提供某些经济业务必要的信息资料。

#### 2. 按其外表形式分类

账簿按其外表形式可以分为订本式、活页式和卡片式三种。

（1）订本式账簿简称订本账，是在启用前进行顺序编号并固定装订成册的账簿。

订本式账簿的优点是：可以避免账页散失，防止账页被人为抽换，安全性高。其缺点是：在同一时间内，同一本账簿只能由一人登记，不便于分工记账。另外，因账页不能根据需要增减，可能出现保留的空白账页不够，影响账户登记的连续性；也可能出现预留空白账页过多，造成浪费。订本式账簿一般适用于具有统驭性、重要性的账簿，我国会计制度规定，库存现金日记账、银行存款日记账和总分类账必须使用订本式账簿。

（2）活页式账簿简称活页账，是将一定数量的账页置于活页夹内，可根据记账内容的变化而随时增加或减少部分账页的账簿。

活页式账簿的优点是：可以根据实际需要随时增页或减页，不会浪费账页，使用灵活，并且便于同时分工记账。其缺点是：账页容易散失和被抽换。活页账一般适用于明细分类账。

（3）卡片式账簿简称卡片账，是由许多分散的、具有账户格式的卡片，存放在卡片箱中所组成的账簿。使用时按类别排列、按顺序编号，并加盖有关人员的印章。卡片式账簿应由专人保管，以保证其安全。卡片式账簿的优缺点与活页式账簿大体相同。在我国，企业一般只对固定资产的核算采用卡片式账簿。因为固定资产在长期使用中其实物形态不变，又可能经常转移使用部门，设置卡片账便于随同实物转移。

### 想一想

卡片账算不算是活页账？

3. **按其账页格式分类**

账簿按其账页格式可分为三栏式、多栏式和数量金额式三种。

（1）三栏式账簿是指采用借方、贷方、余额三个主要栏目的账簿。总分类账、日记账和债权、债务明细分类账一般采用三栏式格式。

（2）多栏式账簿是指采用一个借方栏目、多个贷方栏目或一个贷方栏目、多个借方栏目的账簿。成本计算账户、收入账户、费用账户等一般采用多栏式格式。

（3）数量金额式账簿是指采用数量与金额双重记录的账簿。这种账簿的借方、贷方和余额三个栏目内，都分设数量、单价和金额三小栏，借以反映财产物资的实物数量和价值量。原材料账、库存商品账和固定资产账一般采用数量金额式格式。

### 想一想

为什么财产物资要采用数量金额式账簿？

### 动一动

到单位财务部门认识一下会计账簿，或观看老师准备的空白账簿，感知各种账簿格式。

## 三、账簿的基本内容

会计账簿一般包括以下基本内容。

（1）封面。主要包括账簿名称、记账单位名称和会计年度等内容。

（2）扉页。主要包括单位名称、账簿名称、起止页数、册次、启用日期、单位负责人、经管人员、交接人员及日期、账户目录等。

（3）账页。账簿由若干个账页所组成，每张账页基本都包括账户名称、日期栏、凭证号栏、摘要栏、金额栏和页次等内容。

（4）封底。一般无内容，与封面共同起到保护整个账簿记录完整的作用。

## 四、会计账簿设置的原则

### 1. 选择的针对性

会计账簿应根据本单位经济活动特点和经营管理需要来确定，一般应设置日记账、明细分类账、总分类账和辅助账。

### 2. 内容的完整性

账簿的设置应保证连续、系统、全面、综合地核算和监督本单位的经济活动情况，为经营管理提供系统、分类的核算资料，为会计报表编制提供可用资料。

### 3. 体系的科学性

注意各种账簿间的分工和相互联系，使有关账簿之间保持统驭关系或平行关系，防止重复记账或账项漏记。

### ⓘ 请注意

会计人员不可以根据自己的意愿设置账簿。

### 🖐 动一动

查阅资料，了解哪些法规对账簿设置有明确规定。

### ✏ 课堂活动

目的：熟悉会计账簿的选用。

形式：分组对抗赛（每组3～5人）。

时间：40分钟（10分钟后交换角色）。

地点：教学场所。

要求：通过题板（可用白纸代替）书写的形式，让学生通过问答形式进行说明，如"库存现金日记账应该采用的账簿外表形式是哪种""账页格式是什么式"等；也可以举出例子让对方判断是否正确，如"原材料采用三栏式账页格式是否正确"等。

评价：评价标准是每组答题的正确率。

# 任务4.3　认识会计账户

### 任务描述

了解账户的概念，熟悉账户的基本结构，懂得账户的发生额和余额。

## 一、账户的概念

账户是根据会计科目设置的，具有一定格式和结构，用于分类反映会计要素增减变动情况及其结果的一种载体。设置账户是会计核算的一种重要方法。

会计科目和账户既有联系又有区别,科目是账户的名称,账户是科目的内容。二者的相同之处在于:会计科目和账户都是对会计对象的具体内容所进行的科学分类,都说明一定的经济业务内容;会计科目和账户反映的经济内容是一致的,并且会计科目是账户的名称;会计科目是开设会计账户的依据,可以根据每一个会计科目设置一个相同名称的会计账户。二者的不同之处在于:会计科目是根据经济管理的需要,在经济业务发生之前制定的,账户是经济业务发生之后所进行的分类记录;会计科科目仅是分类的名称或标志,它只能表明某项经济内容,没有结构,而账户则有相应的结构和格式,可以记录经济业务,加工会计信息。

由于会计账户是根据会计科目设置的,所以,与会计科目的分类相对应,账户按其所提供信息的详细程度及其统驭关系也可分为总分类账户(即总账账户或总账)和明细分类账户(即明细账);也可按其所反映的经济内容不同,将账户分为资产类账户、负债类账户、所有者权益类账户、成本类账户、损益类账户等。

## 二、账户的基本结构

从会计账户的定义可知,账户是用于分类反映会计要素增减变动情况及其结果的载体。而经济业务引起会计要素变化的情况,从数量上看就有两种:一种是增加;另一种是减少。因此,账户也相应地分为两个部分,划分为左、右两方,一方登记增加额;另一方登记减少额。这两个基本部分构成了账户的基本结构。如果规定在左方记录增加额,就应该在右方记录减少额;反之,如果在右方记录增加额,就应该在左方记录减少额。在具体账户的左、右两方中究竟哪一方记录增加额,哪一方记录减少额,取决于所记录的经济业务和账户的性质。一个账户,除了增加、减少两个基本部分外,还应设置记录经济业务的日期、记录账簿所依据记账凭证的编号、经济业务的摘要和余额等栏目。账户的基本结构见表4-2。

表4-2 ×××账

| 年 | | 凭证 | | 摘 要 | 借 方 | | | | | | | | | | 贷 方 | | | | | | | | | | 借或贷 | 余 额 | | | | | | | | | |
|---|---|---|---|---|---|---|---|---|---|---|---|---|---|---|---|---|---|---|---|---|---|---|---|---|---|---|---|---|---|---|---|---|---|---|---|
| 月 | 日 | 种类 | 编号 | | 千 | 百 | 十 | 万 | 千 | 百 | 十 | 元 | 角 | 分 | 千 | 百 | 十 | 万 | 千 | 百 | 十 | 元 | 角 | 分 | | 千 | 百 | 十 | 万 | 千 | 百 | 十 | 元 | 角 | 分 |
| | | | | | | | | | | | | | | | | | | | | | | | | | | | | | | | | | | | |
| | | | | | | | | | | | | | | | | | | | | | | | | | | | | | | | | | | | |
| | | | | | | | | | | | | | | | | | | | | | | | | | | | | | | | | | | | |
| | | | | | | | | | | | | | | | | | | | | | | | | | | | | | | | | | | | |

为了直观、清晰,在教学和实际对账时通常采用简化的"T"形账户(也称"丁"形账户),其格式见图4-1。

借方　　　　账户名称(会计科目)　　　　贷方

图4-1 "T"形账户

## 三、账户发生额及余额

### 1. 账户发生额

账户发生额是指经济业务发生后，在账户中记录的增加金额和减少金额，会计上统称为本期发生额。其中，将账户中登记本期增加的金额，称为本期增加发生额；登记本期减少的金额，称为本期减少发生额。本期发生额反映各账户经济内容在本期内的变动情况。

### 2. 账户余额

账户余额是指本期增加额和本期减少额相抵后的差额。它反映在某一时点上会计要素增减变动的结果。会计上，按余额所在时点不同，有期初余额和期末余额之分，本期的期末余额就是下期的期初余额。

发生额和余额的关系用公式表示为

$$期末余额＝期初余额＋本期增加发生额－本期减少发生额 \qquad (4\text{-}1)$$

### ⓘ 请注意

期初余额和期末余额一般都出现在账户的增加方。

### 🔔 温馨提示

账户余额不是只有到期末才能计算出来，每一天的每一时点都可以计算出账户的余额，只是这样太复杂，过于麻烦，也没有必要。因此，在会计实务中，一般在期末（日末、月末、季末、半年末、年末）才计算余额。

### 想一想

什么情况下需要在每天结束时计算账户余额？

### 典型任务实例4-1

资料：大同公司有关现金和短期借款的资料如下。

2015年1月1日，"库存现金"账户余额为3 000元；2015年1月1日，"短期借款"账户无余额；1月5日，收到现金2 500元；1月8日，向工商银行贷款100 000元；1月10日，付出现金4 000元；1月21日，收到现金1 500元；1月25日，偿还短期借款50 000元；1月29日，付出现金1 000元；1月30日，再向工商银行贷款20 000元。

要求：计算"库存现金""短期借款"两账户的本期发生额和期末余额。

任务解析：

    "库存现金"本期借方发生额=2 500+1 500=4 000（元）

    "库存现金"本期贷方发生额=4 000+1 000=5 000（元）

    "短期借款"本期借方发生额=50 000元

    "短期借款"本期贷方发生额=100 000+20 000=120 000（元）

根据"期末余额＝期初余额＋本期增加发生额-本期减少发生额"计算两账户的期末

余额。

$$\text{"库存现金"账户期末余额}=3\,000+4\,000-5\,000=2\,000\text{(元)}$$
$$\text{"短期借款"账户期末余额}=0+120\,000-50\,000=70\,000\text{(元)}$$

**课堂活动**

目的：熟悉账户发生额及余额的计算。

形式：分组对抗赛（每组3~5人）。

时间：20分钟。

地点：教学场所。

要求：根据老师通过题板（可用纸质资料、幻灯片演示）给出的资料，计算账户的发生额及余额。

评价：在规定的时间内，以正确率和计算速度对小组进行评价。

# 任务4.4 领会借贷记账法

**任务描述**

了解记账方法的概念与种类，熟悉借贷记账法账户结构，能够熟练运用借贷记账法确认和记录经济业务所涉及的账户、方向及金额，掌握借贷记账法的记账规律。

## 一、记账方法的概念与分类

设置了会计账户，就为记账准备了必要的条件。那么，怎样才能把发生的经济业务对会计要素的影响反映在账户中呢？这就是记账方法所要解决的问题了。

记账方法是指按一定的规则，使用一定的符号，在账户中记录各项经济业务的技术方法。记账方法有两种：一种是单式记账法；另一种是复式记账法。单式记账法是指对发生的每项经济业务，只在一个账户中进行记录，例如，用5 000元银行存款购买原材料这项业务，记账时只记银行存款账户减少5 000元，不记录原材料账户增加5 000元。单式记账法不能反映出经济业务的来龙去脉。因此，目前各国普遍采用的记账方法是复式记账法。

**开阔视野**

单式记账法的基本特征是：只登记现金、银行存款的收付业务和应收、应付款的结算业务，而对实物的收付、费用和收入的增加等一般不作记录。这种记账方法不能反映经济业务的来龙去脉，目前这种方法只是作为一种曾经用过的方法加以记载，而不被实务所应用。

复式记账法是指对企业发生的每一笔经济业务，都要以相等的金额同时在两个或两个以上相互关联的账户中进行登记的记账方法。复式记账法又分为借贷记账法、增减记账法和收付记账法三种。我国企业会计准则规定，企业会计核算必须采用借贷记账法。

## 二、借贷记账法的账户结构

借贷记账法是以"借""贷"为记账符号的一种复式记账方法。在借贷记账法下，每一个账户都设置借方和贷方，账户的左方称为"借方"，右方称为"贷方"。借记就是在账户的左边登记金额，贷记就是在账户的右边登记金额。至于"借方"表示增加或减少，还是贷方表示减少或增加，不同类别的账户有所不同。一般情况下，"借"表示资产和成本、费用的增加，负债、所有者权益、收入和利润的减少；"贷"表示负债、所有者权益、收入和利润的增加，资产、成本和费用的减少。

1. 资产类账户的结构

资产类账户的结构是：账户的借方登记增加额，贷方登记减少额。在一个会计期间内（年、月），登记在借方的合计数额称作借方发生额，登记在贷方的合计数额称作贷方发生额，在每一会计期间的期末将借贷方发生额相比较，其差额称作期末余额。期末余额一般在借方。

期末余额的计算公式为

资产类账户期末借方余额＝期初借方余额＋本期借方发生额－本期贷方发生额 （4-2）

资产类账户的结构见图4-2。

| 借方 | 资产类账户名称 | 贷方 |
|---|---|---|
| 期初余额×××<br>本期增加额××× | | 本期减少额××× |
| 本期借方发生额×××<br>期末余额××× | | 本期贷方发生额××× |

图4-2　资产类账户的结构

🔔 **温馨提示**

有一些账户虽然属于资产类账户，但它们的结构性质与一般资产类账户有所不同，如累计折旧、材料成本差异等，这些账户属于特殊的资产类账户。

2. 负债及所有者权益类账户的结构

由会计等式"资产＝负债＋所有者权益"所决定，负债及所有者权益类账户的结构与资产类账户正好相反，其贷方登记负债及所有者权益的增加额；借方登记负债及所有者权益的减少额，期末余额一般在贷方。期末余额的计算公式为

负债及所有者权益类账户期末余额＝期初贷方余额＋本期贷方发生额－本期借方发生额

（4-3）

负债及所有者权益类账户的结构见图4-3。

| 借方 | 负债及所有者权益类账户名称 | 贷方 |
|---|---|---|
| | | 期初余额×××<br>本期增加额××× |
| 本期减少额××× | | |
| 本期借方发生额××× | | 本期贷方发生额×××<br>期末余额××× |

图4-3　负债及所有者权益类账户的结构

## 3. 成本类账户的结构

成本类账户的结构与资产类账户的结构基本相同，借方登记成本的增加额，贷方登记转入资产或损益类账户（支出类）的数额，期末余额一般在借方，当企业的产品全部完工时，该类账户应没有余额。期末余额的计算公式为

成本类账户期末余额＝期初借方余额＋本期借方发生额－本期贷方发生额　　（4-4）

成本类账户的结构见图4-4。

| 借方 | 成本类账户名称 | 贷方 |
|---|---|---|
| 期初余额×××<br>本期增加额××× | | 本期结转额××× |
| 本期借方发生额×××<br>期末余额××× | | 本期贷方发生额××× |

图4-4　成本类账户的结构

## 4. 损益类账户的结构

损益类账户是计算利润（或亏损）涉及的所有账户。由于"收入－费用=利润（或亏损）"，所以，损益类账户有两类：收入类账户和费用类账户。

（1）收入类账户的结构。收入类账户既包括用来核算企业日常经营活动中产生的收入所涉及的账户，也包括核算日常活动以外收入所涉及的账户，如"主营业务收入""投资收益""营业外收入"等账户。这类账户的结构与权益类账户基本相同，贷方登记增加额，借方登记减少额和结转额，期末结转后一般无余额。

收入类账户的结构见图4-5。

| 借方 | 收入类账户名称 | 贷方 |
|---|---|---|
| 本期结转额××× | | 本期增加额××× |
| 本期借方发生额××× | | 本期贷方发生额××× |

图4-5　收入类账户的结构

（2）费用类账户的结构。费用类账户与收入类账户相对应，两类账户的性质正好相反，借方登记增加额，贷方登记减少额和结转额，期末结转后一般无余额。

费用类账户的结构见图4-6。

| 借方 | 费用类账户名称 | 贷方 |
|---|---|---|
| 本期增加额××× | | 本期结转额××× |
| 本期借方发生额××× | | 本期贷方发生额××× |

图4-6　费用类账户的结构

### 典型任务实例4-2

资料：尚高公司2015年发生如下经济业务。

业务1：企业从银行存款账户中提取现金1 000元，备用。

业务2: 企业向银行借入短期借款70 000元，款项已到账。

业务3: 收到投资者投入货币资金400 000元，款项已到企业银行存款账户。

业务4: 销售部张佳丽出差归来，报销差旅费400元，企业以现金支付。

业务5: 企业购买原材料一批入库，材料价款30 000元，用银行存款支付20 000元，另10 000元暂欠。不考虑税款。

业务6: 企业销售商品一批，价款50 000元，其中：30 000元货款已收回到银行存款账户，尚有20 000元货款未收回，对方承诺10天后付款。不考虑税款。

要求: 分析业务1~业务6所涉及的账户及其记账方向。

任务解析:

业务1: 这项经济业务的发生，使企业的库存现金增加了1 000元，银行存款减少了1 000元，涉及"库存现金"和"银行存款"这两个资产类账户。因资产类账户借方登记增加额，贷方登记减少额，所以应在"库存现金"账户的借方和"银行存款"账户的贷方各登记1 000元（见图4-7）。

| 借方 | 银行存款 | 贷方 | | 借方 | 库存现金 | 贷方 |
|---|---|---|---|---|---|---|
| | | 1 000 | ← → | 1 000 | | |

图4-7　业务1记账

业务2: 这项经济业务的发生，使企业的银行存款和短期借款分别增加了70 000元，涉及资产类"银行存款"和负债类"短期借款"两个账户。因资产类账户借方登记增加额，负债类账户贷方登记增加额，所以应在"银行存款"账户的借方登记70 000元，在"短期借款"账户的贷方登记70 000元（见图4-8）。

| 借方 | 短期借款 | 贷方 | | 借方 | 银行存款 | 贷方 |
|---|---|---|---|---|---|---|
| | | 70 000 | ← → | 70 000 | | |

图4-8　业务2记账

业务3: 这项经济业务的发生，使企业的银行存款和实收资本分别增加了400 000元。它涉及资产类"银行存款"和所有者权益类"实收资本"两个账户，因资产类账户借方登记增加额，所有者权益类账户贷方登记增加额，所以应在"银行存款"账户的借方登记400 000元，在"实收资本"账户的贷方登记400 000元（见图4-9）。

| 借方 | 实收资本 | 贷方 | | 借方 | 银行存款 | 贷方 |
|---|---|---|---|---|---|---|
| | | 400 000 | ← → | 400 000 | | |

图4-9　业务3记账

业务4: 这项经济业务的发生，使企业现金减少了400元；销售部人员报销差旅费，企业的销售费用增加了400元。它涉及资产类"库存现金"和损益费用类"销售费用"两个账户。因资产类账户贷方登记减少额，损益费用类账户借方登记增加额，所以应在"管理费用"账户的借方登记400元，在"库存现金"账户的贷方登记400元（见图4-10）。

| 借方 | 库存现金 | 贷方 | | 借方 | 销售费用 | 贷方 |
|---|---|---|---|---|---|---|
| | 400 | | ←→ | | 400 | |

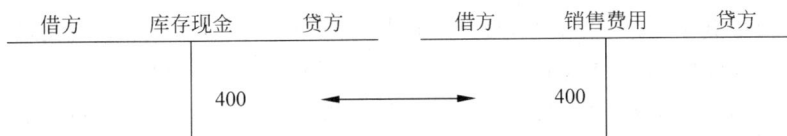

图4-10 业务4记账

业务5：这项经济业务的发生，使企业的原材料增加了30 000元，银行存款减少了20 000元，应付账款增加了10 000元，涉及"原材料""银行存款"和"应付账款"3个账户。因资产类账户借方登记增加额，贷方登记减少额，负债类账户贷方登记增加额，所以应在"原材料"账户的借方登记30 000元，在"银行存款"账户的贷方登记20 000元，在"应付账款"账户的贷方登记10 000元（见图4-11）。

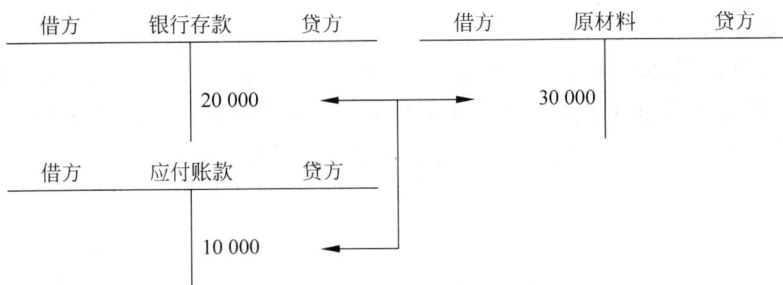

| 借方 | 银行存款 | 贷方 | | 借方 | 原材料 | 贷方 |
|---|---|---|---|---|---|---|
| | | 20 000 | ←┐ | | 30 000 | |
| 借方 | 应付账款 | 贷方 | | | | |
| | | 10 000 | ←┘ | | | |

图4-11 业务5记账

业务6：这项经济业务的发生，使企业的主营业务收入增加了50 000元，银行存款增加了30 000元，应收账款增加了20 000元，涉及"主营业务收入""银行存款"和"应收账款"3个账户。因资产类账户借方登记增加额，贷方登记减少额，损益收入类账户贷方登记增加额，所以在"主营业务收入"账户的贷方登记50 000元，在"银行存款"账户的借方登记30 000元，在"应收账款"账户的借方登记20 000元（见图4-12）。

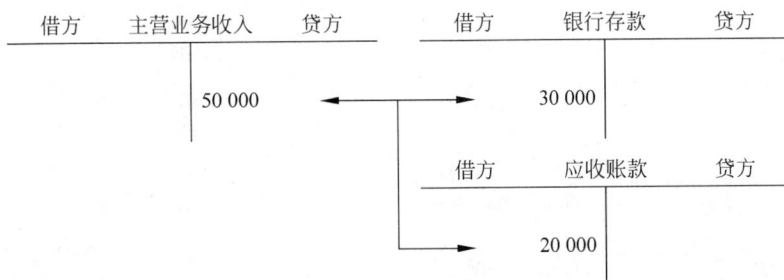

| 借方 | 主营业务收入 | 贷方 | | 借方 | 银行存款 | 贷方 |
|---|---|---|---|---|---|---|
| | | 50 000 | ←┐ | 30 000 | | |
| | | | | 借方 | 应收账款 | 贷方 |
| | | | └ | 20 000 | | |

图4-12 业务6记账

🔔温馨提示

业务发生后，首先考虑引起哪些会计要素变化，是增加还是减少，然后判断涉及的会计要素的变动在贷方反映还是在借方反映，涉及会计要素的哪个项目变动，金额是多少。

## 三、借贷记账法的记账规律

通过上面的实例我们看到，在经济业务发生后，在把业务发生的金额记入一个会计账户借方的同时，在另一个或几个会计账户的贷方也计入了相应的金额；反之，把业务发生的金额计入一个会计账户贷方的同时，在另一个或几个会计账户的借方也计入了相应的金额。并且，计入会计账户借方的金额和计入贷方的金额合计数是相等的。由此得出借贷记账法的记账规律是：有借必有贷，借贷必相等。

## 课堂活动

目的：熟悉借贷记账法。

形式：分组对抗赛（每组3～5人）。

时间：20分钟。

地点：教学场所。

要求：老师通过题板（可用纸质资料、幻灯片演示）给出10笔经济业务的相关资料，各组用"T"形账户画出每笔经济业务涉及的账户及每个账户所记金额与方向。

评价：在规定时间内以正确率和速度为标准进行评价。

# 期 初 建 账

## 知 识 概 览

| | | |
|---|---|---|
| 建立总账 | 账簿选择 | 按照相关法规的要求，总账要选用订本式账簿。由于总分类核算采用货币量度，其账页格式选用三栏式 |
| | 账簿启用 | 1. 填写账簿启用与经管人员一览表<br>2. 粘贴印花税票<br>3. 粘贴口取纸<br>4. 填写账户目录 |
| | 登记期初余额 | |
| 建立日记账 | 日记账的种类 | 目前常见的日记账是库存现金日记账和银行存款日记账 |
| | 日记账的账簿选择 | 日记账通常采用订本式账，有三栏式和多栏式两种格式，我国采用三栏式日记账 |
| | 账簿启用 | 日记账账簿的扉页格式、内容与总账类似 |
| | 登记期初余额 | |
| 建立明细账 | 账簿的选择 | 从外表形式和账页格式两方面进行选择<br>选择外表形式就是确定明细账采用订本账、活页账，还是卡片账。按照惯例，三栏式明细账采用订本式<br>选择账页格式就是确定账页格式采用三栏式、多栏式，还是数量金额式。实务中，债权、债务明细账一般采用三栏式，收入、费用或成本等明细账一般采用多栏式，原材料、库存商品等明细账一般采用数量金额式 |
| | 账簿启用 | 明细账簿的扉页格式、内容与总账、日记账类似 |
| | 登记期初余额 | |

# 任务5.1  建 立 总 账

**任务描述**

能够科学选择账簿，正确启用账簿，包括账簿启用与经管人员一览表的填写、印花税票和口取纸的粘贴、账户目录的填写，能够准确登记期初余额。

# 一、账簿选择

按照相关法规的要求，总账要选用订本式账簿。由于总分类核算采用货币量度，所以总分类账簿的格式要选用三栏式（见表5-1）。

表5-1　总分类账

账户名称：　　　　　　　　　　　　　　　　　　　　　　　　　　　　　　　　　　　　　　第　　页

| 年 | | 凭证 | | 摘　要 | 借　方 | | | | | | | | | | 贷　方 | | | | | | | | | | 借或贷 | 余　额 | | | | | | | | | |
|---|---|---|---|---|---|---|---|---|---|---|---|---|---|---|---|---|---|---|---|---|---|---|---|---|---|---|---|---|---|---|---|---|---|---|---|
| 月 | 日 | 种类 | 编号 | | 千 | 百 | 十 | 万 | 千 | 百 | 十 | 元 | 角 | 分 | 千 | 百 | 十 | 万 | 千 | 百 | 十 | 元 | 角 | 分 | | 千 | 百 | 十 | 万 | 千 | 百 | 十 | 元 | 角 | 分 |
| | | | | | | | | | | | | | | | | | | | | | | | | | | | | | | | | | | | |
| | | | | | | | | | | | | | | | | | | | | | | | | | | | | | | | | | | | |
| | | | | | | | | | | | | | | | | | | | | | | | | | | | | | | | | | | | |
| | | | | | | | | | | | | | | | | | | | | | | | | | | | | | | | | | | | |

# 二、账簿启用

## 1. 填写账簿启用与经管人员一览表

会计账簿是重要的经济档案，为了保证账簿记录的合法性和会计资料的完整性，明确记账责任，在启用账簿时，会计人员应在账簿封面上写明单位名称和账簿名称，在账簿扉页上填写"账簿启用与经管人员一览表"，详细填写单位名称、账簿名称、账簿号码、账簿页数、启用日期、单位负责人、会计机构负责人、会计人员等信息，同时，要在单位名称处加盖公章，在各负责人姓名后加盖名章。

负责某账簿记录的人员发生变动时，应当由会计机构负责人监督交接工作，交接人员均要填写交接日期并签名或盖章，以明确责任。会计机构负责人调动时，应当由单位负责人监交。账簿启用与经管人员一览表的格式和内容见表5-2。

表5-2　账簿启用与经管人员一览表

| 单位名称 | | | | | 印　　鉴 | | | | |
|---|---|---|---|---|---|---|---|---|---|
| 账簿名称 | | | | | | | | | |
| 账簿编号 | | | | | | | | | |
| 账簿页数 | | 本账簿共计　　页 | | | | | | | |
| 启用日期 | | 年　月　日 | | | | | | | |
| 单位负责人 | | 主　管 | | 会　计 | | 记　账 | | 复　核 | |
| 经管人员 | 姓名 | 盖章 | 姓名 | 盖章 | 姓名 | 盖章 | 姓名 | 盖章 | 姓名　　盖章 |
| 接交记录 | 职　别 | | 姓　名 | | 日　期 | | | 签　章 | |
| | | | | | 接管 | 年　月　日 | | | |
| | | | | | 交出 | 年　月　日 | | | |
| | | | | | 接管 | 年　月　日 | | | |
| | | | | | 交出 | 年　月　日 | | | |
| 备　注 | | | | | 印花税票 | | | | |

2. 粘贴印花税票

根据税法规定，企业会计账簿中的资金账簿，要进行贴花。其贴花方法如下：初次建账时，按实收资本和资本公积金额的0.5‰贴花；实收资本与资本公积增加的，就其增加部分按0.5‰税率补贴印花。其他会计账簿，每本应粘贴5元面值的贴花。

印花税票粘贴在账簿扉页的右下角"印花税票"处，并在印花税票中间划几条平行横线即行注销，注销标记应与骑缝处相交。若企业使用缴款书缴纳印花税，应在账簿扉页的"印花税票"框内注明"印花税已缴"以及缴款金额。

🔔 **温馨提示**

反映企业实收资本和资本公积金额增减变化的账簿，需要贴花。

3. 粘贴口取纸

粘贴可以按一级科目或材料大类，按账页顺序由前往后，自上而下地粘贴，当合起账簿时，全部口取纸应该整齐、均匀，并能够显露出账户名称，最好的做法是在右侧粘贴，这样，可保证整齐，存档时可以戳立放置，方便查询。

🔔 **温馨提示**

粘贴口取纸不是必须要做的工作。一般来说，会计业务量大的单位，需在账簿上贴口取纸，方便查询。

4. 填写账户目录

由于总分类账采用订本式账簿，在账页中印有连续编号，为方便查找，所有总分类账户设置完毕后，应在账簿启用页后的账户目录中填入各账户名称及起止页码。账户目录格式见表5-3。

表5-3　账户目录

| 顺　序 | 账户名称 | 页　号 | 顺　序 | 账户名称 | 页　号 |
|---|---|---|---|---|---|
| 1 | 库存现金 | 1～10 | | | |
| 2 | 银行存款 | 11～20 | | | |
| 3 | 应收账款 | 21～28 | | | |
| 4 | 应收票据 | 29～35 | | | |
| 5 | 原材料 | 36～40 | | | |
| ⋮ | | | | | |

## 三、登记期初余额

对于上年有期末余额的总账账户，应将上年年末账户的期末余额作为本年度账户的期初余额进行登记。登记可按以下方法进行：在该账户的第一行日期栏中填入期初的日期，在摘要栏填入"上年结转"（非年初建账的填入"期初余额"），在借贷方向栏注明余额方向借或贷，在余额栏填入账户的余额；对于没有余额的总账账户，不用作任何标识。

以其他应收款总账为例，期初余额的登记见表5-4。

表5-4　总分类账

账户名称：其他应收款　　　　　　　　　　　　　　　　　　　　　　　　　　第1页

| 2015年 | | 凭证 | | 摘　要 | 借　　方 | | | | | | | | | | 贷　　方 | | | | | | | | | | 借或贷 | 余　　额 | | | | | | | | | |
|---|---|---|---|---|---|---|---|---|---|---|---|---|---|---|---|---|---|---|---|---|---|---|---|---|---|---|---|---|---|---|---|---|---|---|---|
| 月 | 日 | 种类 | 编号 | | 千 | 百 | 十 | 万 | 千 | 百 | 十 | 元 | 角 | 分 | 千 | 百 | 十 | 万 | 千 | 百 | 十 | 元 | 角 | 分 | | 千 | 百 | 十 | 万 | 千 | 百 | 十 | 元 | 角 | 分 |
| 1 | 1 | | | 期初余额 | | | | | | | | | | | | | | | | | | | | | 借 | | | 2 | 5 | 0 | 0 | 0 | 0 |
| | | | | | | | | | | | | | | | | | | | | | | | | | | | | | | | | | | |
| | | | | | | | | | | | | | | | | | | | | | | | | | | | | | | | | | | |
| | | | | | | | | | | | | | | | | | | | | | | | | | | | | | | | | | | |
| | | | | | | | | | | | | | | | | | | | | | | | | | | | | | | | | | | |

**想一想**

怎样在一本会计账簿中开设账户？

**课堂活动**

目的：熟悉总账期初余额的登记方法。

形式：个人完成任务。

用品用具：三栏式总账账页和会计科目章。

地点：教学场所。

时间：30分钟　。

要求：根据老师通过题板（可用纸质资料、幻灯片演示）给出的5个总账账户的期初余额资料，开设5个账户，并将5个账户的期初余额准确登记到账户中，相关栏目内容及余额方向均填写到位。

评价：在规定时间内，针对速度、准确性和规范化程度三方面进行评价。

**动一动**

到企业等单位去看一下建账和开设账户情况。

# 任务5.2　建立日记账

**任务描述**

明确日记账的概念及种类，能够正确选择日记账，正确填写账簿启用及经管人员一览表，准确登记期初余额。

## 一、日记账的概念及种类

日记账也称序时账，是按照经济业务发生的时间先后顺序，逐日逐笔登记的簿籍。日记账可以用来连续记录全部经济业务的完成情况，也可以用来连续记录某一类经济业务的完成情况。目前常见的日记账是库存现金日记账和银行存款日记账。设置这两种日记账有利于及时反映现金和银行存款的收支及结存情况，便于对货币资金的管理和监督。因此，所有单位都要设置这两本账。

库存现金日记账是出纳员根据审核无误的现金收款凭证、现金付款凭证和从银行提取现金业务所编制的银行存款付款凭证，按照经济业务发生的时间先后顺序，逐日逐笔进行登记的簿籍。

银行存款日记账是出纳员根据审核无误的银行存款收款凭证、银行存款付款凭证和将现金存入银行业务所编制的现金付款凭证，按照经济业务发生的时间先后顺序，逐日逐笔登记的簿籍。

## 二、日记账的账簿选择

日记账通常采用订本式账簿，有三栏式和多栏式两种账页格式。我国采用三栏式日记账。常用的三栏式日记账是库存现金日记账和银行存款日记账。

库存现金日记账由设有借方（或收入）、贷方（或支出）和余额（或结余）三栏式结构的账页组成（见表5-5）。

表5-5　库存现金日记账

| 年 | | 凭证 | | 摘要 | 对应账户 | 借　方 | | | | | | | | | √ | 贷　方 | | | | | | | | | √ | 余　额 | | | | | | | | |
|---|---|---|---|---|---|---|---|---|---|---|---|---|---|---|---|---|---|---|---|---|---|---|---|---|---|---|---|---|---|---|---|---|---|---|
| 月 | 日 | 种类 | 编号 | | | 百 | 十 | 万 | 千 | 百 | 十 | 元 | 角 | 分 | | 百 | 十 | 万 | 千 | 百 | 十 | 元 | 角 | 分 | | 百 | 十 | 万 | 千 | 百 | 十 | 元 | 角 | 分 |
| | | | | | | | | | | | | | | | | | | | | | | | | | | | | | | | | | | |
| | | | | | | | | | | | | | | | | | | | | | | | | | | | | | | | | | | |
| | | | | | | | | | | | | | | | | | | | | | | | | | | | | | | | | | | |
| | | | | | | | | | | | | | | | | | | | | | | | | | | | | | | | | | | |

银行存款日记账也是由设有借方（或收入）、贷方（或支出）和余额（或结余）三栏式结构的账页组成，但比库存现金日记账多了结算方式栏（见表5-6）。

表5-6　银行存款日记账

| 年 | | 凭证 | | 摘　要 | 结算方式 | | 对应账户 | 借　方 | | | | | | | | √ | 贷　方 | | | | | | | | √ | 余　额 | | | | | | | | |
|---|---|---|---|---|---|---|---|---|---|---|---|---|---|---|---|---|---|---|---|---|---|---|---|---|---|---|---|---|---|---|---|---|---|
| 月 | 日 | 种类 | 编号 | | 种类 | 编号 | | 十 | 万 | 千 | 百 | 十 | 元 | 角 | 分 | | 十 | 万 | 千 | 百 | 十 | 元 | 角 | 分 | | 十 | 万 | 千 | 百 | 十 | 元 | 角 | 分 |
| | | | | | | | | | | | | | | | | | | | | | | | | | | | | | | | | |
| | | | | | | | | | | | | | | | | | | | | | | | | | | | | | | | | |
| | | | | | | | | | | | | | | | | | | | | | | | | | | | | | | | | |
| | | | | | | | | | | | | | | | | | | | | | | | | | | | | | | | | |

## 三、账簿启用与经管人员一览表的填写

日记账中账簿启用与经管人员一览表的格式、内容与总账类似，这里不再重述。

## 四、日记账期初余额的登记

日记账期初余额的登记，主要填写以下内容：登 账日期、记账依据的凭证类别与编号、摘要、余额及方向。

**典型任务实例5-2**

资料：宏达公司2015年12月1日库存现金账户余额为50 315.80元。
要求：登记库存现金日记账期初余额。
任务解析：库存现金日记账期初余额登记情况见表5-7。

表5-7　库存现金日记账

| 2015年 | | 凭证 | | 摘　要 | 对应账户 | 借　方 | | | | | | | | | √ | 贷　方 | | | | | | | | | √ | 余　额 | | | | | | | | |
|---|---|---|---|---|---|---|---|---|---|---|---|---|---|---|---|---|---|---|---|---|---|---|---|---|---|---|---|---|---|---|---|---|---|---|
| 月 | 日 | 种类 | 编号 | | | 百 | 十 | 万 | 千 | 百 | 十 | 元 | 角 | 分 | | 百 | 十 | 万 | 千 | 百 | 十 | 元 | 角 | 分 | | 百 | 十 | 万 | 千 | 百 | 十 | 元 | 角 | 分 |
| 12 | 1 | | | 期初余额 | | | | | | | | | | | | | | | | | | | | | | | | 5 | 0 | 3 | 1 | 5 | 8 | 0 |
| | | | | | | | | | | | | | | | | | | | | | | | | | | | | | | | | | | |
| | | | | | | | | | | | | | | | | | | | | | | | | | | | | | | | | | | |
| | | | | | | | | | | | | | | | | | | | | | | | | | | | | | | | | | | |
| | | | | | | | | | | | | | | | | | | | | | | | | | | | | | | | | | | |

**温馨提示**

如果是年初建账，则"摘要"栏填写"上年结转"。没有余额的日记账户，无须特别标识。银行存款日记账期初余额的登记方法与库存现金日记账基本相同，这里不再赘述。

**想一想**

如果不设库存现金日记账和银行存款日记账，将会带来什么后果？

**课堂活动**

目的：熟悉日记账期初余额的登记方法。
形式：个人完成任务。
用品用具：三栏式总账账页。

地点：教学场所。

时间：20分钟。

资料：华丰公司2015年1月1日库存现金日记账和银行存款日记账的期初余额分别为8 901.56元和2 983 765.38元。老师也可通过题板（可用纸质资料、幻灯片演示）给出库存现金日记账和银行存款日记账两账户的期初余额资料。

要求：建立库存现金日记账和银行存款日记账，并将两本账的期初余额准确登记到账簿中，相关栏目内容及余额方向均填写到位。

评价：在规定时间内，针对速度、准确性和书写的规范性三方面进行评价。

**动一动**

到企业等单位去看一下库存现金日记账和银行存款日记账的建账情况，增强感性认识。

# 任务5.3　建立明细账

**任务描述**

能够正确选择不同格式的账簿，正确填写账簿启用与经管人员一览表，准确登记期初余额。

## 一、账簿的选择

账簿的选择包括账簿外表形式和账页格式的选择两方面内容。

### 1. 选择账簿外表形式

账簿外表形式选择，就是要确定所要建立的明细账采用订本账、活页账，还是卡片账。如何选择账簿的外表形式，要分析订本账、活页账和卡片账的优缺点，然后再根据每种账簿所登记的业务内容和管理要求进行选择。

订本账是指在账簿启用前，就将若干账页装订成册的账簿。订本账可以防止抽换账页，避免账页散失。但在同一时间同一本账簿只能由一人操作，不便于分工记账和用机器记账。同时，因账页固定，不能增减，必须为每一账户预留账页，如果预留账页不足，会影响账户的连续登记；如果预留账页过多，出现剩余，又会造成浪费。按照工作惯例，三栏式明细账使用订本式账簿。

活页账是指把若干张零散的账页，根据业务需要自行组成的账簿。其页数不固定，使用前不装订，可随时将空白账页加入账簿。在同一时间里，可由多人分工登账。按照惯例，各种材料、商品等明细账使用活页式账簿。

卡片账是指利用卡片进行登记的账簿。卡片式账簿应用灵活，便于分工，数量可多可少，适用于机器记账。但易于散失，容易被抽换。工作中，一般采用卡片账簿记录固定资产详细情况，即通常所说的固定资产卡片。

2. 选择账页格式

选择账页格式，就是确定所建账簿采用三栏式、多栏式，还是数量金额式。选择时要根据账簿所要登记的内容来进行。如果只需反映经济业务所记入的账户名称、记账方向和所记金额，则选择三栏式账页格式。如果既要反映经济业务所记入的账户名称、记入方向、所记金额，又要反映业务的具体项目内容，就选择多栏式账页格式。如果既要反映某经济业务所记入的账户名称、记入方向、所记金额，还要反映业务的数量和单价内容，就选择数量金额式账页格式。

实务中，债权、债务明细分类账一般采用三栏式，收入、费用或成本等明细账一般采用多栏式，原材料、库存商品等明细账一般采用数量金额式。

## 二、账簿启用与经管人员一览表的填写

明细账账簿的扉页附有账簿启用与经管人员一览表，其内容、格式及填写方法与总账、日记账类似，不再阐述。

## 三、期初余额的登记

登记明细账户期初余额就是将有年初数据账户的年初数据登记到账户的余额栏中，如果是数量金额式明细账，需要把数量、单价和金额三项都写上，并标明方向，同时，将户名、时间栏和摘要栏项目填写齐全。

典型任务实例5-3

资料：2015年12月1日，华丰公司应收顺达公司货款50 000元，库存甲材料数量100kg，单价20元，甲产品生产成本42 000元（其中：直接材料费32 000元，直接人工费8 000元，制造费用2 000元）。

要求：登记应收账款、原材料、生产成本明细账的期初余额。

任务解析：应收账款、原材料、生产成本明细账期初余额的登记情况分别见表5-8～表5-10。

表5-8  应收账款 明细账

二级账户名称：顺达公司

| 2015年 | | 凭证 | | 摘要 | 借 方 | | | | | | | | | | 贷 方 | | | | | | | | | | 借或贷 | 余 额 | | | | | | | | | |
|---|---|---|---|---|---|---|---|---|---|---|---|---|---|---|---|---|---|---|---|---|---|---|---|---|---|---|---|---|---|---|---|---|---|---|---|
| 月 | 日 | 种类 | 编号 | | 千 | 百 | 十 | 万 | 千 | 百 | 十 | 元 | 角 | 分 | 千 | 百 | 十 | 万 | 千 | 百 | 十 | 元 | 角 | 分 | | 千 | 百 | 十 | 万 | 千 | 百 | 十 | 元 | 角 | 分 |
| 12 | 1 | | | 期初余额 | | | | | | | | | | | | | | | | | | | | | 借 | | | 5 | 0 | 0 | 0 | 0 | 0 | 0 |
| | | | | | | | | | | | | | | | | | | | | | | | | | | | | | | | | | | | |
| | | | | | | | | | | | | | | | | | | | | | | | | | | | | | | | | | | | |
| | | | | | | | | | | | | | | | | | | | | | | | | | | | | | | | | | | | |
| | | | | | | | | | | | | | | | | | | | | | | | | | | | | | | | | | | | |

表5-9　　　　原材料 明细账

材料名称：甲材料　　　　　　　　　　　　　　　　　　　　　　　计量单位：　kg　

| 2015年 月 | 日 | 凭证 种类 | 编号 | 摘要 | 收入 数量 | 单价 | 金额 十万 | 千 | 百 | 十 | 元 | 角 | 分 | 发出 数量 | 单价 | 金额 十万 | 千 | 百 | 十 | 元 | 角 | 分 | 结存 数量 | 单价 | 金额 十万 | 千 | 百 | 十 | 元 | 角 | 分 |
|---|---|---|---|---|---|---|---|---|---|---|---|---|---|---|---|---|---|---|---|---|---|---|---|---|---|---|---|---|---|---|---|
| 12 | 1 | | | 期初余额 | | | | | | | | | | | | | | | | | | | 100 | 20 | | 2 | 0 | 0 | 0 | 0 | 0 |
| | | | | | | | | | | | | | | | | | | | | | | | | | | | | | | | |
| | | | | | | | | | | | | | | | | | | | | | | | | | | | | | | | |
| | | | | | | | | | | | | | | | | | | | | | | | | | | | | | | | |
| | | | | | | | | | | | | | | | | | | | | | | | | | | | | | | | |

表5-10　　　　生产成本 明细账

产品名称：甲产品

| 2015年 月 | 日 | 凭证 编号 | 摘要 | 借方发生额 万 | 千 | 百 | 十 | 元 | 角 | 分 | 直接材料 万 | 千 | 百 | 十 | 元 | 角 | 分 | 直接人工 万 | 千 | 百 | 十 | 元 | 角 | 分 | 制造费用 十万 | 千 | 百 | 十 | 元 | 角 | 分 | …… 十万 | 千 | 百 | 十 | 元 | 角 | 分 |
|---|---|---|---|---|---|---|---|---|---|---|---|---|---|---|---|---|---|---|---|---|---|---|---|---|---|---|---|---|---|---|---|---|---|---|---|---|---|---|
| 12 | 1 | | 期初余额 | 4 | 2 | 0 | 0 | 0 | 0 | 0 | 3 | 2 | 0 | 0 | 0 | 0 | 0 | | 8 | 0 | 0 | 0 | 0 | 0 | | | 2 | 0 | 0 | 0 | 0 | 0 | | | | | | | |
| | | | | | | | | | | | | | | | | | | | | | | | | | | | | | | | | | | | | | | |
| | | | | | | | | | | | | | | | | | | | | | | | | | | | | | | | | | | | | | | |
| | | | | | | | | | | | | | | | | | | | | | | | | | | | | | | | | | | | | | | |

**想一想**

为什么同一个单位登记明细账所用的账页格式不一样？

**课堂活动**

目的：熟悉明细账期初余额的登记方法。

形式：个人完成任务。

用品用具：三栏式、多栏式、数量金额式明细账页和会计科目章。

地点：教学场所。

时间：20分钟。

资料：华丰公司2015年1月1日部分账户的期初余额资料如下："应收账款——天地公司"账户，借方余额5 000元；"原材料——A材料"账户，数量200kg，单价50元，金额10 000元；"生产成本——甲产品"账户，直接材料费3 000元，直接人工费1 000元，制造费用500元。

要求：开设3个明细账户，并将3个账户的期初余额准确登记到账页中，相关栏目内容及余额方向均填写到位。

评价：在规定时间内，从数量和质量两方面进行评价。

### 动一动

深入企业等单位进行参观学习，感知各种明细账期初余额的登记方法。

# 填制与审核会计凭证

## 知 识 概 览

| | | |
|---|---|---|
| 填制与审核原始凭证 | 原始凭证的概念与分类 | 原始凭证是指在经济业务发生或完成时取得或填制的,用以记录或证明经济业务的发生或完成情况的有效文字凭据<br>原始凭证按其来源不同分为外来原始凭证和自制原始凭证两类 |
| | 原始凭证的基本要求 | 基本内容要全,手续完整,大小写金额要相符,不得涂改、挖补等;从外单位取得的原始凭证要加盖公章等 |
| | 原始凭证的审核及结果的处理 | 按要求审核,结果处理方法:①不予接受;②予以退回;③重开或者更正;④重新填制;⑤需要代原始凭证 |
| 填制与审核记账凭证 | 记账凭证的概念 | 记账凭证是会计人员根据审核无误的原始凭证或汇总原始凭证,按照经济业务内容进行归类,并据以确定应借、应贷会计账户和金额所填制的会计凭证 |
| | 记账凭证的种类 | 常用的有两类:一是通用记账凭证;二是专用记账凭证。专用记账凭证分为收款凭证、付款凭证和转账凭证三种 |
| | 记账凭证的基本要求 | 1. 要根据审核无误的原始凭证填制<br>2. 必须按规定,及时、准确、完整地填写<br>3. 用笔符合要求,文字或数字要靠底线且留有更正空间<br>4. 不得将不同内容和类别的原始凭证汇总填在同一记账凭证中 |
| | 账户结构与记账规定 | 账户分左右两方,借贷记账法下,资产类、成本类、损益类中的成本费用类账户,增加记借方,减少记贷方;负债类、所有者权益类、损益类中收入收益类账户,增加记贷方,减少记借方 |
| | 记账凭证的填制 | 按要求填制,按惯例,对将现金存入银行或从银行提取现金的业务,只填制付款凭证,不填制收款凭证 |
| | 会计分录 | 应具备三大要素:账户名称、记账方向、记账金额 |
| | 记账凭证的审核与问题处理 | 按要求审核记账凭证,问题处理方法:①填制时发生错误,应重填;②入账后,发现年内和以前年度的错误要分情况进行处理;③重号、漏号的,应在重号记账凭证右上角,在漏号相邻两张记账凭证的右上角,分别注明"重号""漏号"字样,且盖章 |
| 传递与保管会计凭证 | 会计凭证传递 | 要制定传递程序,规定传递时间,及时沟通,提高效率 |
| | 会计凭证保管 | 1. 避免弄脏、弄坏或丢失<br>2. 应科学规范按要求装订,并应集中、专人保管,或会计机构内部指定专人保管或在保管满1年后由档案员保管<br>3. 原始凭证不得外借,借阅、复制和期满(满15年)销毁都要履行相应的手续 |

# 任务6.1　填制与审核原始凭证

任务描述

认识并理解原始凭证，明确原始凭证的基本内容，明确原始凭证的填制要求，掌握不同种类原始凭证的填制方法，能够判断并处理问题原始凭证。

## 一、原始凭证的概念

原始凭证是指在经济业务发生或完成时取得或填制的，用以记录或证明经济业务的发生或完成情况的有效文字凭据。它是会计核算的原始资料和重要依据，是会计核算资料中最具法律效力的一种书面证明文件，如购货发票、火车票、领料单等。

🔔 温馨提示

任何单位对所发生的每一经济业务或事项，都要按照规定的程序和要求，由经办人员取得或自制合法的会计凭证。例如购买材料，必须从卖方取得发票；材料验收入库必须填制收料单；领用材料要填领料单；产品完工入库必须填写入库单；销售产品必须填写出库单、销售发票等。

ℹ️ 请注意

文件、合同、费用预算等不能作为原始凭证记账。

## 二、原始凭证的分类

原始凭证按其来源不同，可分为外来原始凭证和自制原始凭证两大类。

### （一）外来原始凭证

外来原始凭证是指在经济业务发生或完成时从其他单位或个人处直接取得的原始凭证，如向外单位购货时从供货单位取得的购货发票、被外单位罚款的收据、职工因公出差乘车的车票、住宿的发票等。表6-1和表6-2所示的进账单（回单）和增值税专用发票都属于外来原始凭证。

表6-1　中国工商银行进账单（回单）

年　月　日

| 收款人 | 全　　称 | | 付款人 | 全　　称 | | | | | | | | | |
|---|---|---|---|---|---|---|---|---|---|---|---|---|---|
| | 账　　号 | | | 账号或地址 | | | | | | | | | |
| | 开户银行 | | | 开户银行 | | | | | | | | | |
| 人民币（大写）：伍万元整 | | | | | 百 | 十 | 万 | 千 | 百 | 十 | 元 | 角 | 分 |
| | | | | | ￥ | 5 | 0 | 0 | 0 | 0 | 0 | 0 | 0 |
| 票据种类 | | | 收款人开户行盖章 | | | | | | | | | | |
| 票据张数 | | | | | | | | | | | | | |
| 单位主管　　　会计　　　复核　　　记账 | | | | | | | | | | | | | |

表6-2 ××增值税专用发票

记 账 联　　　　　　　　　　No: 00872787

开票日期：　　年 月 日

| 购货单位 | 名　　　称： 纳税人识别号： 地 址、电 话： 开户行及账号： | 密码区 | |
|---|---|---|---|

| 货物或应税劳务名称 | 规格型号 | 单　位 | 数　量 | 单　价 | 金　额 | 税　率 | 税　额 |
|---|---|---|---|---|---|---|---|
| 合　计 | | | | | | | |

| 价税合计（大写） | （小写） |
|---|---|

| 销货单位 | 名　　　称： 纳税人识别号： 地 址、电 话： 开户行及账号： | 备注 |
|---|---|---|

收款人：　　　　　复核人：　　　　　开票人：　　　　　销货单位章：

第二联：记账联　购货方记账联

## （二）自制原始凭证

自制原始凭证是由本单位内部经办业务人员在执行或完成某项经济业务时所填制的、仅供本单位内部使用的原始凭证。例如，企业仓库保管人员在验收材料入库时所填制的收料单（见表6-3）、领用材料时所填制的领料单（见表6-4）、企业发放工资编写的工资单、职工出差借差旅费时所填制的借款单（见表6-5）等。这类凭证的数量在企业中占有较大的比重。

表6-3　收料单

供货单位：　　　　　　　　　　　　　　　　　凭证编号：
发票编号：　　　　　　　　年 月 日　　　　收料仓库：

| 材料类别 | 材料编号 | 材料名称 | 规　格 | 计量单位 | 数　量 | | 金　额 | | |
|---|---|---|---|---|---|---|---|---|---|
| | | | | | 应　收 | 实　收 | 单价 | 买价 | 合　计 |
| | | | | | | | | | |
| | | | | | | | | | |

会计主管：　　　　会计：　　　　审核：　　　　记账：　　　　收料：

表6-4　领料单

领料单位：　　　　　　　　　　　　　　　　　编号：
用　　途：　　　　　　　　年 月 日　　　　仓库：

| 材料类别 | 材料编号 | 材料名称 | 规　格 | 计量单位 | 数　量 | | 单　价 | 金　额 |
|---|---|---|---|---|---|---|---|---|
| | | | | | 请　领 | 实　领 | | |
| | | | | | | | | |
| | | | | | | | | |
| | | | | | | | | |

记账：　　　　发料：　　　　领料单位负责人：　　　　领料：

• 73 •

表6-5　借款单

年　月　日

| 借款单位 | | 借款人 | |
|---|---|---|---|
| 借款事由 | | 借款金额（大写） | 人民币：　　　￥：_____ |
| 单位负责人 | | 部门负责人 | |
| 财务负责人 | | 备注 | |

对于经济业务内容相同，而业务发生的次数又很频繁的原始凭证，会计部门可以对它们进行归类汇总，编制原始凭证汇总表。如果发料凭证太多，可以编制发料凭证汇总表（见表6-6）；同样，收料凭证多，也可以编制收料凭证汇总表。

表6-6　发料凭证汇总表

年　月　日

| 账户名称 | 领料部门 | 原材料 | 燃　料 | 合　计 |
|---|---|---|---|---|
| | | | | |
| | | | | |
| | | | | |
| 合　计 | | | | |

会计主管：　　　　　　　复核：　　　　　　　　　　制表：

## 三、原始凭证的基本要求

（1）原始凭证必须具备基本内容，如凭证名称，填制凭证的日期，填制凭证单位名称或者填制人姓名，经办人员的签名或者盖章，接受凭证单位名称，经济业务内容、数量、单价和金额等。

（2）从外单位取得的原始凭证，必须盖有填制单位的公章；从个人取得的原始凭证，必须有填制人员的签名或者盖章。自制原始凭证必须有经办单位领导人或者其指定的人员签名或者盖章。对外开出的原始凭证，必须加盖本单位章。

（3）凡填有大写和小写金额的原始凭证，大写与小写金额必须相符。购买实物的原始凭证，必须有验收证明。支付款项的原始凭证，必须有收款单位和收款人的收款证明。

（4）一式多联的原始凭证，应当注明各联的用途，只能以一联作为报销凭证。对于一式多联的发票和收据，必须用双面复写纸（发票和收据本身具备复写纸功能的除外）套写，并连续编号。作废时应当加盖“作废”戳记，连同存根一起保存，不得撕毁。

（5）发生销货退回时，除应填制退货发票（红字），还必须附验收入库单；退款时，必须取得对方的收款收据或者汇款银行的凭证，不得以退货发票代替收据。

（6）职工公出时的借款凭据，必须附在记账凭证之后。收回借款时，应当另开收据或者退还借据副本，不得退还原借款收据。

（7）经上级有关部门批准的经济业务，应当将批准文件作为原始凭证附件。如果批准文件需要单独归档，应当在凭证上注明批准机关名称、日期和文件字号。

（8）原始凭证不得涂改、挖补。发现原始凭证有错误的，应当由开出单位重开或者更正，凡对凭证进行了更正的，必须在更正处加盖开出单位的公章。

（9）法律、法规和国家统一会计制度规定使用统一印制原始凭证的，企业应按规定取得和使用。法律、法规和国家统一会计制度规定原始凭证格式的，企业应按规定格式制作使用；没有规定格式的，企业应当设计适合本企业管理需要的原始凭证格式，并制作使用。

（10）一张原始凭证所列支出需要几个企业共同负担的，将其他企业负担部分开具原始凭证分割单，并附原始凭证复印件，进行结算。原始凭证分割单必须具备原始凭证的基本内容，如凭证名称、填制凭证日期、填制凭证单位名称或者填制人姓名、经办人的签名或者盖章、接受凭证单位名称、经济业务内容、数量、单价、金额和费用分摊情况等。

（11）原始凭证按规定内容填制完毕，除车、船票等类似凭证外，一般应按照要求加盖印章。

（12）作为填制记账凭证、登记会计账簿依据的原始凭证，须经办人签字或盖章、企业负责人或其授权审批人审批签字或盖章、会计机构负责人或其授权审核人审核签字或盖章。

## 四、原始凭证的审核

### 1. 原始凭证审核的依据

审核原始凭证是否存在问题应遵循两个重要依据：一是原始凭证所反映的经济业务内容；二是法律、法规和国家统一会计制度，以及企业在财务会计方面的规章。

### 2. 原始凭证审核的内容

审核原始凭证是否存在问题应从以下四个方面入手。
（1）原始凭证填制是否符合规范化要求。
（2）经办人是否签名，审批人是否按规定程序、内容审批。
（3）原始凭证反映的内容是否真实、合法。
（4）原始凭证反映的内容是否准确、完整。

## 五、原始凭证审核结果的处理

对原始凭证审核结果的处理要区分情况：没有问题的原始凭证，履行签字或盖章手续后传递到下一个工作环节；对有问题的原始凭证要根据问题的性质进行处理。

（1）对确认为不真实、不合法的原始凭证不予接受，并向企业负责人报告。

（2）对确认为不准确、不完整的原始凭证予以退回，并由经办人员按国家统一会计制度规定更正或补充。

（3）外来原始凭证的非金额错误，由出具单位或个人重开或者更正，更正处加盖出具单位或个人印章。若是金额错误，由出具单位或个人重开，不得在原始凭证上更正。

（4）自制原始凭证有错误，应当重新填制。

（5）对外来原始凭证遗失或破损严重无法辨认的原始凭证，应以出具凭证单位或个人盖有公章或签名的证明（注明原凭证的号码、金额和内容等），并经会计机构负责人（会计主管人员）和单位负责人批准后，代作原始凭证。确实无法取得证明的（如车票、船票等），应由当事人写出详细情况，经会计机构负责人（会计主管人员）和单位负责人批准后，代作原始凭证。

资料：德强公司位于佳木斯市东风区，电话：0454-8249567，纳税人识别号：21020245467421，开户行：工行东风支行，账号：4700022609003632453，单位负责人赵大力，办公室主任高月琳，财务负责人李渊。

德强公司2015年5月发生的部分经济业务如下。

业务1：5月6日，办公室王欢准备去哈尔滨开会，预借差旅费800元。

业务2：5月8日，公司开出转账支票一张，用于偿还前欠太平公司购料款46 800元。

业务3：5月10日，收到银行的收账通知单，收到合众公司偿还的甲产品货款35 100元。

业务4：5月15日，公司从精密钢厂购入的一批钢材到货，直径为20mm的0132圆钢2 000kg，单价4.00元；0133方钢1 000kg，单价4.00元。仓库保管人员根据验收结果填制收料单。

业务5：5月18日，企业收到职工张佳蕊交来的罚款200元。

业务6：5月31日，统计结果，本月共领料价值15 800元，其中：甲产品领用6 600元，乙产品领用8 000元，车间一般耗用280元，管理部门耗用920元。会计部门根据企业本月各部门的领料单编制发出材料汇总表。

业务7：5月31日，公司向宏大设备销售公司（一般纳税人）销售FVⅡ型切割机2台，每件2 500元，适用税率17%，开具增值税专用发票。款项尚未收到。

要求：填制上述业务所涉及的有关原始凭证。

任务解析：业务1～业务6所填原始凭证见表6-7～表6-13。

### 表6-7　借款单

2015 年 5 月 6 日

| 借款单位 | 办公室 | 借款人 | 王欢 |
|---|---|---|---|
| 借款事由 | 去哈参加会议 | 借款金额（大写） | 人民币：捌佰元整　¥：800.00 |
| 单位负责人 | 赵大力 | 部门负责人 | 高月琳 |
| 财务负责人 | 李渊 | 备注 | |

### 表6-8　转账支票

| 中国工商银行转账支票存根 | | 中国工商银行　　　转账支票　　No：01337325 |
|---|---|---|
| 支票号码：01337325 附加信息：_____ _____ _____ 出票日期 2015年5月8日 | 本支票付款期限十天 | 出票日期（大写）贰零壹伍年零伍月零捌日　付款行名称：工行东风支行<br>收款人：太平公司　　出票人账号：4700022609003632453 |

出票日期（大写）贰零壹伍年零伍月零捌日　付款行名称：工行东风支行
收款人：太平公司　　出票人账号：4700022609003632453

| 人民币（大写）肆万陆仟捌佰元整 | 亿 | 千 | 百 | 十 | 万 | 千 | 百 | 十 | 元 | 角 | 分 |
|---|---|---|---|---|---|---|---|---|---|---|---|
| | | | | ¥ | 4 | 6 | 8 | 0 | 0 | 0 | 0 |

用途偿还购料款

上列款项请从
我账户内支付

出票人签章　德强公司财务专用章　　复核　　　　记账

| 收款人：太平公司 |
|---|
| 金　额：¥46 800.00 |
| 用　途：偿还购料款 |
| 单位主管　　　会计 |

表6-9　中国工商银行进账单（回单）

2015年5月10日

| 收款人 | 全　称 | 德强公司 | 付款人 | 全　称 | 合众公司 |
|---|---|---|---|---|---|
| | 账　号 | 4700022609003632453 | | 账号或地址 | 210204356762136 |
| | 开户银行 | 工行东风支行 | | 开户银行 | 工行中利支行 |

| 人民币（大写）：叁万伍仟壹佰元整 | 百 | 十 | 万 | 千 | 百 | 十 | 元 | 角 | 分 |
|---|---|---|---|---|---|---|---|---|---|
| | | ￥ | 3 | 5 | 1 | 0 | 0 | 0 | 0 |

| 票据种类 | 转账支票 |
|---|---|
| 票据张数 | 1 |
| 单位主管　　　会计　　　复核　　　记账 | |

收款人开户行盖章

中国工商银行佳木
斯市东风支行

转讫

第一联　此联银行交给收款人的回单

表6-10　收料单

供货单位：精密钢厂　　　　　　　　　　　　　　　　凭证编号：0001
发票编号：02304367　　　　　　2015年5月15日　　　收料仓库：1号

| 材料类别 | 材料编号 | 材料名称 | 规　格 | 计量单位 | 数　量 | | 金　额 | | |
|---|---|---|---|---|---|---|---|---|---|
| | | | | | 应　收 | 实　收 | 单　价 | 买　价 | 合　计 |
| 主要材料 | 0132 | 圆钢 | φ20mm | kg | 2 000 | 2 000 | 4.00 | 8 000 | 8 000 |
| 主要材料 | 0133 | 方钢 | | kg | 1 000 | 1 000 | 4.00 | 4 000 | 4 000 |

会计主管：沈小阳　　　会计：刘丽　　　审核：张天宇　　　记账：刘晓娜　　　收料：葛双

表6-11　收据

2015年5月18日　　　　　　　　　　　　　　　　No：1210245

| 收款单位 | 德强公司 | 交款单位 | 张佳蕊 | 金　额 | | | | | | | |
|---|---|---|---|---|---|---|---|---|---|---|---|
| 金额（大写） | 人民币贰佰元整 | | | 十 | 万 | 千 | 百 | 十 | 元 | 角 | 分 |
| | | | | | | | ￥ | 2 | 0 | 0 | 0 | 0 |
| 事　由 | 罚款收入 | | | 备注 | | | | | | | |
| | | | | 现金收讫 | | | | | | | |

第三联　记账

会计主管：沈小阳　　　　　收款人：张华兰　　　　　经手人：赵小兰

#### 表6-12 发出材料汇总表

2015 年 5 月 31 日

| 账户名称 | 材料用途 | 原材料 | 燃料 | 合计 |
|---|---|---|---|---|
| 生产成本 | 甲产品生产 | 6 600 | | 6 600 |
| | 乙产品生产 | 8 000 | | 8 000 |
| | 小　计 | 14 600 | | 14 600 |
| 制造费用 | 车间一般耗用 | 280 | | 280 |
| 管理费用 | 管理部门耗用 | 920 | | 920 |
| 合　　计 | | 15 800 | | 15 800 |

会计主管：沈小阳　　　　　　复核：张天宇　　　　　　制表：冯新

#### 表6-13 黑龙江省增值税专用发票

No：00872235

开票日期：2015年5月31日

<table>
<tr><td rowspan="4">购货单位</td><td colspan="5">名　　　称：宏大设备销售公司<br>纳税人识别号：210107190793212<br>地　址、电　话：锦州市西城区小溪路46号 0412-88429653<br>开户行及账号：中行西支路办 8401039198080092314</td><td colspan="3">密码区</td></tr>
</table>

| 货物或应税劳务名称 | 规格型号 | 单位 | 数量 | 单价 | 金额 | 税率 | 税额 |
|---|---|---|---|---|---|---|---|
| 切割机 | FVⅡ | 台 | 2 | 2 500.00 | 5 000.00 | 17% | 850.00 |
| 合计 | | | | | ￥5 000.00 | | ￥850.00 |

| 价税合计（大写） | 伍仟捌佰伍拾元整 　　　（小写）　￥5 850.00 |
|---|---|

| 销货单位 | 名　　　称：德强公司<br>纳税人识别号：21020245467421<br>地　址、电　话：佳木斯市东风区0454-8249567<br>开户行及账号：工行东风支行 4700022609003632453 | 备注　德强公司<br>发票专用章<br>21020245467421 |
|---|---|---|

收款人：张梅　　　复核人：王婷　　　开票人：赵紫微　　　销货单位章：

第三联　记账联　销货方记账联

### 想一想

应该怎样判断原始凭证是属于自制的还是外来的？原始凭证填制有什么要求？

### 课堂活动

目的：熟悉支票和差旅费报销单的填写方法。

形式：个人完成任务。

用品用具：空白差旅费报销单、现金支票和转账支票。

地点：教学场所。

时间：20分钟。

资料：①速盛公司2015年6月18日开出一张面值为5 850元的转账支票，用以支付采购万达公司S材料价税款；②速盛公司2015年6月20日开出一张面值为5 000元的现金支票，预付办公室张静去海南开会的差旅费。教师也可通过题板（可用纸质资料、幻灯片演示）给出类似资料。

要求：填写差旅费报销单、现金支票和转账支票。

评价：在规定时间内，从准确性、规范化和速度三方面进行评价。

### 课堂活动

目的：熟悉原始凭证审核的方法。

形式：个人完成任务。

用品用具：填制好的发票、借款单、收据、差旅费报销单和支票。

地点：教学场所。

时间：30分钟。

资料：昌盛公司原始凭证见表6-14～表6-17（也可由老师通过各种方式给出资料）。

要求：审核所给原始凭证，指出错误所在。

评价：在规定时间内，从问题找得是否准确、审核是否迅速两方面进行评价。

表6-14  黑龙江工业企业统一发票

购货单位：昌盛公司　　　　　　2015年10月5日　　　　　　No：00187428

| 货　号 | 品名规格或加工修理项目 | 计量单位 | 数　　量　　单　　价 | 金　额 | | | | | | | 备　注 |
|---|---|---|---|---|---|---|---|---|---|---|---|
| | | | | 十万 | 千 | 百 | 十 | 元 | 角 | 分 | |
| | 设备维修 | | | ￥ | 1 | 2 | 5 | 0 | 0 | 0 | |
| | | | | | | | | | | | |
| | | | | | | | | | | | |
| | | | | | | | | | | | |
| 合　　计 | 人民币（大写）壹万贰仟伍佰元整 | | （小写）￥1 250.00 | | | | | | | | 洪达机电维修公司发票专用章税号：465280104011642 |

单位：（盖章）　　　　　　收款人：大力　　　　　　开票人：小红

第二联　发票联

表6-15  借款单

2015年10月6日

| 借款单位 | 总经理办公室 | 借款人 | 刘一兵 | |
|---|---|---|---|---|
| 借款事由 | 参加交流会 | 借款金额（大写） | 人民币：壹仟元整　　￥：1000.00 | |
| 单位负责人 | 张晓明 | 部门负责人 | 潘小琳 | |
| 财务负责人 | 岳阳 | 备注 | | |

表6-16 转账支票

**表6-16 转账支票**

| 中国工商银行转账支票存根 | 中国工商银行　　　转账支票　　No：01447215 |
|---|---|
| 支票号码：01447215<br>附加信息：_____<br>_____<br>_____<br>_____<br>出票日期 2015年10月9日<br>收款人：灵动机电维修公司<br>金　额：￥1 520.00<br>用　途：支付维修费用<br>单位主管 张学泽 会计 邵武 | 出票日期（大写）2015年10月9日　　付款行名称：工行佳南支行<br>收款人：灵动机电维修公司　出票人账号：4700022609003635321 |

出票日期（大写）2015年10月9日　　付款行名称：工行佳南支行
收款人：灵动机电维修公司　出票人账号：4700022609003635321

| 人民币（大写）壹仟伍佰贰拾元整 | 亿 | 千 | 百 | 十 | 万 | 千 | 百 | 十 | 元 | 角 | 分 |
|---|---|---|---|---|---|---|---|---|---|---|---|
| | | | | | | ￥ | 1 | 5 | 2 | 0 | 0 | 0 |

用途 支付维修费用
上列款项请从
我账户内支付　　昌盛有限责任公司　　复核　　之 张印 学 泽　记账
出票人签章　　账务专用章

**表6-17 差旅费报销单**

报销部门：总经理办公室　　　　　　　2015年10月10日

| 姓　名 | 刘一兵 | 职　务 | 办公室主任 | 出差事由 | 参加交流会 |
|---|---|---|---|---|---|

出差起止日期：自2015年10月10日起至2015年10月13日共4天　　附单据3张

| 日 | 期 | 起讫地点 | 差旅补助 | | | 交通费 | 住宿费 | 会务费 | 其　他 | 小　计 |
|---|---|---|---|---|---|---|---|---|---|---|
| 月 | 日 | | 天数 | 标准 | 金额 | | | | | |
| 10 | 10 | 佳市—哈市 | 1 | 80.00 | 80.00 | 30.00 | | | | 110.00 |
| 10 | 13 | 哈市—佳市 | 3 | 80.00 | 240.00 | 90.00 | 300.00 | 500.00 | | 1 130.00 |
| | | | | | | | | | | |
| | | 合　　计 | | | 320.00 | 120.00 | 300.00 | 500.00 | | 1 240.00 |
| 合计人民币（大写）壹仟贰佰肆拾元整 | | | | | | | | | | |
| 预领金额：1 000 元 | | 交（退）回金额　元　应补付金额　124.00 元 | | | | | | | | |

单位负责人：张学泽　　　会计主管：岳阳　　　部门主管：潘小琳　　　报销人：刘一兵

📖 **动一动**

到企业等单位参观学习，认识更多的原始凭证，感知原始凭证的填写方法。

# 任务6.2　填制与审核记账凭证

**任务描述**

明确记账凭证的含义及重要性，了解不同种类记账凭证的使用范围，掌握记账凭证的基本要求，掌握记账凭证的填制方法，能够找出记账凭证的问题，学会正确处理问题记账凭证。

## 一、记账凭证的概念

记账凭证是会计人员根据审核无误的原始凭证或汇总原始凭证，按照经济业务内容进行归类，并据以确定应借、应贷会计账户和金额所填制的会计凭证，它是登记账簿的直接依据。

由于原始凭证种类较多，格式不统一，不能清楚地表明应记入会计账户的名称和方向，无法登记账簿。因此需将原始凭证所反映经济业务加以归类和整理，填制统一格式的记账凭证，以明确应记入的会计账户、方向和金额。

## 二、记账凭证的种类

常用的记账凭证有两类：一是通用记账凭证；二是专用记账凭证。

### （一）通用记账凭证

通用记账凭证是具有统一格式、可以记录所有经济业务的记账凭证（见表6-18），适用于规模较小、经济业务较简单、收付款业务较少的单位。

表6-18　记账凭证

年 月 日　　　　　　　　　　　第 号

| 摘　要 | 借　方 | | 贷　方 | | 金　额 | | | | | | | | | 记账 | 附单据 |
|---|---|---|---|---|---|---|---|---|---|---|---|---|---|---|---|
| | 总账账户 | 明细账户 | 总账账户 | 明细账户 | 百 | 十 | 万 | 千 | 百 | 十 | 元 | 角 | 分 | | |
| | | | | | | | | | | | | | | | 张 |
| | | | | | | | | | | | | | | | |
| 合　计 | | | | | | | | | | | | | | | |

会计主管：　　　记账：　　　复核：　　　出纳：　　　制单：

### （二）专用记账凭证

专用记账凭证是专门用于记录某一类经济业务的记账凭证，适用于规模较大、经济业务复杂、收付款业务较多的单位。

按其记录的经济业务是否涉及现金、银行存款，专用记账凭证又可分为收款凭证、付款凭证和转账凭证三种类型。涉及现金、银行存款收入的业务填制收款凭证；涉及现金、银行存款支出的业务填制付款凭证；不涉及现金、银行存款收付的业务填制转账凭证。

**🔔 温馨提示**

收款凭证的填制依据是现金和银行存款收款业务的原始凭证，付款凭证的填制依据是现金和银行存款付款业务的原始凭证，转账凭证的填制依据是与库存现金和银行存款收付款业务无关的原始凭证。

**ℹ 请注意**

对将库存现金存入银行或从银行提取现金的业务，只填制付款凭证，不填制收款凭证，以避免重复记账。

收款凭证、付款凭证和转账凭证分别见表6-19～表6-21。

**表6-19　收款凭证**

借方账户：_____　　　　　　　　　年　月　日　　　　　　　　收字第____号

| 摘　要 | 借方账户 | | 金　额 | | | | | | | | | 记账 |
|---|---|---|---|---|---|---|---|---|---|---|---|---|
| | 总账账户 | 明细账户 | 千 | 百 | 十 | 万 | 千 | 百 | 十 | 元 | 角 | 分 | |
| | | | | | | | | | | | | | |
| | | | | | | | | | | | | | |
| 合　计 | | | | | | | | | | | | | |

会计主管：　　　记账：　　　复核：　　　出纳：　　　制单：

附单据　张

**表6-20　付款凭证**

贷方账户：_____　　　　　　　　　年　月　日　　　　　　　　付字第____号

| 摘　要 | 借方账户 | | 金　额 | | | | | | | | | 记账 |
|---|---|---|---|---|---|---|---|---|---|---|---|---|
| | 总账账户 | 明细账户 | 千 | 百 | 十 | 万 | 千 | 百 | 十 | 元 | 角 | 分 | |
| | | | | | | | | | | | | | |
| | | | | | | | | | | | | | |
| 合　计 | | | | | | | | | | | | | |

会计主管：　　　记账：　　　复核：　　　出纳：　　　制单：

附单据　张

**表6-21　转账凭证**

年　月　日　　　　　　　　转字第____号

| 摘　要 | 借　方 | | 贷　方 | | 金　额 | | | | | | | | 记账 |
|---|---|---|---|---|---|---|---|---|---|---|---|---|---|
| | 总账账户 | 明细账户 | 总账账户 | 明细账户 | 百 | 十 | 万 | 千 | 百 | 十 | 元 | 角 | 分 | |
| | | | | | | | | | | | | | | |
| | | | | | | | | | | | | | | |
| 合　计 | | | | | | | | | | | | | | |

会计主管：　　　记账：　　　复核：　　　出纳：　　　制单：

附单据　张

## （三）汇总记账凭证

记账凭证是记账的直接依据，但如果经济业务较多，根据每一张记账凭证分别去登记总账，登记总账的次数过多，工作量太大，消耗的时间太多，因此，为了减少登记总账的工作量，可根据需要将记账凭证进行汇总，再根据汇总的记账凭证登记总账。汇总时，可以将一定时期内全部记账凭证汇总编制账户汇总表，也可以将一定时期内各种记账凭证分别按照科目编制汇总记账凭证，包括汇总收款凭证、汇总付款凭证和汇总转账凭证。

### 1. 账户汇总表

账户汇总表由一定时期内所有记账凭证汇总编制而成。账户汇总表可以一个月编制一次，也可以几天编制一次，每月编制的次数取决于单位发生经济业务的数量。账户汇总表的一般格式在项目2的"任务2.2 认识会计工作"中已列示。

2. 汇总记账凭证的类型

汇总记账凭证的类型取决于会计主体所使用的记账凭证的类型，如果会计主体使用的是通用记账凭证，则只要定期编制汇总记账凭证即可；如果会计主体使用的是专用记账凭证，则应定期编制汇总收款凭证、汇总付款凭证和汇总转账凭证三种汇总记账凭证。汇总记账凭证的格式在项目2的"任务2.2 认识会计工作"中已列示。

## 三、记账凭证的基本要求

记账凭证是登记账簿的重要依据，对账簿记录产生直接影响，因此，对填制记账凭证有较严格的要求。

（1）要根据审核无误的原始凭证填制记账凭证。

（2）各种记账凭证必须按规定，及时、准确、完整地填写。

（3）记账凭证应包括最基本的内容要素。如凭证的填制日期、凭证编号、经济业务摘要、账户名称、金额、所附原始凭证张数及有关人员签名或者盖章。

（4）填写记账凭证应用蓝黑墨水或碳素墨水，不得使用铅笔或圆珠笔书写；金额按规定需要用红字表示的，数字可用红色墨水。记账凭证中的文字或数字应靠底线占行高的二分之一或三分之二书写。

（5）记账凭证应根据每一张原始凭证或若干张同类原始凭证、原始凭证汇总表填制。不得将不同内容和类别的原始凭证汇总填制在一张记账凭证上。

（6）记账凭证中各基本要素的填制要求都要符合规定。

① 凭证的填制日期。一般情况下，凭证的填制日期应填写填制凭证当天的日期，但有些业务凭证应填写经济业务发生的日期或月末日期。如现金收款凭证和现金付款凭证应填写现金收付当日的日期；银行存款收款业务的记账凭证应填写收到银行进账单或银行回执戳记日期；银行付款业务的记账凭证，一般应填写财会人员开出银行付款凭证的日期或承付日期；计提或分配费用等转账业务的记账凭证，应当填写当月最后一天的日期。

② 经济业务摘要。经济业务摘要是对经济业务事项的简要说明。摘要的填写必须简明扼要，突出经济业务事项的重点和核心内容。对销售商品等业务要写明销售商品的种类或型号及数量，例如，销售甲商品50件等；购买材料物资的业务要标明材料物资名称、数量、单价，例如，购买单价为10元A材料55kg。但实际工作中较为简化，如"购买A材料""提现"等。

③ 账户名称。应根据经济业务事项的内容和现行会计准则的规定规范填写。一级账户必须填写，进行明细核算的账户，二级账户或明细账户也必须填写。记账凭证中的账户名称应从上到下逐行填写，同一行应本着先"借"后"贷"的顺序逐项填写。

④ 金额。金额要填写清楚，数字要规范，所填金额必须与原始凭证的金额相符。合计金额前应填写货币符号"￥"。一笔经济业务涉及会计账户较多，需要填制多张记账凭证时，不需在每张凭证中都填写合计金额，只在最后一张记账凭证上填写合计金额即可。账

户借方金额合计与账户贷方金额合计应相等。

⑤ 凭证编号。记账凭证按月或按年顺序自然编号，编号时，可采用单一统一编号的形式，即每张记账凭证只有一个编号；也可采用双式统一编号的形式，即每张记账凭证有两个编号，如一个编号是由总账会计统一按记账凭证顺序编号，另一个编号是由出纳根据需要将涉及现金和银行存款收、付的记账凭证顺序编号。记账凭证编号按经济业务发生的顺序，依次编至月末或年末，不得跳号、重号。一笔经济业务需要填制两张或两张以上记账凭证时，采用"分数编号法"编号，如第2笔经济业务需要填制3张记账凭证，编号分别为 $2\frac{1}{3}$ 号、$2\frac{2}{3}$ 号和 $2\frac{3}{3}$ 号。对于采用专用记账凭证的单位，也可以按现金收入、银行存款收入、现金付出、银行存款付出、转账业务分类编号，如现收字第×号、现付字第×号、银收字第×号、银付字第×号、转字第×号等。

⑥ 附件张数。附件是指填制记账凭证所依据的原始凭证。除结账和更正错误的记账凭证外，记账凭证都应附有原始凭证，并应注明附件张数。附件张数的计算方法是：没有经过汇总的原始凭证，按自然张数计算；经过汇总的原始凭证，每一张汇总单或汇总表算1张。例如，差旅费报销单上附有车票、宿费发票等原始凭证15张，15张原始凭证在差旅费报销单上的"所附原始凭证张数"栏内已作了登记，在计算记账凭证所附原始凭证张数时，这张差旅费报销单连同其所附的15张原始凭证一起只能算一张。采用分数编号法的记账凭证，应将原始凭证附在本号最后一张记账凭证之后，其他记账凭证不附原始凭证。

附件张数用阿拉伯数字填写即可，不必大写。当一张或几张原始凭证与多张记账凭证有关时，可将原始凭证附在其中一张主要记账凭证后面，在摘要栏说明"本凭证附件包括××号记账凭证业务"字样，在其他记账凭证上注明"原始凭证在××号记账凭证后面"字样，或同时附原始凭证复印件。

⑦ 对空行的要求。填写记账凭证时，中间不能留有空行，对剩余的空行，应当自金额栏最后一笔金额数字下的空行处至合计数上的空行处，从右上角至左下角处划单蓝斜线或"S"形线注销。

⑧ 签名或盖章。凡参与记账凭证填制和传递的人员，都要在记账凭证的相应位置上签名或盖章，以明确责任。在填制与传递记账凭证过程中，先后要有制单人员、审核人员、会计主管、记账人员等签章，收、付款凭证还应有出纳人员签章。

对于财会人员较少的单位，在收、付记账凭证上，至少应有两人（会计和出纳）签章。在遇到几个会计依据同一张记账凭证记账时，几个会计都应在"记账"签章处签章。

会计主管对未审阅过的记账凭证，可以不签章，但应对该记账凭证的准确性和合法性负责。

（7）记账凭证填制发生错误时，应当重新填制。发现已登记入账的记账凭证有误时，应采用适当的方法加以更正。

## 四、账户结构与记账规定

在建账内容中我们知道，账户名称与相应的会计科目名称一致，且会计账户的类型也要与会计科目的类型一致。但是，会计科目只是一个名称，而依据它所设置的账户则不仅具有名称，而且还有登记的时间栏、登记依据凭证的编号栏、体现发生额方向的借（贷）栏和反映账户总体情况的余额栏，以及表示余额的方向栏。可见，账户具有一定的结构，而会计科目则没有。账户结构可简化表示为"T"形账户结构，如"原材料"账户和"短期借款"账户的表示见图6-1。

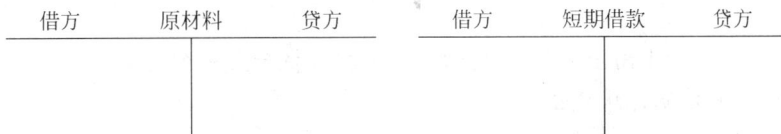

| 借方 | 原材料 | 贷方 | | 借方 | 短期借款 | 贷方 |

图6-1　"原材料"账户和"短期借款"账户的表示

虽然不同类型的会计账户都可以表示为"T"形账户结构，但并不是每一个账户的记账方向都一样。例如，"原材料"账户，借方登记增加数，贷方登记减少数；而"短期借款"账户，则是贷方登记增加数，借方登记减少数。

对同一账户来说，借方、贷方登记增加数还是减少数是确定的，资产类账户增加记借方，减少记贷方；成本类账户增加记借方，减少记贷方；负债类和所有者权益类账户，增加记贷方，减少记借方；损益类中成本费用类账户增加记借方，减少记贷方；损益类中收入收益类账户增加记贷方，减少记借方。这个规律并不绝对，也有特例。例如，"固定资产"和"累计折旧"两个账户，同属于资产类账户，但"固定资产"账户借方登记增加额，贷方登记减少额；而"累计折旧"账户则是贷方登记增加额，借方登记减少额。

## 五、记账凭证的填制

记账凭证的填制与所使用的记账凭证类型有关，通用记账凭证和专用记账凭证的填写思路与方法有所不同。

### （一）通用记账凭证的填制

通用记账凭证填制主要是解决会计账户、记账方向和金额三项怎么填的问题。填制记账凭证的基本分析思路是：首先，看经济业务或事项涉及的具体内容，这些内容应该在哪些会计账户中记录；其次，要看记录到这些会计账户的内容是增加还是减少；最后，根据所记入会计账户的类别和该账户的记账规定，确定记入账户的方向。即如果该账户是资产类、成本类、损益类中的成本费用支出类，增加就记入相应账户的借方，减少就记入相应账户的贷方；如果该账户是负债类、所有者权益类、损益类中的收入收益类，增加就记入相应账户的贷方，减少就记入相应账户的借方。但特例除外。

　典型任务实例6-2

资料：庆丰公司2015年10月发生的部分经济业务如下。

业务1：4日，企业从银行提取现金6 000元备用。

业务2：8日，企业借入3年期借款900 000元，年利率3.6%，存入银行。

业务3：9日，企业将库存现金4 000元送存银行。

业务4：10日，办公室主任焦大力预借差旅费2 000元，以现金支付。

业务5：18日，办公室主任焦大力出差归来，报销差旅费2 258元，企业以现金补付焦大力258元。

业务6：22日，从众生公司购买B材料50kg，单价40元，取得的增值税专用发票上面注明价款2 000元，增值税340元，签发一张金额为2 340元的转账支票支付价税款，材料已验收入库。

业务7：28日，开出面值351 000元的商业汇票，抵付欠长虹公司货款。

要求：分析并填制记账凭证。

任务解析：

业务1使企业库存现金增加6 000元，银行存款减少6 000元。它涉及"库存现金"和"银行存款"两个资产类账户，又知道资产类账户借方登记增加额，贷方登记减少额，所以，应在"库存现金"账户借方记入6 000元，在"银行存款"账户贷方记入6 000元。该笔业务所填记账凭证见表6-22。

表6-22　记账凭证

2015 年 10 月 4 日　　　　　　　　　第 1 号

| 摘　　要 | 借　　方 | | 贷　　方 | | 金　　额 | | | | | | | | | 记账 |
| | 总账账户 | 明细账户 | 总账账户 | 明细账户 | 百 | 十 | 万 | 千 | 百 | 十 | 元 | 角 | 分 | |
| 从银行提取现金 | 库存现金 | | 银行存款 | | | | | 6 | 0 | 0 | 0 | 0 | 0 | |
| | | | | | | | | | | | | | | |
| 合　　计 | | | | | | | ￥ | 6 | 0 | 0 | 0 | 0 | 0 | |

会计主管：　　　　记账：　　　　复核：　　　　出纳：　　　　制单：沈阳

附单据1张

业务2使银行存款增加900 000元，使企业的长期借款增加900 000元。它涉及资产类账户"银行存款"和负债类账户"长期借款"，又知道资产类账户借方登记增加额，负债类账户贷方登记增加额，所以，应在"银行存款"账户借方记入900 000元，在"长期借款"账户贷方记入900 000元。该笔业务所填记账凭证见表6-23。

表6-23　记账凭证

2015 年 10 月 8 日　　　　　　　　　第 2 号

| 摘　　要 | 借　　方 | | 贷　　方 | | 金　　额 | | | | | | | | | 记账 |
| | 总账账户 | 明细账户 | 总账账户 | 明细账户 | 百 | 十 | 万 | 千 | 百 | 十 | 元 | 角 | 分 | |
| 从银行借入长期借款 | 银行存款 | | 长期借款 | | | 9 | 0 | 0 | 0 | 0 | 0 | 0 | 0 | |
| | | | | | | | | | | | | | | |
| 合　　计 | | | | | | ￥ | 9 | 0 | 0 | 0 | 0 | 0 | 0 | |

会计主管：　　　　记账：　　　　复核：　　　　出纳：　　　　制单：沈阳

附单据1张

业务3使银行存款增加4 000元，库存现金减少4 000元。它涉及"库存现金"和"银行存款"两个资产类账户，又知道资产类账户借方登记增加额，贷方登记减少额，所以，应在"银行存款"账户借方记入4 000元，在"库存现金"账户贷方记入4 000元。该笔业务所填记账凭证见表6-24。

表6-24　　记账凭证

2015 年 10 月 9 日　　　　　　　　第 3 号

| 摘　　要 | 借　方 | | 贷　方 | | 金　　额 | | | | | | | | | 记账 |
| | 总账账户 | 明细账户 | 总账账户 | 明细账户 | 百 | 十 | 万 | 千 | 百 | 十 | 元 | 角 | 分 | |
| 将现金存入银行 | 银行存款 | | 库存现金 | | | | | 4 | 0 | 0 | 0 | 0 | 0 | |
| | | | | | | | | | | | | | | |
| 合　　　　计 | | | | | | | | ¥ | 4 | 0 | 0 | 0 | 0 | 0 |

会计主管：　　　　记账：　　　　复核：　　　　出纳：　　　　制单：沈阳

附单据 1 张

业务4使库存现金减少2 000元，应收款项增加2 000元。它涉及"库存现金"和"其他应收款"这两个资产类账户，又知道资产类账户借方登记增加额，贷方登记减少额，所以，应在"其他应收款"账户借方记入2 000元，在"库存现金"账户贷方记入2 000元。该笔业务所填记账凭证见表6-25。

表6-25　　记账凭证

2015 年 10 月 10 日　　　　　　　　第 4 号

| 摘　　要 | 借　方 | | 贷　方 | | 金　　额 | | | | | | | | | 记账 |
| | 总账账户 | 明细账户 | 总账账户 | 明细账户 | 百 | 十 | 万 | 千 | 百 | 十 | 元 | 角 | 分 | |
| 以现金付差旅费 | 其他应收款 | 焦大力 | 库存现金 | | | | | 2 | 0 | 0 | 0 | 0 | 0 | |
| | | | | | | | | | | | | | | |
| 合　　　　计 | | | | | | | | ¥ | 2 | 0 | 0 | 0 | 0 | 0 |

会计主管：　　　　记账：　　　　复核：　　　　出纳：　　　　制单：沈阳

附单据 1 张

业务5使企业库存现金减少258元，企业的管理费用增加2 258元，同时，使其他应收款减少2 000元。它涉及"库存现金"与"其他应收款"两个资产类账户，以及"管理费用"这个损益费用类账户，又知道资产类账户贷方登记减少额，损益费用类账户借方登记增加额，所以，应在"管理费用"账户借方记入2 258元，在"库存现金"账户贷方记入258元，在"其他应收款"账户贷方记入2 000元。该笔业务所填记账凭证见表6-26。

表6-26　　记账凭证

2015 年 10 月 18 日　　　　　　　　第 5 号

| 摘　　要 | 借　方 | | 贷　方 | | 金　　额 | | | | | | | | | 记账 |
| | 总账账户 | 明细账户 | 总账账户 | 明细账户 | 百 | 十 | 万 | 千 | 百 | 十 | 元 | 角 | 分 | |
| 焦大力报差旅费 | 管理费用 | 差旅费 | 其他应收款 | 焦大力 | | | | 2 | 0 | 0 | 0 | 0 | 0 | |
| 焦大力报差旅费 | 管理费用 | 差旅费 | 库存现金 | | | | | | 2 | 5 | 8 | 0 | 0 | |
| 合　　　　计 | | | | | | | | ¥ | 2 | 2 | 5 | 8 | 0 | 0 |

会计主管：　　　　记账：　　　　复核：　　　　出纳：　　　　制单：沈阳

附单据 1 张

业务6使企业的库存材料增加2 000元，应交税金减少340元，银行存款减少2 340元。它涉及"原材料"和"银行存款"两个资产类账户，以及"应交税费"这个负债类账户，又知道资产类账户借方登记增加额，贷方登记减少额，负债类账户借方登记减少额，所以，应在"原材料"账户借方记入2 000元，在"应交税费"账户借方记入340元，在"银行存款"账户贷方记入2 340元。该笔业务所填记账凭证见表6-27。

表6-27　记账凭证

2015 年 10 月 22 日　　　　　　　　　第 6 号

| 摘　要 | 借　方 | | 贷　方 | | 金　额 | | | | | | | | | 记账 |
| | 总账账户 | 明细账户 | 总账账户 | 明细账户 | 百 | 十 | 万 | 千 | 百 | 十 | 元 | 角 | 分 | |
| 购买B材料入库 | 原材料 | B材料 | 银行存款 | | | | | 2 | 0 | 0 | 0 | 0 | 0 | |
| 购买B材料入库 | 应交税费 | 应交增值税 | 银行存款 | | | | | | 3 | 4 | 0 | 0 | 0 | |
| 合　计 | | | | | | | ￥ | 2 | 3 | 4 | 0 | 0 | 0 | |

附单据 3 张

会计主管：　　记账：　　复核：　　出纳：　　制单：沈阳

业务7使企业的应付票据增加351 000元，应付账款减少351 000元。它涉及"应付票据"和"应付账款"两个负债类账户，又知道负债类账户贷方登记增加额，借方登记减少额，所以，应在"应付账款"账户借方记入351 000元，在"应付票据"账户贷方记入351 000元。该笔业务所填记账凭证见表6-28。

表6-28　记账凭证

2015 年 10 月 28 日　　　　　　　　　第 7 号

| 摘　要 | 借　方 | | 贷　方 | | 金　额 | | | | | | | | | 记账 |
| | 总账账户 | 明细账户 | 总账账户 | 明细账户 | 百 | 十 | 万 | 千 | 百 | 十 | 元 | 角 | 分 | |
| 商业汇票抵欠贷款 | 应付账款 | 长虹公司 | 应付票据 | 长虹公司 | | 3 | 5 | 1 | 0 | 0 | 0 | 0 | 0 | |
| 合　计 | | | | | | ￥ | 3 | 5 | 1 | 0 | 0 | 0 | 0 | 0 | |

附单据 1 张

会计主管：　　记账：　　复核：　　出纳：　　制单：沈阳

### （二）专用记账凭证的填制

专用记账凭证的填制思路是：首先，要选择所填凭证的类型，即该业务应填制收款凭证、付款凭证还是转账凭证；其次，要看该笔经济业务或事项涉及的具体内容，这些内容应记录到哪些会计账户；再次，要看所记录的内容是增加还是减少；最后，根据所记入会计账户的类别和记账规定，确定记入会计账户的方向。记入会计账户的方向所遵照的规定与通用记账凭证相同，不再赘述。

典型任务实例6-3

下面仍以典型任务实例6-2中的业务资料为例，阐述专用记账凭证的填制思路与方法。

业务1：2015年10月4日，企业从银行提取现金6 000元备用。

这项经济业务使企业的库存现金增加6 000元，银行存款减少6 000元。显然，这项经济业务与收付款有关，由于同时涉及库存现金和银行存款时只填付款凭证，所以，该项业务填制付款凭证。又知道资产类账户借方登记增加额，贷方登记减少额，因此，应在借方账户的总账账户处填写库存现金，在贷方账户处填写银行存款，在金额栏填写6 000元。该笔业务所填记账凭证见表6-29。

表6-29　付款凭证

贷方账户：银行存款　　　　　　　　2015 年 10 月 4 日　　　　　　付字第 1 号

| 摘　　要 | 借 方 账 户 | | 金　　额 | | | | | | | | | | 记账 |
| | 总账账户 | 明细账户 | 千 | 百 | 十 | 万 | 千 | 百 | 十 | 元 | 角 | 分 | |
| 从银行提取现金 | 库存现金 | | | | | | 6 | 0 | 0 | 0 | 0 | 0 | |
| | | | | | | | | | | | | | |
| 合　　计 | | | | | | ￥ | 6 | 0 | 0 | 0 | 0 | 0 | |

附单据 1 张

会计主管：　　　记账：　　　复核：　　　出纳：　　　制单：沈阳

业务2：2015年10月8日，企业借入3年期借款900 000元，年利率3.6%，存入银行。

这项经济业务使企业的银行存款增加900 000元，长期借款增加900 000元，显然，这项经济业务与收款有关，所以，该项业务填制收款凭证。该业务涉及资产类账户"银行存款"和负债类账户"长期借款"，又知道资产类账户借方登记增加额，负债类账户贷方登记增加额，应在借方账户处填写银行存款，贷方账户的总账账户处填写长期借款，在金额栏填写900 000元。该笔业务所填记账凭证见表6-30。

表6-30　收款凭证

借方账户：银行存款　　　　　　　　2015 年 10 月 8 日　　　　　　收字第 1 号

| 摘　　要 | 贷 方 账 户 | | 金　　额 | | | | | | | | | | 记账 |
| | 总账账户 | 明细账户 | 千 | 百 | 十 | 万 | 千 | 百 | 十 | 元 | 角 | 分 | |
| 向银行借入长期借款 | 长期借款 | | | 9 | 0 | 0 | 0 | 0 | 0 | 0 | 0 | 0 | |
| | | | | | | | | | | | | | |
| 合　　计 | | | | ￥ | 9 | 0 | 0 | 0 | 0 | 0 | 0 | 0 | |

附单据 1 张

会计主管：　　　记账：　　　复核：　　　出纳：　　　制单：沈阳

业务3：2015年10月9日，企业将库存现金4 000元送存银行。

这项经济业务使企业的银行存款增加4 000元，库存现金减少4 000元。显然，这项经济业务与收付款有关，由于同时涉及库存现金和银行存款时只填付款凭证，所以，该项业务填制付款凭证。又知道资产类账户借方登记增加额，贷方登记减少额，因此，应在借方账户的总账账户处填写银行存款，在贷方账户处填写库存现金，在金额栏填写4 000元。该笔业务所填记账凭证见表6-31。

表6-31　　付款凭证

贷方账户：库存现金　　　　　　　　2015 年 10 月 9 日　　　　　　　　付字第 2 号

| 摘　　要 | 借方账户 | | 金　　额 | | | | | | | | | 记账 |
|---|---|---|---|---|---|---|---|---|---|---|---|---|
| | 总账账户 | 明细账户 | 千 | 百 | 十 | 万 | 千 | 百 | 十 | 元 | 角 | 分 | |
| 将现金存入银行 | 银行存款 | | | | | | 4 | 0 | 0 | 0 | 0 | 0 | |
| | | | | | | | | | | | | | |
| 合　　计 | | | | | | | ¥ | 4 | 0 | 0 | 0 | 0 | 0 |

会计主管：　　　　记账：　　　　复核：　　　　出纳：　　　　制单：沈阳

附单据 1 张

业务4：2015年10月10日，办公室主任焦大力预借差旅费2 000元，以现金支付。

这项经济业务使企业的其他应收款增加2 000元，库存现金减少2 000元。显然，这项经济业务与付款有关，所以，该项业务填制付款凭证。又知道资产类账户借方登记增加额，贷方登记减少额，因此，这项经济业务应在借方账户的总账账户处填写其他应收款，在借方账户的明细账户处填写焦大力，在贷方账户处填写库存现金，在金额栏填写2 000元。该笔业务所填写的记账凭证见表6-32。

表6-32　　付款凭证

贷方账户：库存现金　　　　　　　　2015 年 10 月 10 日　　　　　　　　付字第 3 号

| 摘　　要 | 借方账户 | | 金　　额 | | | | | | | | | 记账 |
|---|---|---|---|---|---|---|---|---|---|---|---|---|---|
| | 总账账户 | 明细账户 | 千 | 百 | 十 | 万 | 千 | 百 | 十 | 元 | 角 | 分 | |
| 以现金付差旅费 | 其他应收款 | 焦大力 | | | | | 2 | 0 | 0 | 0 | 0 | 0 | |
| | | | | | | | | | | | | | |
| 合　　计 | | | | | | | ¥ | 2 | 0 | 0 | 0 | 0 | 0 |

会计主管：　　　　记账：　　　　复核：　　　　出纳：　　　　制单：沈阳

附单据 1 张

业务5：2015年10月18日，办公室主任焦大力出差归来，报销差旅费2 258元，企业以现金补付焦大力258元。

这项经济业务使企业库存现金减少258元，使其他应收款减少2 000元，差旅费的发生使企业的管理费用增加2 258元，这其中有2 000元是出差时的借款，要记入"管理费用"账户，有258元是补付的差旅费，也要记入"管理费用"账户，该笔业务既涉及现金付款业务，又涉及转账业务，因此，需填制付款凭证和转账凭证两张记账凭证。

付款凭证的填写分析：由于资产类账户贷方登记减少额，损益费用类账户借方登记增加额，所以，付款凭证中贷方账户处填写库存现金，在借方账户的总账账户处填写管理费用，明细账户处填写差旅费，在金额栏填写258元。

转账凭证的填写分析：由于资产类账户贷方登记减少额，损益费用类账户借方登记增加额，所以，在转账凭证借方账户的总账账户处填写管理费用，明细账户处填写差旅费，在贷方账户的总账账户处填写其他应收款，明细账户处填写焦大力，在金额栏填写2 000元。

该笔业务所填付款凭证和转账凭证见表6-33和表6-34。

表6-33　付款凭证

贷方账户：库存现金　　　　　　　　2015年10月18日　　　　　　　　　付字第 4 号

| 摘　要 | 借方账户 | | 金　额 | | | | | | | | | | 记账 |
| | 总账账户 | 明细账户 | 千 | 百 | 十 | 万 | 千 | 百 | 十 | 元 | 角 | 分 | |
| 补付焦大力报差旅费 | 管理费用 | 差旅费 | | | | | | 2 | 5 | 8 | 0 | 0 | |
| | | | | | | | | | | | | | |
| 合　计 | | | | | | | ¥ | 2 | 5 | 8 | 0 | 0 | |

会计主管：　　　　记账：　　　　复核：　　　　　出纳：　　　　　制单：沈阳

附单据 1 张

表6-34　记账凭证

2015年10月18日　　　　　　　　　转字第 1 号

| 摘　要 | 借　方 | | 贷　方 | | 金　额 | | | | | | | | | 记账 |
| | 总账账户 | 明细账户 | 总账账户 | 明细账户 | 百 | 十 | 万 | 千 | 百 | 十 | 元 | 角 | 分 | |
| 焦大力报差旅费 | 管理费用 | 差旅费 | 其他应收款 | 焦大力 | | | | 2 | 0 | 0 | 0 | 0 | 0 | |
| | | | | | | | | | | | | | | |
| 合　计 | | | | | | | | ¥ | 2 | 0 | 0 | 0 | 0 | 0 | |

会计主管：　　　　记账：　　　　复核：　　　　　制单：沈阳

附单据见付 4 张

业务6：2015年10月22日，从众生公司购买B材料50kg，单价40元，取得的增值税专用发票上面注明价款2 000元，增值税340元，签发一张金额为2 340元的转账支票支付价税款，材料已验收入库。

这项经济业务使企业库存材料增加2 000元，应交税金减少340元，银行存款减少2 340元，显然，这项经济业务与付款业务有关，所以，该项业务填制付款凭证。由于资产类账户借方登记增加额，贷方登记减少额，负债类账户借方登记减少额。因此，这项经济业务应在借方账户的总账账户处填写原材料，明细账户处填写B材料，在金额栏填写2 000元，在下一行借方账户栏的总账账户处填写应交税费，明细账户应交增值税，在金额栏填写340元，在贷方账户处填写银行存款，附单据3张。该笔业务所填写的记账凭证见表6-35。

表6-35　付款凭证

贷方账户：银行存款　　　　　　　　2015年10月22日　　　　　　　　　付字第 5 号

| 摘　要 | 借方账户 | | 金　额 | | | | | | | | | | 记账 |
| | 总账账户 | 明细账户 | 千 | 百 | 十 | 万 | 千 | 百 | 十 | 元 | 角 | 分 | |
| 购买B材料入库 | 原材料 | B材料 | | | | | 2 | 0 | 0 | 0 | 0 | 0 | |
| 购买B材料入库 | 应交税费 | 应交增值税 | | | | | | 3 | 4 | 0 | 0 | 0 | |
| 合　计 | | | | | | | ¥ | 2 | 3 | 4 | 0 | 0 | 0 | |

会计主管：　　　　记账：　　　　复核：　　　　　出纳：　　　　　制单：沈阳

附单据 3 张

业务7：2015年10月28日，开出面值351 000元的商业汇票，抵付欠长虹公司货款。

这项经济业务使企业的应付票据增加351 000元，应付账款减少351 000元。可见，该笔业务未涉及库存现金或银行存款的收付，所以，该业务填写转账凭证。由于此项业务涉及"应付票据"和"应付账款"两个负债类账户，又知道负债类账户贷方登记增加额，借方登记减少额，因此，应在借方账户的总账账户处填写应付账款，明细账户处填写长虹公司，在贷方账户的总账账户处填写应付票据，明细账户处填写长虹公司，在金额栏填写351 000元。该笔业务所填转账凭证见表6-36。

表6-36　转账凭证

2015 年 10 月 28 日　　　　　　　　　　　　　　　　　　转字第 2 号

| 摘　要 | 借　方 | | 贷　方 | | 金　额 | | | | | | | | | 记账 |
|---|---|---|---|---|---|---|---|---|---|---|---|---|---|---|
| | 总账账户 | 明细账户 | 总账账户 | 明细账户 | 百 | 十 | 万 | 千 | 百 | 十 | 元 | 角 | 分 | |
| 商业汇票抵欠货款 | 应付账款 | 长虹公司 | 应付票据 | 长虹公司 | | 3 | 5 | 1 | 0 | 0 | 0 | 0 | 0 | |
| | | | | | | | | | | | | | | |
| 合　计 | | | | | ￥ | 3 | 5 | 1 | 0 | 0 | 0 | 0 | 0 | |

附单据 1 张

会计主管：　　　　记账：　　　　复核：　　　　制单：沈阳

### （三）汇总记账凭证的填制

不同种类的汇总记账凭证，其填制思路有所不同。

#### 1. 汇总记账凭证的填制思路

汇总收款凭证是以库存现金和银行存款为借方账户，分别对一定时期内库存现金和银行存款对方账户的发生额进行汇总填制而成的会计凭证。汇总收款凭证可分为库存现金汇总收款凭证和银行存款汇总收款凭证两种。

库存现金汇总收款凭证是以库存现金为借方账户，对一定时期内库存现金对方账户的发生额进行汇总所填写的汇总收款凭证；银行存款汇总收款凭证是以银行存款为借方账户，对一定时期内银行存款对方账户的发生额进行汇总所填写的汇总收款凭证。

汇总付款凭证以库存现金和银行存款为贷方账户，分别对一定时期内库存现金和银行存款对方账户的发生额进行汇总填写而成的会计凭证。汇总付款凭证可分为库存现金汇总付款凭证和银行存款汇总付款凭证两种。

库存现金汇总付款凭证是以库存现金为贷方账户，对一定时期内库存现金对方账户的发生额进行汇总所填写的汇总付款凭证；银行存款汇总付款凭证是以银行存款为贷方账户，对一定时期内银行存款对方账户的发生额进行汇总所填写的汇总付款凭证。

汇总转账凭证是以转账凭证中每一账户的贷方（或借方）账户为依据，分别按相对应的借方（或贷方）账户汇总一定时期内的借贷方发生额填制而成的会计凭证。实务中，汇总转账凭证一般都以贷方为依据，对相应的借方账户进行汇总。

**典型任务实例6-4**

资料：典型任务实例6-3中业务1～业务7所填制的专用记账凭证。

要求：编制汇总收款凭证、汇总付款凭证和汇总转账凭证。

任务解析：业务1~业务7所填制的专用记账凭证，按照一个月汇总一次，采用专用记账凭证汇总，结果见表6-37~表6-41。

表6-37　汇总收款凭证

借方账户：银行存款　　　　　　　　　　　2015年10月　　　　　　　　　　　汇收字第1号

| 贷方账户 | 金　额 | | 记　账 | |
| --- | --- | --- | --- | --- |
| | 1~31日收款凭证（第1号） | 合　计 | 借　方 | 贷　方 |
| 长期借款 | 900 000 | 900 000 | 略 | 略 |
| 合　计 | 900 000 | 900 000 | | |

表6-38　汇总付款凭证

贷方账户：银行存款　　　　　　　　　　　2015年10月　　　　　　　　　　　汇付字第1号

| 贷方账户 | 金　额 | | 记　账 | |
| --- | --- | --- | --- | --- |
| | 1~31日付款凭证（第1~5号） | 合　计 | 借　方 | 贷　方 |
| 长期借款 | 6 000 | 6 000 | 略 | 略 |
| 原材料 | 2 000 | 2 000 | | |
| 应交税费 | 340 | 340 | | |
| 合　计 | 8 340 | 8 340 | | |

表6-39　汇总付款凭证

贷方账户：库存现金　　　　　　　　　　　2015年10月　　　　　　　　　　　汇付字第2号

| 贷方账户 | 金　额 | | 记　账 | |
| --- | --- | --- | --- | --- |
| | 1~31日付款凭证（第1~5号） | 合　计 | 借　方 | 贷　方 |
| 长期借款 | 4 000 | 4 000 | 略 | 略 |
| 其他应收款 | 2 000 | 2 000 | | |
| 管理费用 | 258 | 258 | | |
| 合　计 | 6 258 | 6 258 | | |

表6-40　汇总转账凭证

贷方账户：其他应收款　　　　　　　　　　2015年10月　　　　　　　　　　　汇转字第1号

| 贷方账户 | 金　额 | | 记　账 | |
| --- | --- | --- | --- | --- |
| | 1~31日收款凭证（第1~2号） | 合　计 | 借　方 | 贷　方 |
| 管理费用 | 2 000 | 2 000 | 略 | 略 |
| 合　计 | 2 000 | 2 000 | | |

表6-41 汇总转账凭证

贷方账户：应付票据               2015 年 10 月             汇转字第 2 号

| 借方账户 | 金 额 | | 记 账 | |
| --- | --- | --- | --- | --- |
| | 1~31日收款凭证（第1~2号） | 合 计 | 借 方 | 贷 方 |
| 应付账款 | 351 000 | 351 000 | 略 | 略 |
| 合 计 | 351 000 | 351 000 | | |

2．账户汇总表的编制思路

账户汇总表是将一定时期内的全部记账凭证按照相同账户归类，汇总计算出每一总账账户本期借方发生额和贷方发生额合计数的方法。表中各总账账户的借方发生额合计数与贷方发生额合计数应该相等，如果不相等，说明汇总有误。

由此可见，账户汇总表的作用与汇总记账凭证相似，但它们的结构不同，汇总记账凭证能够反映各账户之间的对应关系，而账户汇总表不能反映各账户之间的对应关系。

**典型任务实例6-5**

资料：典型任务实例6-2和典型任务实例6-3中业务1~业务7所填制的记账凭证。

要求：编制账户汇总表。

任务解析：业务1~业务7所填制的记账凭证，按照一个月汇总一次，采用账户汇总表形式汇总，结果见表6-42。

表6-42 账户汇总表

2015年10月1日至2015年10月31日            编号：账汇1号

| 账户名称 | 账目页数 | 本期发生额 | | 记账凭证起讫号数 |
| --- | --- | --- | --- | --- |
| | | 借 方 | 贷 方 | |
| 库存现金 | | 6 000 | 6 258 | 记第1~7号 |
| 银行存款 | | 904 000 | 8 340 | 或 |
| 其他应收款 | | 2 000 | 2 000 | 收字第1号 |
| 原材料 | | 2 000 | | 付字第1~5号 |
| 应付账款 | | 351 000 | | 转字第1~2号 |
| 应付票据 | | | 351 000 | |
| 长期借款 | | | 900 000 | |
| 应交税费 | | 340 | | |
| 管理费用 | | 2 258 | | |
| 合 计 | | 1 267 598 | 1 267 598 | |

**想一想**

怎样选择适合本单位的记账凭证类别？进行记账凭证汇总有什么作用？

目的：熟悉专用记账凭证和通用记账凭证的填制方法。

形式：个人完成任务。

用品用具：会计用笔（可学生自备）、空白专用记账凭证和通用记账凭证。

地点：教学场所。

时间：30分钟。

资料：清正公司2015年10月发生的部分经济业务如下。

（1）5日，从银行提取300 000元备发工资。

（2）7日，用现金300 000元发放本月工资。

（3）10日，收到前进公司归还的欠货款117 000元，存入银行。

（4）19日，开出面值500元转账支票为财务部购买办公用品，购入后直接投入使用。

（5）26日，原购买的4 000元甲材料到达入库。

（6）29日，开出面值3 510元转账支票，用以支付欠万达公司货款。

要求：分别采用专用记账凭证和通用记账凭证填制记账凭证。（假设取得的原始凭证都无问题，这里略。）

评价：从快速、正确、完整、规范四方面进行评价。

说明：根据各学校的资源情况和教学方法，可利用财务软件，直接在计算机上填制，也可手工书写。

# 六、会计分录

## （一）会计分录的定义

从前面的学习可知，记账凭证所反映的实质内容就是每项经济业务应记入账户的名称、方向（借或贷）和金额，在学习会计课程时，如果涉及的每项经济业务事项都填制记账凭证要消耗大量时间，因此，人们用更简化的形式表现与记账凭证相同的内容，这就是通常所说的会计分录。所谓会计分录，是指运用复式记账原理，确定每项经济业务应记账户的名称、方向（借或贷）和金额的记录。其基本格式为

借：账户名称       金额

    贷：账户名称       金额

### 请注意

会计分录必须具备三大要素：账户名称、记账方向、记账金额。

## （二）会计分录的分类

按照反映经济业务的繁简程度，会计分录分为简单分录和复合分录两种。简单分录是只涉及两个账户的会计分录，即"一借一贷"的会计分录。复合分录是指涉及三个或三个以上账户的会计分录。这种分录在一个账户中记借方，在另外几个账户中记贷方；或者在一个账户中记贷方，在另外几个账户中记借方，即"一借多贷"或"一贷多借"的会计分

录。在特殊情况下，也可以使用"多借多贷"会计分录。

## 典型任务实例6-6

资料：典型任务实例6-2中业务1～业务7的资料。

要求：编制业务1～业务7的会计分录。

任务解析：7笔经济业务的会计分录如下。

业务1的会计分录。

借：库存现金      6 000

  贷：银行存款      6 000

业务2的会计分录。

借：银行存款      900 000

  贷：长期借款     900 000

业务3的会计分录。

借：银行存款      4 000

  贷：库存现金      4 000

业务4的会计分录。

借：其他应收款——焦大力  2 000

  贷：库存现金      2 000

业务5的会计分录。

借：管理费用      2 258

  贷：其他应收款——焦大力  2 000

    库存现金      258

业务6的会计分录。

借：原材料——B材料    2 000

  应交税费——应交增值税  340

  贷：银行存款      2 340

业务7的会计分录。

借：应付账款      351 000

  贷：应付票据     351 000

## 温馨提示

借贷记账法下的会计分录要先写借方，后写贷方；借在上方，贷在下方；并且，借和贷应前后错一空格。从记账凭证填制结果可总结出借贷记账法的记账规律：借贷同存在，借贷总相等。

## 想一想

会计分录与记账凭证有什么关联？

## 课堂活动

目的：熟练编制会计分录。

形式：个人完成任务。

用品用具：会计用笔、空白纸张或学生自己准备的作业本、练习本。

地点：教学场所。

时间：20分钟。

资料：都宏公司2015年10月发生的部分经济业务如下。

（1）6日，公司通过代发银行发放本月工资1 000 000元。

（2）7日，用现金支付总部业务招待费200元。

（3）11日，向银行借入流动资金借款800 000元，存入银行。

（4）18日，收到职工交来的违章罚款300元。

（5）25日，开出面值500 000元转账支票，预支工程款。

（6）30日，经三方协商达成一致，公司将欠大华公司的58 500元货款转到新鑫公司名下。

（7）31日，计算出本月应承担的短期借款利息780元。

要求：根据所给经济业务资料编制会计分录（凡给出明细资料的要写清明细项目）。

评价：从操作速度、准确性、全面性、规范化四方面进行评价。


# 七、记账凭证的审核与问题处理

## （一）记账凭证的审核

审核记账凭证是否存在问题，主要从以下三个方面入手。

（1）凭证内容。检查账户名称和金额是否准确，项目是否齐全，附件张数是否准确，摘要是否恰当，摘要应能反映所填账户及方向。

（2）填制时间。检查填制日期是否填写清楚，是否符合逻辑关系和会计要求。

（3）技术方面。检查书写是否规范，编号是否科学。

## （二）记账凭证的问题处理

对审核时发现记账凭证存在的问题，要视问题的原因分析处理。

（1）登记入账前发现的错误，应当重新填制。

（2）入账后发现的记账凭证填制错误，应当区别情况进行处理。

① 在当年内发现的非金额错误，可以用红字填制一张与原内容相同的记账凭证，在摘要栏注明"注销某月某日某号凭证"字样，同时，用蓝字重新填制一张正确的记账凭证，注明"更正某月某日某册某号凭证"字样；如果发现金额错误，可以将正确数字与错误数字之间的差额，另填一张记账凭证，调增金额的用蓝字，调减金额的用红字。

② 发现以前年度记账凭证有错误时，如果是金额少记的，应当用蓝字填制一张更正的记账凭证。记账凭证的内容、账户名称都与错误记账凭证相同，金额为少记的数额，摘要栏写明"更正某月某日某册某号凭证"字样；如果是多记或者记错账户的，用红字冲销，再填写正确的记账凭证。如果牵涉费用或成本的，应当用蓝字填制一张更正的记账凭证，调整以前年度损益。

（3）出现重号或漏编号的处理。重号的，应在重号的两张记账凭证的右上角，注明"重号"字样，并在注明的"重号"字样上加盖会计机构负责人（会计主管人员）的名章；漏号的，应在漏号的相邻两张记账凭证的右上角，注明"漏号"字样，并在注明的

"漏号"字样上加盖会计机构负责人（会计主管人员）的名章。

（4）账户汇总表编制错误的更正方法。

① 当月发现账户汇总表编制错误，将错误文字或者数字划单红线注销，然后在划线上方填写正确的文字或者数字，并由责任人员和会计机构负责人（会计主管人员）在划线处加盖名章。

🔔 **温馨提示**

划线注销的文字或者数字一定要清晰可辨，文字错误，可只划去错误的部分，数字错误应整个数字全部划单红线更正，不得只更正其中的错误数字。

② 本月发现以前月份账户汇总表编制错误，应根据错误内容填制一张与错误账户相同的金额为红字的记账凭证，在摘要栏注明"注销某年某月某日某册某号账户汇总表"，同时填制一张正确的记账凭证，在摘要栏注明"更正某年某月某日某册某号账户汇总表"，还应在被更正的账户汇总表上注明"已在某年某月某日某册某号凭证更正"，更正凭证只登记总账，不登记明细账。

**典型任务实例6-7**

资料：永恒发展有限责任公司2015年3月的部分经济业务的凭证处理结果见表6-43～表6-47。（特别说明：本内容以业务描述代替原始凭证。）

要求：审核凭证，指出存在的问题。

业务1：2015年3月4日，企业从开户银行提取现金40 000元。该笔业务所填写的记账凭证见表6-43。

业务2：2015年3月7日，企业以银行存款归还短期借款200 000元。该笔业务所填写的记账凭证见表6-44。

业务3：2015年3月8日，总经理刘铭报销差旅费1 000元，出差前已预借差旅费1 000元。该笔业务所填写的记账凭证见表6-45。

业务4：2015年3月19日，用现金50元购买办公用品，直接投入使用。该笔业务所填写的记账凭证见表6-46。

业务5：2015年3月29日，从华都公司购买B材料100kg，单价30元，取得的增值税专用发票上面注明价款3 000元，增值税510元，签发一张金额为3 510元的转账支票支付价税款，材料已验收入库。该笔业务所填写的记账凭证见表6-47。

任务解析：审核以上凭证，发现凭证中存在以下问题。

业务1：凭证中的金额记成了4 000元，少记了36 000元。

业务2：凭证中的借、贷方账户名称写得不对，应该借方是短期借款，贷方是银行存款。

业务3：凭证中贷方的总账账户栏应该是其他应收款，而不是库存现金，因为刘铭出差前预借了差旅费。

业务4：用现金50元购买办公用品，但凭证中金额写成了500元，多记了450元。

业务5：主要有两方面问题，一是材料已经入库，应记入原材料账户，而不应该记入材料采购账户；二是附单据数应该是转账支票、材料入库单和发票3张，而不是2张。

表6-43 　记账凭证

2015 年 3 月 4 日　　　　　　　　　　　　第 2 号

| 摘　要 | 借　方 | | 贷　方 | | 金　额 | | | | | | | | | 记账 |
| | 总账账户 | 明细账户 | 总账账户 | 明细账户 | 百 | 十 | 万 | 千 | 百 | 十 | 元 | 角 | 分 | |
| 从银行提取现金 | 库存现金 | | 银行存款 | | | | | 4 | 0 | 0 | 0 | 0 | 0 | |
| | | | | | | | | | | | | | | |
| 合　　计 | | | | | | ￥ | 4 | 0 | 0 | 0 | 0 | 0 | | |

会计主管：　　　　记账：　　　　复核：　　　　出纳：　　　　制单：赵莉

附单据 1 张

表6-44 　记账凭证

2015 年 3 月 7 日　　　　　　　　　　　　第 8 号

| 摘　要 | 借　方 | | 贷　方 | | 金　额 | | | | | | | | | 记账 |
| | 总账账户 | 明细账户 | 总账账户 | 明细账户 | 百 | 十 | 万 | 千 | 百 | 十 | 元 | 角 | 分 | |
| 归还短期借款 | 银行存款 | | 短期借款 | | | | 2 | 0 | 0 | 0 | 0 | 0 | 0 | |
| | | | | | | | | | | | | | | |
| 合　　计 | | | | | | ￥ | 2 | 0 | 0 | 0 | 0 | 0 | 0 | |

会计主管：　　　　记账：　　　　复核：　　　　出纳：　　　　制单：赵莉

附单据 1 张

表6-45 　记账凭证

2015 年 3 月 8 日　　　　　　　　　　　　第 10 号

| 摘　要 | 借　方 | | 贷　方 | | 金　额 | | | | | | | | | 记账 |
| | 总账账户 | 明细账户 | 总账账户 | 明细账户 | 百 | 十 | 万 | 千 | 百 | 十 | 元 | 角 | 分 | |
| 刘铭报销差旅费 | 管理费用 | 差旅费 | 库存现金 | | | | | 1 | 0 | 0 | 0 | 0 | 0 | |
| | | | | | | | | | | | | | | |
| 合　　计 | | | | | | | ￥ | 1 | 0 | 0 | 0 | 0 | 0 | |

会计主管：　　　　记账：　　　　复核：　　　　出纳：　　　　制单：赵莉

附单据 1 张

表6-46 　记账凭证

2015 年 3 月 19 日　　　　　　　　　　　　第 15 号

| 摘　要 | 借　方 | | 贷　方 | | 金　额 | | | | | | | | | 记账 |
| | 总账账户 | 明细账户 | 总账账户 | 明细账户 | 百 | 十 | 万 | 千 | 百 | 十 | 元 | 角 | 分 | |
| 以现金购办公用品 | 管理费用 | 办公费 | 库存现金 | | | | | | 5 | 0 | 0 | 0 | 0 | |
| | | | | | | | | | | | | | | |
| 合　　计 | | | | | | | | ￥ | 5 | 0 | 0 | 0 | 0 | |

会计主管：　　　　记账：　　　　复核：　　　　出纳：　　　　制单：赵莉

附单据 1 张

表6-47　　记账凭证

| 摘　要 | 借　方 | | 贷　方 | | 金　额 | | | | | | | | | 记账 |
| --- | --- | --- | --- | --- | --- | --- | --- | --- | --- | --- | --- | --- | --- | --- |
| | 总账账户 | 明细账户 | 总账账户 | 明细账户 | 百 | 十 | 万 | 千 | 百 | 十 | 元 | 角 | 分 | |
| 购买B材料 | 材料采购 | B材料 | 银行存款 | | | | | 3 | 0 | 0 | 0 | 0 | 0 | |
| 购买B材料 | 应交税费 | 应交增值税 | 银行存款 | | | | | | 5 | 1 | 0 | 0 | 0 | |
| | | | | | | | | | | | | | | |
| 合　计 | | | | | | | ￥ | 3 | 5 | 1 | 0 | 0 | 0 | |

附单据 2 张

会计主管：　　　记账：　　　复核：　　　出纳：　　　制单：赵莉

**想一想**

审核记账凭证应该从哪些方面入手？

**课堂活动**

目的：能够发现记账凭证中存在的问题。

形式：个人完成任务。

用品用具：已经填制好的记账凭证。

地点：教学场所。

时间：20分钟。

资料：松峰公司经济业务的凭证处理结果见表6-48～表6-53。

业务1：2015年10月6日，企业库存现金7 000元送存银行。该笔业务所填写的记账凭证见表6-48和表6-49。

业务2：2015年10月12日，企业收回枫叶公司所欠货款46 800元，存入银行。该笔业务所填写的记账凭证见表6-50。

业务3：2015年10月14日，厂部保安孙科预借差旅费1 000元，企业以现金支付。该笔业务所填写的记账凭证见表6-51。

表6-48　　付款凭证

贷方账户：库存现金　　　　　　　2015 年 10 月 6 日　　　　　　　付字第 1 号

| 摘　要 | 借　方　账　户 | | 金　额 | | | | | | | | | | 记账 |
| --- | --- | --- | --- | --- | --- | --- | --- | --- | --- | --- | --- | --- | --- |
| | 总账账户 | 明细账户 | 千 | 百 | 十 | 万 | 千 | 百 | 十 | 元 | 角 | 分 | |
| 将现金存入银行 | 银行存款 | | | | | | 7 | 0 | 0 | 0 | 0 | 0 | |
| | | | | | | | | | | | | | |
| 合　计 | | | | | | | ￥ | 7 | 0 | 0 | 0 | 0 | 0 | |

附单据 1 张

会计主管：　　　记账：　　　复核：　　　出纳：　　　制单：张丹

表6-49　　收款凭证

借方账户：__银行存款__　　　　　　　　2015 年 10 月 6 日　　　　　　　　收字第 1 号

| 摘　　要 | 贷　方　账　户 | | 金　　额 | | | | | | | | | | 记账 |
| --- | --- | --- | --- | --- | --- | --- | --- | --- | --- | --- | --- | --- | --- |
| | 总账账户 | 明细账户 | 千 | 百 | 十 | 万 | 千 | 百 | 十 | 元 | 角 | 分 | |
| 将现金存入银行 | | 库存现金 | | | | 7 | 0 | 0 | 0 | 0 | 0 | 0 | |
| | | | | | | | | | | | | | |
| 合　　计 | | | | | ￥ | 7 | 0 | 0 | 0 | 0 | 0 | 0 | |

会计主管：　　　　记账：　　　　复核：　　　　出纳：　　　　制单：张丹

附单据 1 张

表6-50　　收款凭证

借方账户：__银行存款__　　　　　　　　2015 年 10 月 12 日　　　　　　　　收字第 2 号

| 摘　　要 | 贷　方　账　户 | | 金　　额 | | | | | | | | | | 记账 |
| --- | --- | --- | --- | --- | --- | --- | --- | --- | --- | --- | --- | --- | --- |
| | 总账账户 | 明细账户 | 千 | 百 | 十 | 万 | 千 | 百 | 十 | 元 | 角 | 分 | |
| 收回枫叶公司所欠货款 | 应收账款 | 枫叶公司 | | | 4 | 6 | 8 | 0 | 0 | 0 | 0 | 0 | |
| | | | | | | | | | | | | | |
| 合　　计 | | | | ￥ | 4 | 6 | 8 | 0 | 0 | 0 | 0 | 0 | |

会计主管：　　　　记账：　　　　复核：　　　　出纳：　　　　制单：张丹

附单据 1 张

表6-51　　付款凭证

贷方账户：__库存现金__　　　　　　　　2015 年 10 月 14 日　　　　　　　　付字第 2 号

| 摘　　要 | 借　方　账　户 | | 金　　额 | | | | | | | | | | 记账 |
| --- | --- | --- | --- | --- | --- | --- | --- | --- | --- | --- | --- | --- | --- |
| | 总账账户 | 明细账户 | 千 | 百 | 十 | 万 | 千 | 百 | 十 | 元 | 角 | 分 | |
| 以现金付差旅费 | 管理费用 | 孙科 | | | | | 1 | 0 | 0 | 0 | 0 | 0 | |
| | | | | | | | | | | | | | |
| 合　　计 | | | | | | ￥ | 1 | 0 | 0 | 0 | 0 | 0 | |

会计主管：　　　　记账：　　　　复核：　　　　出纳：　　　　制单：张丹

附单据 1 张

业务4：2015年10月22日，收到传承公司投入的厂房一幢，价值2 000 000元。该笔业务所填写的记账凭证见表6-52。

表6-52　　记账凭证

2015 年 10 月 22 日　　　　　　　　转字第 1 号

| 摘　　要 | 借　方 | | 贷　方 | | 金　　额 | | | | | | | | | 记账 |
| --- | --- | --- | --- | --- | --- | --- | --- | --- | --- | --- | --- | --- | --- | --- |
| | 总账账户 | 明细账户 | 总账账户 | 明细账户 | 百 | 十 | 万 | 千 | 百 | 十 | 元 | 角 | 分 | |
| 接受厂房投资 | 固定资产 | 厂房 | 实收资本 | 传承公司 | 2 | 0 | 0 | 0 | 0 | 0 | 0 | 0 | 0 | |
| | | | | | | | | | | | | | | |
| 合　　计 | | | | | ￥ | 2 | 0 | 0 | 0 | 0 | 0 | 0 | 0 | |

会计主管：　　　　记账：　　　　复核：　　　　制单：张丹

附单据 1 张

业务5：2015年10月26日，从金地公司购买A材料100kg，单价10元，取得的增值税专用发票上面注明价款1 000元，增值税170元，签发一张金额为1 170元的支票支付价税款，材料尚未入库。该笔业务所填写的记账凭证见表6-53。

表6-53 付款凭证

贷方账户：<u>银行存款</u>　　　　　2015 年 10 月 26 日　　　　　付字第<u>3</u>号

| 摘　要 | 借　方　账　户 | | 金　额 | | | | | | | | | | 记账 |
| --- | --- | --- | --- | --- | --- | --- | --- | --- | --- | --- | --- | --- | --- |
| | 总账账户 | 明细账户 | 千 | 百 | 十 | 万 | 千 | 百 | 十 | 元 | 角 | 分 | |
| 购买A材料 | 原材料 | A材料 | | | | | 1 | 0 | 0 | 0 | 0 | 0 | |
| 购买A材料 | 应交税费 | 应交增值税 | | | | | | 1 | 7 | 0 | 0 | 0 | |
| | | | | | | | | | | | | | |
| 合　计 | | | | | | | ¥ | 1 | 1 | 7 | 0 | 0 | 0 |

附单据 1 张

会计主管：　　记账：　　复核：　　　　出纳：　　　制单：张丹

要求：审核所给经济业务的记账凭证，找出问题凭证，并指出问题所在。

评价：以操作速度、准确性为标准进行评价。

# 任务6.3　传递与保管会计凭证

[任务描述]

了解会计凭证传递与保管的意义，明确会计凭证传递的原则和路线，学会按法规要求保管会计凭证。

## 一、会计凭证传递

会计凭证传递是指从会计凭证的取得或填制到会计凭证归档保管，在单位内部有关部门和人员之间的传送过程。

会计凭证传递的总体要求是能满足内部控制的要求，最大限度地保证工作质量，节约传递时间，减少传递工作量。合理有效的会计凭证传递程序和及时传递是保证会计核算工作正常、高效的前提。

由于单位性质不同，规模不一、内部机构有别、会计机构人员及分工不一样，会计凭证传递的过程和时间不尽相同。但为了加强内部管理，落实岗位责任制，提高工作效率，各单位在会计凭证传递方面应该开展以下几方面工作。

1. 制定各种会计凭证的传递程序

各单位应根据各项经济业务的特点，结合单位的部门设置、人员配备及分工情况和管理要求，在遵循内部牵制原则的基础上，制定出各种会计凭证的传递程序，以避免会计凭证传递到不必要的环节，减缓凭证传递，影响整体工作。

2. 规定各种会计凭证的传递时间

及时性是会计信息重要的质量要求，为了能够保证会计核算的及时性，各单位应规定会计凭证在相关部门和经办人员处停留的时间限度。在确定时间限度时，要以能够完成凭证处理工作为前提，避免时间过少，无法完成，也应防止时间过多，使传递时间形同虚设。

3. 及时沟通，团结协作

由于原始凭证涉及的机构或部门较多，在确定传递程序和时间时，不可单枪匹马，独自一个部门完成，要在调查研究的基础上，结合各机构或部门提出的合理建议进行制定。记账凭证不涉及其他部门，但也应由会计主管人员与制单、复核、出纳、记账等相关人员协商确定，以保证传递程序和时间更加科学合理。

🔔 **温馨提示**

会计凭证传递过程可制作成流程图悬挂在相应的位置，以方便相关人员遵照执行。

ⓘ **请注意**

会计凭证的传递过程和时间不是一成不变的，可根据实际情况适时调整修订，这样才能保证会计凭证的传递过程和时间发挥应有的作用。

## 二、会计凭证保管

会计凭证保管是会计档案管理的项目之一，也是重要的会计资料，各单位必须妥善保管，不得丢失或随意销毁。会计凭证保管包括会计凭证保存在传递环节的保存、整理、装订、归档、查阅和销毁等工作。会计凭证保管应做好以下工作。

（1）会计凭证应当及时传递，以免弄脏、弄坏或丢失。

（2）原始凭证应附在记账凭证的后面，原始凭证数量过多时，可以单独装订保管，在封面上注明记账凭证的种类、填制日期、编号等信息。

🔔 **温馨提示**

原始凭证粘贴以平整、美观、方便查阅为原则，封面应采用结实、耐磨、韧性好的纸张，防止破损。

（3）对原始凭证已单独装订保管的记账凭证，应注明"附件另订"，并写明原始凭证名称及编号。

（4）装订成册的会计凭证，在年度终了时可暂由会计机构保管1年，之后应送本单位档案机构统一保管。未设立档案机构的，应当在会计机构内部指定专人保管。

（5）对于会计电算化核算的材料，一是归档的会计核算数据应按电子文件归档的要求将会计核算数据存储到耐久性载体上，一式三套，并注意防盗、防磁。二是要对会计电算化核算材料的形成、收集、积累、鉴定、归档及电子档案的保管、利用实行全过程管理与监控，确保其不失真、不损毁、不丢失。三是打印输出的纸质会计核算材料必须有经办人和会计主管的签字或盖章，以保障其真实、准确。

（6）原始凭证不得外借，外单位因特殊原因需要使用原始凭证时，须经本单位会计机构负责人、会计主管人员批准，方可复制。向外单位提供的原始凭证复制件，应当在专设的登记簿上登记，并由提供人和收取人共同签名或盖章。本单位人员借阅会计凭证时，应经会计主管人员或单位领导人批准后，办理借阅手续，借阅人应认真填写档案借阅登记簿，将借阅人姓名、单位、日期、数量、内容、归期等情况登记清楚。

（7）保管期限未满，任何人不得随意销毁会计凭证。对保管期满需要销毁的会计凭证，必须经本单位档案部门提出意见，会同财会部门共同鉴定并开列清单，经本单位领导审核，报经上级主管部门批准后才能销毁。

（8）会计凭证均应保存15年。

**ℹ️ 请注意**

会计凭证的保管期限从会计年度终了后的第一天算起。 如2015年度终了日为12月31日，保管期限自2016年1月1日开始计算。

**典型任务实例6-8**

前提：原始凭证已粘贴在记账凭证后面。

要求：用左侧装订法进行记账凭证装订。

任务解析：用左侧装订法装订记账凭证的基本步骤如下。

（1）把账户汇总表放在每册记账凭证的首页，记账凭证按照顺序放置后，以底边和左侧为准墩齐。

（2）把会计凭证封面折叠好，其方法是将凭证封皮面朝里向外折叠，折叠时要封面在下，封底在上，折线要以装订后可露出封面全部文字为限（见图6-2）。

（3）将墩齐后欲装订的记账凭证正面朝上放在折叠好的凭证封皮下方（见图6-3）。

（4）在记账凭证左侧打3个孔，线绳对折后将其两头从中孔向上引出，对折处留扣，再把线绳从两端孔穿入，在后面穿入中间留扣中拉紧系好，并剪掉多余的线绳（见图6-4）。

（5）将凭证封皮的底面翻转向后折到凭证的底部，用胶水将封底左侧粘好，剪掉或折回超出凭证的封皮部分（见图6-5）。

（6）填写封面和封脊的相应内容，如年、月、日和册数编号等。

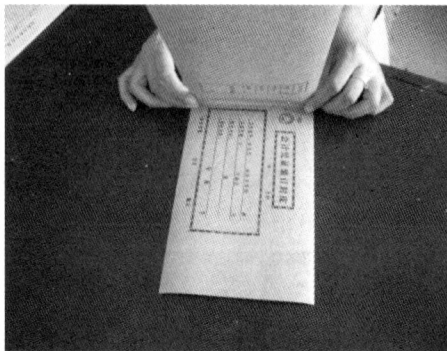

图6-2　折叠凭证封皮

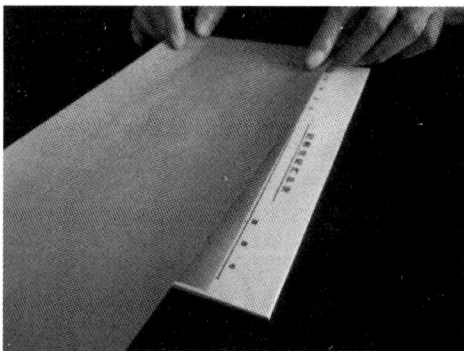

图6-3　放置凭证封皮

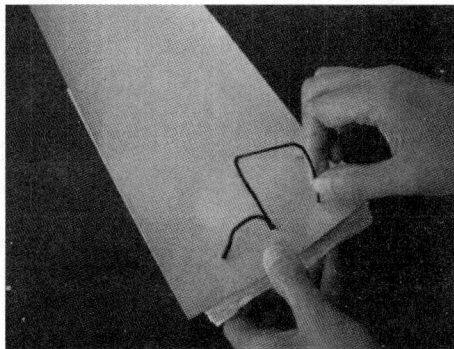

图6-4　凭证打孔穿绳

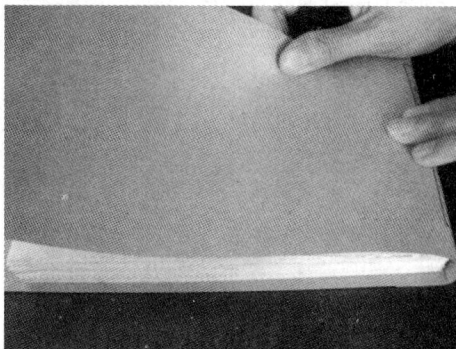

图6-5　翻转凭证封皮

## 温馨提示

凭证装订的厚度要以2～2.5cm为宜，不可过厚，也不要太薄，以美观、方便为原则。

## 想一想

进行会计凭证装订有什么作用？怎样才能使原始凭证粘贴得漂亮、美观？

## 课堂活动

目的：熟悉凭证装订。

形式：个人完成任务。

用品用具：凭证封皮、卷带、胶水、锥子、剪刀。

地点：教学场所。

时间：40分钟。

材料：已填好的记账凭证和相应的原始凭证。

要求：装订凭证。

## 课堂活动

目的：熟悉凭证保管的有关规定。

形式：分组完成任务，使用角色扮演法。

地点：教学场所。

时间：20分钟。

资料：某日检察院来人说工作需要，要复制某年某月的某类原始凭证，找到了会计档案管理人员。

角色分工：角色1——检察院工作人员1；角色2——检察院工作人员2；角色3——会计档案管理人员；角色4——本单位会计机构负责人；角色5——会计主管人员。

要求：完成复制原始凭证的过程演示。

# 处理会计账簿

## 知 识 概 览

| | | |
|---|---|---|
| 登记会计账簿 | 账簿登记规则 | 1. 全面、准确、恰当、及时、工整<br>2. 登记完毕要标明页数，或作标记，并签名或者盖章<br>3. 文字和数字上面要留有适当空间<br>4. 用笔符合要求，按规定使用红色墨水<br>5. 按页次顺序连续登记，不得跳行、隔页<br>6. 结出余额的账户，应写明余额方向；无余额的账户，在方向栏写"平"字，在余额栏写"0"<br>7. 应采用正确的方法进行错账更正<br>8. 账页不够用时，应办理转页手续<br>9. 不得自造简化字，不得使用同音异义字；对于没有角、分的整数，应在角、分栏写"0"，不得省略或用"-"代替 |
| | 账簿的登记方法 | 1. 库存现金日记账由出纳员按顺序逐日逐笔进行登记，且每日结出余额，月终要计算现金收、付和结余合计数<br>2. 数量金额式明细账的数量、单价和金额要符合相应的关系<br>3. 借方多栏式明细账，账页没有贷方栏，有贷方发生额时，应用红字在借方登记；贷方多栏式明细账，账页没有借方栏，有借方发生额时，应用红字在贷方登记<br>4. 总账可定期汇总登记，且符合与其所属明细账的钩稽关系<br>5. 主账簿中未能登记或记载不全的内容可设备查账登记 |
| 对账 | 对账的概念 | 对账就是按照一定的程序和方法对账、证所记录的内容进行核对，对资产进行查验 |
| | 对账的内容 | 主要是账证核对、账账核对和账实核对三方面内容<br>总账与总账核对可通过平衡试算的方法进行，平衡试算有发生额平衡试算法和余额平衡试算法 |
| 更正错账 | 错账更正的要求 | 不可用刮擦、挖补、涂抹或用化学药水更改数字 |
| | 错账更正方法 | 主要有划线更正法、红字更正法和补充登记法三种 |
| 结账 | 结账的工作内容 | 一是结清各种损益类账户，并据以计算确定本期利润；二是结出资产、负债和所有者权益账户本期发生额和余额 |
| | 结账的工作程序 | 先检查账簿记录，再进行结账 |
| | 结账的方法 | 1. 债权、债务、财产物资明细账不需要按月结计本期发生额<br>2. 收入、费用等明细账都要结出本月发生额和余额 |

| 更换与保管会计账簿 | 会计账簿的更换 | 总账、日记账和多数明细账应每年更换一次，但变动较小、更换工作量较大的明细账和备查账可不必每年更换 |
|---|---|---|
| | 会计账簿的保管 | 在保管、查阅、借出、复制、销毁等方面均须按照《会计档案管理办法》规定进行，保管期未满，不得销毁 |

# 任务7.1　登记会计账簿

### 任务描述

明确账簿登记规则，掌握总账、明细账、库存现金日记账和银行存款日记账的登记方法。

## 一、账簿登记规则

账簿信息是编制会计报表、进行会计分析与检查的重要依据。为了确保账簿资料真实可靠，要求登记账簿遵守以下规则。

（1）应将会计凭证的日期、种类和编号、业务内容摘要和金额逐项记入账内，且要数字准确、摘要恰当、登记及时、字迹工整。

（2）每一账户内容登记完毕，记账人员应在记账凭证上签名或者盖章，并在记账凭证上注明所记账簿的页数，或作"√"标记，标明已经记账。

（3）账簿中记录的文字和数字上面要留有适当空间，一般应占格距的二分之一，便于对错账进行更正。

### 温馨提示

数字书写要按上右下左有一定的倾斜度，一般以45°～60°为宜。

（4）记账应使用蓝、黑墨水书写，不能使用圆珠笔(银行的复写账簿除外)或铅笔书写，以防涂改。

（5）可用红色墨水记账的几种情况。

① 冲销错误记录。

② 在不设借栏或贷栏的多栏式账页中，登记减少数。

③ 三栏式账户中未印明余额方向的，在余额栏内登记负数余额。

④ 根据国家统一会计制度的规定可以用红字登记的其他会计记录。

（6）各种会计账簿应按页次顺序连续登记，不得跳行、隔页。如果发生跳行、隔页，应将空行、空页处用红色墨水对角线划线注销，或注明"此行空白""此页空白"字样，并由记账人员签名盖章。订本式账簿，不得任意撕毁账页，活页式账簿不得任意抽换账页。

（7）需要结出余额的账户，结出余额后，应在"借或贷"栏内写明"借"或"贷"字样。没有余额的账户，应在"借或贷"栏内写"平"字，并在余额栏内用"0"表示。

🔔 **温馨提示**

库存现金日记账和银行存款日记账每天必须结出余额。

（8）账簿记录发生错误时，不得涂改、挖补、刮擦或用药水消除字迹，不得重新抄写，应采用正确的方法进行更正。

（9）在登记账簿时，不得自造简化字，不得使用同音异义字；对于没有角、分的整数，应在角、分栏写"0"，不得省略或用"-"代替。

（10）账页不够用时，应办理转页手续。其方法是：结出本页合计数及余额，写在本页最后一行和下页第一行有关栏内，并在摘要栏内注明"过次页"和"承前页"字样；也可以将本页合计数及金额只写在下页第一行有关栏内，并在摘要栏内注明"承前页"字样。

对需要结计本月发生额的账户，结计"过次页"的本页合计数应该是自本月初起至本页末止的发生额合计数；对需要结计本年累计发生额的账户，结计"过次页"的本页合计数应该是自年初起至本页末止的累计数；对既不需要结计本月发生额也不需要结计本年累计发生额的账户，可以只将每页末的余额结转次页。

（11）实行会计电算化的单位，总账和明细账应当定期打印。

🔔 **温馨提示**

打印输出的账簿，必须连续编号，且装订成册。发生收、付款业务时，在输入收款凭证和付款凭证的当天必须打印输出库存现金日记账和银行存款日记账，并与库存现金核对。

**想一想**

对会计人员来说，正确规范书写会计数字是职业的要求，为什么还要以法规的形式进行约束呢？不按法规要求书写会计数字会产生什么样的后果？

## 二、账簿的登记方法

### （一）日记账的登记方法

#### 1. 库存现金日记账的登记方法

库存现金日记账是由出纳人员根据现金收款凭证、现金付款凭证和银行存款付款凭证，按经济业务发生的先后顺序逐日逐笔进行登记的账簿。其登记方法如下。

（1）日期栏。日期栏按所依据记账凭证的日期填写，应与现金实际收付日期一致。

（2）凭证号栏。凭证栏中按所依据记账凭证的种类和编号填写，如写成"现金收(付)款凭证×号""银行存款收(付)款凭证×号"，一般简写为"现收(付)×号"或"银收

（付）×号"。如果单位使用的是通用记账凭证，则只需填写凭证号。此栏的作用在于方便以后查账和核对。

（3）摘要栏。摘要是对登记入账经济业务内容的简要说明，一般与记账凭证的摘要相同，但可适当调整。

（4）对应账户栏。此栏填写的是对方账户的名称，如果库存现金增加，那么对方账户名称就是指贷方账户名称；如果库存现金减少，那么对方账户名称就是指借方账户名称。

（5）借（收）、贷（付）栏。此栏填写的是现金实际收或付的金额。

（6）余额栏。每日终了，要分别计算现金收入和付出的合计数，结出余额，并填在余额栏内。

🔔 **温馨提示**

每日结出余额，以便出纳员与库存现金核对，如果账款不符能及时查找原因。月终，要计算现金收、付和结余合计数。

（7）核对号栏。此栏就是作对账标记，填写已对账的符号，如符号"√"。

📖 **开阔视野**

什么是日清月结制度？日清月结制度就是出纳员办理现金出纳业务，必须做到按日清理，按月结账。按日清理是指出纳员应对当日的经济业务进行清理，全部登记日记账，结出库存现金账面余额，并与库存现金实地盘点数核对相符。

2. 银行存款日记账的登记方法

银行存款日记账是由出纳人员根据银行存款收款凭证、银行存款付款凭证和现金付款凭证，按经济业务发生时间的先后顺序逐日逐笔进行登记的账簿。其登记方法与库存现金日记账类似，不再赘述。

**典型任务实例7-1**

资料：钟瑞公司至2015年9月末现金累计收入18 000元，累计支出17 500元，结余1 000元。10月份发生如下经济业务：5日，签发现金支票一张，从银行提取现金500元备用；5日，以现金支付财务部门购办公用品费200元；10日，职工张佳莉预借差旅费800元，以现金支付；26日，收到职工交来的罚款200元。

会计凭证略。

要求：根据上述资料所涉及的业务事项登记库存现金日记账。

任务解析：上述资料所涉及的业务事项登记现金日记账的情况见表7-1。

👨 **想一想**

按照法规要求，登记账簿应遵循哪些原则？

表7-1　　库存现金日记账

| 2015年 月 | 日 | 凭证 种类 | 编号 | 摘要 | 对应账户 | 借方 | √ | 贷方 | √ | 余额 |
|---|---|---|---|---|---|---|---|---|---|---|
| 9 | 30 | | | 期初余额 | | 1 8 0 0 0 0 | | 1 7 0 0 0 0 | | 1 0 0 0 0 0 |
| 10 | 5 | 银付 | 1 | 提现 | 银行存款 | 5 0 0 0 0 | | | | |
| 10 | 5 | 现付 | 1 | 购办公用品 | 管理费用 | | | 2 0 0 0 0 | | 1 3 0 0 0 0 |
| 10 | 10 | 现付 | 2 | 预付差旅费 | 其他应收款 | | | 8 0 0 0 0 | | 5 0 0 0 0 |
| 10 | 26 | 现收 | 1 | 收到职工罚款 | 营业外收入 | 2 0 0 0 0 | | | | 7 0 0 0 0 |
| | | | | | | | | | | |
| | | | | | | | | | | |
| | | | | | | | | | | |

**课堂活动**

目的：熟练掌握现金日记账登记。

形式：个人完成任务。

用品用具：三栏式账页。

场所：教学场所。

时间：20分钟。

资料：大发公司2015年10月末库存现金日记账余额为7 825元。该公司11月上旬发生的现金业务凭证（公司采用通用记账凭证）见表7-2～表7-5。

业务1：3日，从银行提取现金2 000元备用。

表7-2　　记账凭证

2015 年 10 月 3 日　　　　　　　　　　　　第 1 号

| 摘要 | 借方 总账账户 | 明细账户 | 贷方 总账账户 | 明细账户 | 金额 百十万千百十元角分 | 记账 |
|---|---|---|---|---|---|---|
| 提现 | 库存现金 | | 银行存款 | | 2 0 0 0 0 0 | |
| | | | | | | |
| 合　　计 | | | | | ￥ 2 0 0 0 0 0 | |

会计主管：　　　　记账：　　　　复核：　　　　出纳：　　　　制单：小芳

附单据 1 张

业务2：6日，用现金预付职工张家义差旅费2 000元。

表7-3　记账凭证

2015 年 10 月 6 日　　　　　　　　　　　　　　　第 2 号

| 摘　要 | 借　方 | | 贷　方 | | 金　额 | | | | | | | | | 记账 |
| | 总账账户 | 明细账户 | 总账账户 | 明细账户 | 百 | 十 | 万 | 千 | 百 | 十 | 元 | 角 | 分 | |
| 预付差旅费 | 其他应收款 | 张家义 | 库存现金 | | | | | 2 | 0 | 0 | 0 | 0 | 0 | |
| | | | | | | | | | | | | | | |
| | | | | | | | | | | | | | | |
| 合　计 | | | | | | | | ¥ | 2 | 0 | 0 | 0 | 0 | 0 |

附单据 1 张

会计主管：　　　记账：　　　复核：　　　出纳：　　　制单：小芳

业务3：10日，用现金付职工药费150元。

表7-4　记账凭证

2015 年 10 月 10 日　　　　　　　　　　　　　　第 3 号

| 摘　要 | 借　方 | | 贷　方 | | 金　额 | | | | | | | | | 记账 |
| | 总账账户 | 明细账户 | 总账账户 | 明细账户 | 百 | 十 | 万 | 千 | 百 | 十 | 元 | 角 | 分 | |
| 付职工药费 | 应付职工薪酬 | 职工福利 | 库存现金 | | | | | | | 1 | 5 | 0 | 0 | 0 | |
| | | | | | | | | | | | | | | |
| | | | | | | | | | | | | | | |
| 合　计 | | | | | | | | | ¥ | 1 | 5 | 0 | 0 | 0 |

附单据 1 张

会计主管：　　　记账：　　　复核：　　　出纳：　　　制单：小芳

业务4：14日，收到大力公司交来的包装物押金100元。

表7-5　记账凭证

2015 年 10 月 14 日　　　　　　　　　　　　　　第 4 号

| 摘　要 | 借　方 | | 贷　方 | | 金　额 | | | | | | | | | 记账 |
| | 总账账户 | 明细账户 | 总账账户 | 明细账户 | 百 | 十 | 万 | 千 | 百 | 十 | 元 | 角 | 分 | |
| 收取押金 | 库存现金 | | 其他应付款 | 大力公司 | | | | | 1 | 0 | 0 | 0 | 0 | |
| | | | | | | | | | | | | | | |
| | | | | | | | | | | | | | | |
| 合　计 | | | | | | | | | ¥ | 1 | 0 | 0 | 0 | 0 |

附单据 1 张

会计主管：　　　记账：　　　复核：　　　出纳：　　　制单：小芳

要求：登记库存现金日记账。

评价：从全面性、正确性、规范化和效率四方面进行评价。

### （二）明细账的登记方法

**1. 三栏式明细账的登记方法**

（1）日期栏。日期栏中的日期按所依据记账凭证的日期填写。

（2）凭证栏。凭证栏中的凭证号按所依据记账凭证的种类和编号填写。

（3）摘要栏。摘要是对登记入账的经济业务内容的简要说明，一般与记账凭证的摘要相同或作适当调整。

（4）借、贷栏。借、贷栏填写的是某账户实际发生的增、减金额。

（5）余额栏。填写考虑期初余额情况下借、贷相抵后的差额。

**2. 数量金额式明细账的登记方法**

（1）日期栏。日期栏的日期按所依据记账凭证的日期填写。

（2）凭证栏。凭证栏的凭证号按所依据记账凭证的种类和编号填写。

（3）摘要栏。摘要是对登记入账的经济业务内容的简要说明，一般与记账凭证的摘要相同或适当调整。

（4）收入、发出、结存栏。收入、发出、结存栏分别填写某存货类账户实际收入、发出、结存存货的数量、单价和金额。

**3. 多栏式明细账的登记方法**

多栏式明细账是根据经济业务特点和经营管理需要，在一张账页内按有关明细账户或明细项目分设若干专栏，用以在同一张账页上集中反映各有关明细账户或明细项目核算资料的账簿。按照明细账记录经济业务不同，多栏式明细账又分为借方多栏、贷方多栏和借贷方均为多栏三种格式。

（1）日期栏。日期栏按所依据记账凭证的日期填写。

（2）凭证栏。凭证栏按所依据记账凭证的种类和编号填写。

（3）摘要栏。摘要是对登记入账的经济业务内容的简要说明，一般与记账凭证的摘要相同或作适当调整。

（4）借方、贷方栏。借方、贷方栏登记的是费用、成本、收入等的发生额。借方多栏式明细账在借方登记平时发生的费用、成本，贷方登记月末转出的借方发生额。如果账页只有借方栏，没有贷方栏，有贷方发生额时，应该用红字在借方栏中登记。贷方多栏式明细账在贷方登记平时发生的收入、收益，借方登记月末转出的贷方发生额。如果账页只有贷方栏，没有借方栏，有借方发生额时，应该用红字在贷方栏中登记。

借方、贷方多栏式明细账，如"本年利润"和"应交税费——应交增值税"等账户，发生额该记哪方就记哪方。

**典型任务实例7-2**

资料：光明公司2015年11月初有关账户余额为："原材料——甲材料"为6 000元（数量为400kg，单价15元）。11月份发生的相关经济业务如下。

（1）5日，签发一张面值为2 000元的现金支票，支付刘禹锡差旅费。

（2）15日，财务部门报销办公用品费150元，已付现。

（3）17日，刘禹锡报销差旅费1500元，余款退回。

（4）20日，采购甲材料200kg，单价15元，取得了增值税专用发票，发票标明价款3000元，增值税510元，开出转账支票支付价税款，材料已经验收入库。

（5）30日，管理部门领用甲材料10kg，单价15元。

会计凭证略。

要求：进行"其他应收款""原材料——甲材料"和"管理费用"明细账的登记。

任务解析："其他应收款""原材料——甲材料"和"管理费用"明细账的登记结果见表7-6～表7-8。

### 表7-6　其他应收款 明细账

账户名称：刘禹锡

| 2015年 | | 凭证 | | 摘　要 | 借　方 | 贷　方 | 借或贷 | 余　额 |
|---|---|---|---|---|---|---|---|---|
| 月 | 日 | 种类 | 编号 | | 千百十万千百十元角分 | 千百十万千百十元角分 | | 千百十万千百十元角分 |
| 11 | 5 | 记 | 1 | 预付差旅费 | 　　　2 0 0 0 0 0 | | 借 | 　　　2 0 0 0 0 0 |
| | 17 | 记 | 3 | 报销差旅费 | | 　　　2 0 0 0 0 0 | 平 | 　　　　　　　　0 |
| | | | | | | | | |
| | | | | | | | | |

### 表7-7　原材料 明细账

材料名称：甲材料　　　　　　　　　　　　　　　　　　　　　计量单位　kg

| 2015年 | | 凭证 | | 摘要 | 收　入 | | | 发　出 | | | 结　存 | | |
|---|---|---|---|---|---|---|---|---|---|---|---|---|---|
| 月 | 日 | 种类 | 编号 | | 数量 | 单价 | 金额 十万千百十元角分 | 数量 | 单价 | 金额 十万千百十元角分 | 数量 | 单价 | 金额 十万千百十元角分 |
| 11 | 1 | | | 期初余额 | | | | | | | 400 | 15 | 　6 0 0 0 0 0 |
| | 20 | 记 | 4 | 材料入库 | 200 | 15 | 　3 0 0 0 0 0 | | | | 600 | 15 | 　9 0 0 0 0 0 |
| | 30 | 记 | 5 | 管理领料 | | | | 10 | 15 | 　　1 5 0 0 0 | 590 | 15 | 　8 8 5 0 0 0 |
| | | | | | | | | | | | | | |

### 表7-8　管理费用 明细账

单位：元

| 2015年 | | 凭证编号 | 摘要 | 借　方 | | | | | |
|---|---|---|---|---|---|---|---|---|---|
| 月 | 日 | | | 职工薪酬 万千百十元角分 | 办公费 万千百十元角分 | 差旅费 万千百十元角分 | 折旧费 万千百十元角分 | 其　他 万千百十元角分 | 合　计 十万千百十元角分 |
| 11 | 15 | 记2 | 报办公费 | | 1 5 0 0 0 | | | | 　1 5 0 0 0 |
| | 17 | 记3 | 报差旅费 | | | 1 5 0 0 0 0 | | | 　1 5 0 0 0 0 |
| | 30 | 记5 | 管理领料 | | | | | 1 5 0 0 0 | 　1 5 0 0 0 |
| | | | | | | | | | |
| | | | | | | | | | |

**想一想**

为什么不同性质账户明细账的账页格式不同？你认为登记明细账应注意哪些问题？

**课堂活动**

目的：熟练明细账登记。

形式：个人完成任务。

用品用具：三栏式账页、多栏式账页、数量金额式账页。

地点：教学场所。

时间：30分钟。

资料：华硕公司2015年11月初有关账户余额为：银行存款借方余额3 500 000元；库存现金借方余额8 000元；"应付账款——磊磊公司"贷方余额35 100元；乙材料1 000kg，单价10元。11月份发生的相关业务如下。

（1）3日，经核实，发现短缺的200元现金是出纳员失职所致，应由出纳员赔偿。

（2）6日，开出一张面值为350元的转账支票，为销售部门购办公用品。

（3）10日，以现金1 000元预付综合办肖钢主任差旅费。

（4）16日，向磊磊公司购买乙材料600kg，单价10元，取得了增值税专用发票，发票标明价款6 000元，增值税1 020元，款项尚未支付，材料已到达并验收入库。

（5）27日，销售部领用乙材料50kg，单位成本10元。

（6）28日，开出一张面值3 000元的转账支票，用于支付销售部产品广告费。

说明：相关凭证均已审核完毕，无任何问题，限于篇幅，这里略去。

要求：登记应付账款、原材料、销售费用明细账。

评价：从全面性、正确性、规范化和效率四方面进行评价。

**动一动**

参观实体单位，感知明细账的登记方法。

4．总账的登记方法

总账中"日期栏""凭证号栏""摘要栏""借、贷栏"和"余额栏"的登记方法与三栏式明细账的登记方法基本相同，但总账的登记依据与三栏式明细账不同。总账可以根据记账凭证直接登记，也可以根据账户汇总表等汇总凭证登记，每月登记总账的次数可视单位业务量的多少来定，可5天、10天、15天或1个月汇总一次，根据汇总的凭证登记总账。

**请注意**

总账与其所属的明细账是平行登记的，即总账与其所属明细账的登记依据相同、方向一致、期间相同、金额相等。

依据相同是指对发生的经济业务，都要以相关的会计凭证为依据，登记有关总分类账户，同时登记其所属的明细分类账户。

方向一致是指将经济业务记入总账账户和记入明细账户时，记账方向一致，即在总账账户中记入借方，在明细账户中也记入借方；在总账账户中记入贷方，在明细账户中也记入贷方。

期间相同是指对每项经济业务在记入总账账户和记入明细账户时，时间虽然有先有后，但必须在同一会计期间（如同一个月、同一个季度、同一年度）全部登记入账，即不能把一项经济业务在本期明细账中记录，而在上期或下期的总账中记录，也不能出现一项经济业务在本期总账中记录，而在上期或下期的明细账中记录的情况。

金额相等是指记入总账账户的金额，应与记入其所属明细账户的金额合计数相等。其金额关系可用两个公式表示

总账账户本期发生额 = 所属明细账户本期发生额合计

总账账户期末余额 = 所属明细账户期末余额合计

典型任务实例7-3

资料：宏远公司2015年11月初有关账户余额为：银行存款借方余额为200 000元；库存现金借方余额为5 000元；其他应收款2 000元；A材料数量500kg，单位成本10元，总成本为5 000元；库存商品数量5 000件，单位成本60元，总成本为300 000元；应付账款贷方余额为11 700元；生产成本19 200元；固定资产借方余额为800 000元；累计折旧贷方余额为50 000元；利润分配贷方余额为599 700元。11月份相关业务说明见业务1~业务13，相对应业务已审核无误的记账凭证见表7-9~表7-21。

业务1：6日，公司经理吕景文出差归来报销差旅费2 300元，公司财务部补付其300元现金。

表7-9　记账凭证

2015 年 11 月 6 日　　　　　　　　　　　　　第 1 号

| 摘　要 | 借　方 | | 贷　方 | | 金　额 | | | | | | | | | 记账 |
| | 总账账户 | 明细账户 | 总账账户 | 明细账户 | 百 | 十 | 万 | 千 | 百 | 十 | 元 | 角 | 分 | |
| 报销差旅费 | 管理费用 | 差旅费 | 其他应收款 | 吕景文 | | | | 2 | 0 | 0 | 0 | 0 | 0 | |
| 报销差旅费 | 管理费用 | 差旅费 | 库存现金 | | | | | | 3 | 0 | 0 | 0 | 0 | |
| 合　计 | | | | | | | ￥ | 2 | 3 | 0 | 0 | 0 | 0 | |

会计主管：赵凯　　　记账：　　　　复核：王丽　　　出纳：徐艳芳　　　制单：张丽江

业务2：12日，采购A材料300kg，单价10元，取得了增值税专用发票，发票写明价款3 000元，增值税510元，价税款已用银行存款支付，材料验收入库。

表7-10　　记账凭证

2015 年 11 月 12 日　　　　　　　　　　　　　　第 2 号

| 摘　要 | 借　方 | | 贷　方 | | 金　额 | | | | | | | | | 记账 |
| | 总账账户 | 明细账户 | 总账账户 | 明细账户 | 百 | 十 | 万 | 千 | 百 | 十 | 元 | 角 | 分 | |
| 用存款购料入库 | 原材料 | A材料 | 银行存款 | | | | | 3 | 0 | 0 | 0 | 0 | 0 | |
| 用存款购料入库 | 应交税费 | 应交增值税 | 银行存款 | | | | | | 5 | 1 | 0 | 0 | 0 | |
| | | | | | | | | | | | | | | |
| 合　计 | | | | | | | ￥ | 3 | 5 | 1 | 0 | 0 | 0 | |

会计主管：赵凯　　记账：　　　　　复核：王丽　　出纳：徐艳芳　　制单：张丽江

附单据 3 张

业务3：21日，领用A材料110kg，其中：甲产品领用A材料100kg，管理部门领A材料10kg，A材料单位成本10元。

表7-11　　记账凭证

2015 年 11 月 21 日　　　　　　　　　　　　　　第 3 号

| 摘　要 | 借　方 | | 贷　方 | | 金　额 | | | | | | | | | 记账 |
| | 总账账户 | 明细账户 | 总账账户 | 明细账户 | 百 | 十 | 万 | 千 | 百 | 十 | 元 | 角 | 分 | |
| 领用材料 | 生产成本 | 甲产品 | 原材料 | A材料 | | | | 1 | 0 | 0 | 0 | 0 | 0 | |
| 领用材料 | 管理费用 | 材料费 | 原材料 | A材料 | | | | | 1 | 0 | 0 | 0 | 0 | |
| | | | | | | | | | | | | | | |
| 合　计 | | | | | | | ￥ | 1 | 1 | 0 | 0 | 0 | 0 | |

会计主管：赵凯　　记账：　　　　　复核：王丽　　出纳：徐艳芳　　制单：张丽江

附单据 1 张

业务4：26日，销售甲产品5 000件，单位售价100元，开出的增值税专用发票写明价款500 000元，增值税85 000元，收到银行通知，全部价税款已到账，产品单位成本为60元。

表7-12　　记账凭证

2015 年 11 月 26 日　　　　　　　　　　　　　　第 4 号

| 摘　要 | 借　方 | | 贷　方 | | 金　额 | | | | | | | | | 记账 |
| | 总账账户 | 明细账户 | 总账账户 | 明细账户 | 百 | 十 | 万 | 千 | 百 | 十 | 元 | 角 | 分 | |
| 现销甲产品 | 银行存款 | | 主营业务收入 | | | 5 | 0 | 0 | 0 | 0 | 0 | 0 | 0 | |
| 现销甲产品 | 银行存款 | | 应交税费 | 应交增值税 | | 8 | 5 | 0 | 0 | 0 | 0 | 0 | 0 | |
| | | | | | | | | | | | | | | |
| 合　计 | | | | | | ￥ | 5 | 8 | 5 | 0 | 0 | 0 | 0 | 0 | |

会计主管：赵凯　　记账：　　　　　复核：王丽　　出纳：徐艳芳　　制单：张丽江

附单据 2 张

业务5：28日，以现金支付经理办公室的办公费200元。

表7-13　　记账凭证

2015 年 11 月 28 日　　　　　　　　　　　第 5 号

| 摘　要 | 借　方 | | 贷　方 | | 金　额 | | | | | | | | | 记账 |
| | 总账账户 | 明细账户 | 总账账户 | 明细账户 | 百 | 十 | 万 | 千 | 百 | 十 | 元 | 角 | 分 | |
| 用现金付办公费 | 管理费用 | 办公费 | 库存现金 | | | | | | 2 | 0 | 0 | 0 | 0 | |
| | | | | | | | | | | | | | | |
| | | | | | | | | | | | | | | |
| 合　　计 | | | | | | | | ￥ | 2 | 0 | 0 | 0 | 0 | |

会计主管：赵凯　　记账：　　　　复核：王丽　　出纳：徐艳芳　　制单：张丽江

业务6：29日，用银行存款偿还前欠大华公司货款11 700元。

表7-14　　记账凭证

2015 年 11 月 29 日　　　　　　　　　　　第 6 号

| 摘　要 | 借　方 | | 贷　方 | | 金　额 | | | | | | | | | 记账 |
| | 总账账户 | 明细账户 | 总账账户 | 明细账户 | 百 | 十 | 万 | 千 | 百 | 十 | 元 | 角 | 分 | |
| 偿还前欠货款 | 应付账款 | 大华公司 | 银行存款 | | | | 1 | 1 | 7 | 0 | 0 | 0 | 0 | |
| | | | | | | | | | | | | | | |
| | | | | | | | | | | | | | | |
| 合　　计 | | | | | | | ￥ | 1 | 1 | 7 | 0 | 0 | 0 | 0 | |

会计主管：赵凯　　记账：　　　　复核：王丽　　出纳：徐艳芳　　制单：张丽江

业务7：30日，分配本月工资费用200 000元。其中：生产人员工资140 000元，车间管理人员工资15 000元，行政管理部门人员工资20 000元，销售部门人员工资25 000元。

表7-15　　记账凭证

2015 年 11 月 30 日　　　　　　　　　　　第 7 号

| 摘　要 | 借　方 | | 贷　方 | | 金　额 | | | | | | | | | 记账 |
| | 总账账户 | 明细账户 | 总账账户 | 明细账户 | 百 | 十 | 万 | 千 | 百 | 十 | 元 | 角 | 分 | |
| 分配工资费用 | 生产成本 | 直接人工 | 应付职工薪酬 | | | 1 | 4 | 0 | 0 | 0 | 0 | 0 | 0 | |
| 分配工资费用 | 制造费用 | 人工费 | 应付职工薪酬 | | | | 1 | 5 | 0 | 0 | 0 | 0 | 0 | |
| 分配工资费用 | 管理费用 | 人工费 | 应付职工薪酬 | | | | 2 | 0 | 0 | 0 | 0 | 0 | 0 | |
| 分配工资费用 | 销售费用 | 人工费 | 应付职工薪酬 | | | | 2 | 5 | 0 | 0 | 0 | 0 | 0 | |
| 合　　计 | | | | | | ￥ | 2 | 0 | 0 | 0 | 0 | 0 | 0 | 0 | |

会计主管：赵凯　　记账：　　　　复核：王丽　　出纳：徐艳芳　　制单：张丽江

业务8：30日，公司按原定方法计提折旧6 000元。其中：生产车间4 000元，行政管理部门1 000元，销售部门1 000元。

表7-16　　记账凭证

2015 年 11 月 30 日　　　　　　　　　　　　　　第 8 号

| 摘　　要 | 借　　方 | | 贷　　方 | | 金　　额 | | | | | | | | | 记账 |
| --- | --- | --- | --- | --- | --- | --- | --- | --- | --- | --- | --- | --- | --- | --- |
| | 总账账户 | 明细账户 | 总账账户 | 明细账户 | 百 | 十 | 万 | 千 | 百 | 十 | 元 | 角 | 分 | |
| 计提折旧 | 制造费用 | 折旧费 | 累计折旧 | | | | | 4 | 0 | 0 | 0 | 0 | 0 | |
| 计提折旧 | 管理费用 | 折旧费 | 累计折旧 | | | | | 1 | 0 | 0 | 0 | 0 | 0 | |
| 计提折旧 | 销售费用 | 折旧费 | 累计折旧 | | | | | 1 | 0 | 0 | 0 | 0 | 0 | |
| 合　　计 | | | | | | | ¥ | 6 | 0 | 0 | 0 | 0 | 0 | |

会计主管：赵凯　　记账：　　　　复核：王丽　　出纳：徐艳芳　　制单：张丽江

附单据 1 张

业务9：30日，结转本月产品负担的制造费用19 000元。

表7-17　　记账凭证

2015 年 11 月 30 日　　　　　　　　　　　　　　第 9 号

| 摘　　要 | 借　　方 | | 贷　　方 | | 金　　额 | | | | | | | | | 记账 |
| --- | --- | --- | --- | --- | --- | --- | --- | --- | --- | --- | --- | --- | --- | --- |
| | 总账账户 | 明细账户 | 总账账户 | 明细账户 | 百 | 十 | 万 | 千 | 百 | 十 | 元 | 角 | 分 | |
| 结转制造费用 | 生产成本 | 甲产品 | 制造费用 | | | | 1 | 9 | 0 | 0 | 0 | 0 | 0 | |
| | | | | | | | | | | | | | | |
| | | | | | | | | | | | | | | |
| 合　　计 | | | | | | ¥ | 1 | 9 | 0 | 0 | 0 | 0 | 0 | |

会计主管：赵凯　　记账：　　　　复核：王丽　　出纳：徐艳芳　　制单：张丽江

附单据 1 张

业务10：30日，结转已售商品的成本300 000元。

表7-18　　记账凭证

2015 年 11 月 30 日　　　　　　　　　　　　　　第 10 号

| 摘　　要 | 借　　方 | | 贷　　方 | | 金　　额 | | | | | | | | | 记账 |
| --- | --- | --- | --- | --- | --- | --- | --- | --- | --- | --- | --- | --- | --- | --- |
| | 总账账户 | 明细账户 | 总账账户 | 明细账户 | 百 | 十 | 万 | 千 | 百 | 十 | 元 | 角 | 分 | |
| 结转销售成本 | 主营业务成本 | | 库存商品 | 甲产品 | 3 | 0 | 0 | 0 | 0 | 0 | 0 | 0 | | |
| | | | | | | | | | | | | | | |
| | | | | | | | | | | | | | | |
| 合　　计 | | | | | | ¥ | 3 | 0 | 0 | 0 | 0 | 0 | 0 | |

会计主管：赵凯　　记账：　　　　复核：王丽　　出纳：徐艳芳　　制单：张丽江

附单据 1 张

业务11：30日，结转收益类账户的发生额到"本年利润"账户。

**表7-19　记账凭证**

2015 年 11 月 30 日　　　　　　　　　　　　第 11 号

| 摘　　要 | 借　　方 | | 贷　　方 | | 金　　额 | | | | | | | | | 记账 |
| --- | --- | --- | --- | --- | --- | --- | --- | --- | --- | --- | --- | --- | --- | --- |
| | 总账账户 | 明细账户 | 总账账户 | 明细账户 | 百 | 十 | 万 | 千 | 百 | 十 | 元 | 角 | 分 | |
| 结转本月收益 | 主营业务收入 | | 本年利润 | | | 5 | 0 | 0 | 0 | 0 | 0 | 0 | 0 | |
| | | | | | | | | | | | | | | |
| | | | | | | | | | | | | | | |
| 合　　计 | | | | | ¥ | 5 | 0 | 0 | 0 | 0 | 0 | 0 | 0 | |

会计主管：赵凯　　记账：　　　　复核：王丽　　出纳：徐艳芳　　制单：张丽江

业务12：30日，结转费用类账户的发生额到"本年利润"账户。

**表7-20　记账凭证**

2015 年 11 月 30 日　　　　　　　　　　　　第 12 号

| 摘　　要 | 借　　方 | | 贷　　方 | | 金　　额 | | | | | | | | | 记账 |
| --- | --- | --- | --- | --- | --- | --- | --- | --- | --- | --- | --- | --- | --- | --- |
| | 总账账户 | 明细账户 | 总账账户 | 明细账户 | 百 | 十 | 万 | 千 | 百 | 十 | 元 | 角 | 分 | |
| 结转本月费用 | 本年利润 | | 主营业务成本 | | | 3 | 0 | 0 | 0 | 0 | 0 | 0 | 0 | |
| 结转本月费用 | 本年利润 | | 管理费用 | | | | 2 | 3 | 6 | 0 | 0 | 0 | 0 | |
| 结转本月费用 | 本年利润 | | 销售费用 | | | | 2 | 6 | 0 | 0 | 0 | 0 | 0 | |
| 合　　计 | | | | | ¥ | 3 | 4 | 9 | 6 | 0 | 0 | 0 | 0 | |

会计主管：赵凯　　记账：　　　　复核：王丽　　出纳：徐艳芳　　制单：张丽江

业务13：30日，结转本年利润。

**表7-21　记账凭证**

2015 年 11 月 30 日　　　　　　　　　　　　第 13 号

| 摘　　要 | 借　　方 | | 贷　　方 | | 金　　额 | | | | | | | | | 记账 |
| --- | --- | --- | --- | --- | --- | --- | --- | --- | --- | --- | --- | --- | --- | --- |
| | 总账账户 | 明细账户 | 总账账户 | 明细账户 | 百 | 十 | 万 | 千 | 百 | 十 | 元 | 角 | 分 | |
| 结转本年利润 | 本年利润 | | 利润分配 | 未分配利润 | | 1 | 5 | 0 | 4 | 0 | 0 | 0 | 0 | |
| | | | | | | | | | | | | | | |
| | | | | | | | | | | | | | | |
| 合　　计 | | | | | ¥ | 1 | 5 | 0 | 4 | 0 | 0 | 0 | 0 | |

会计主管：赵凯　　记账：　　　　复核：王丽　　出纳：徐艳芳　　制单：张丽江

要求：分别用记账凭证会计工作流程和账户汇总表会计工作流程，登记所涉及的总账。

任务解析:

（1）采用记账凭证会计工作流程，即根据记账凭证登记总分类账，其登记结果见表7-22～表7-39。

表7-22　总分类账

账户名称：库存现金　　　　　　　　　　　　　　　　　　　　第1页

| 2015年 | | 凭证 | | 摘要 | 借方 | | | | | | | | | | 贷方 | | | | | | | | | | 借或贷 | 余额 | | | | | | | | | |
|---|---|---|---|---|---|---|---|---|---|---|---|---|---|---|---|---|---|---|---|---|---|---|---|---|---|---|---|---|---|---|---|---|---|---|---|
| 月 | 日 | 种类 | 编号 | | 千 | 百 | 十 | 万 | 千 | 百 | 十 | 元 | 角 | 分 | 千 | 百 | 十 | 万 | 千 | 百 | 十 | 元 | 角 | 分 | | 千 | 百 | 十 | 万 | 千 | 百 | 十 | 元 | 角 | 分 |
| 11 | 1 | | | 期初余额 | | | | | | | | | | | | | | | | | | | | | 借 | | | | | 5 | 0 | 0 | 0 | 0 | 0 |
| | 6 | 记 | 1 | 补付差旅费 | | | | | | | | | | | | | | | 3 | 0 | 0 | 0 | 0 | 借 | | | | | 4 | 7 | 0 | 0 | 0 | 0 |
| | 28 | 记 | 5 | 购买办公用品 | | | | | | | | | | | | | | | 2 | 0 | 0 | 0 | 0 | 借 | | | | | 4 | 5 | 0 | 0 | 0 | 0 |
| | | | | | | | | | | | | | | | | | | | | | | | | | | | | | | | | | | | |
| | | | | | | | | | | | | | | | | | | | | | | | | | | | | | | | | | | | |

表7-23　总分类账

账户名称：银行存款　　　　　　　　　　　　　　　　　　　　第5页

| 2015年 | | 凭证 | | 摘要 | 借方 | | | | | | | | | | 贷方 | | | | | | | | | | 借或贷 | 余额 | | | | | | | | | |
|---|---|---|---|---|---|---|---|---|---|---|---|---|---|---|---|---|---|---|---|---|---|---|---|---|---|---|---|---|---|---|---|---|---|---|---|
| 月 | 日 | 种类 | 编号 | | 千 | 百 | 十 | 万 | 千 | 百 | 十 | 元 | 角 | 分 | 千 | 百 | 十 | 万 | 千 | 百 | 十 | 元 | 角 | 分 | | 千 | 百 | 十 | 万 | 千 | 百 | 十 | 元 | 角 | 分 |
| 11 | 1 | | | 期初余额 | | | | | | | | | | | | | | | | | | | | | 借 | | | 2 | 0 | 0 | 0 | 0 | 0 | 0 |
| | 12 | 记 | 2 | 用存款购料 | | | | | | | | | | | | | | 3 | 5 | 1 | 0 | 0 | 0 | 借 | | | 1 | 9 | 6 | 4 | 9 | 0 | 0 | 0 |
| | 26 | 记 | 4 | 现销商品 | | | 5 | 8 | 5 | 0 | 0 | 0 | 0 | 0 | | | | | | | | | | | 借 | | | 7 | 8 | 1 | 4 | 9 | 0 | 0 | 0 |
| | 29 | 记 | 6 | 偿还欠货款 | | | | | | | | | | | | | | 1 | 1 | 7 | 0 | 0 | 0 | 借 | | | 7 | 6 | 9 | 7 | 9 | 0 | 0 | 0 |
| | | | | | | | | | | | | | | | | | | | | | | | | | | | | | | | | | | | |

表7-24　总分类账

账户名称：其他应收款　　　　　　　　　　　　　　　　　　　第10页

| 2015年 | | 凭证 | | 摘要 | 借方 | | | | | | | | | | 贷方 | | | | | | | | | | 借或贷 | 余额 | | | | | | | | | |
|---|---|---|---|---|---|---|---|---|---|---|---|---|---|---|---|---|---|---|---|---|---|---|---|---|---|---|---|---|---|---|---|---|---|---|---|
| 月 | 日 | 种类 | 编号 | | 千 | 百 | 十 | 万 | 千 | 百 | 十 | 元 | 角 | 分 | 千 | 百 | 十 | 万 | 千 | 百 | 十 | 元 | 角 | 分 | | 千 | 百 | 十 | 万 | 千 | 百 | 十 | 元 | 角 | 分 |
| 11 | 1 | | | 期初余额 | | | | | | | | | | | | | | | | | | | | | 借 | | | | | 2 | 0 | 0 | 0 | 0 | 0 |
| | 6 | 记 | 1 | 报销差旅费 | | | | | | | | | | | | | | | 2 | 0 | 0 | 0 | 0 | 平 | | | | | | | | | 0 | |
| | | | | | | | | | | | | | | | | | | | | | | | | | | | | | | | | | | | |
| | | | | | | | | | | | | | | | | | | | | | | | | | | | | | | | | | | | |
| | | | | | | | | | | | | | | | | | | | | | | | | | | | | | | | | | | | |

### 表7-25 总分类账

账户名称：原材料  第 15 页

| 2015年 月 | 日 | 凭证 种类 | 编号 | 摘要 | 借方 千 | 百 | 十 | 万 | 千 | 百 | 十 | 元 | 角 | 分 | 贷方 千 | 百 | 十 | 万 | 千 | 百 | 十 | 元 | 角 | 分 | 借或贷 | 余额 千 | 百 | 十 | 万 | 千 | 百 | 十 | 元 | 角 | 分 |
|---|---|---|---|---|---|---|---|---|---|---|---|---|---|---|---|---|---|---|---|---|---|---|---|---|---|---|---|---|---|---|---|---|---|---|---|
| 11 | 1 | | | 期初余额 | | | | | | | | | | | | | | | | | | | | | 借 | | | | 2 | 5 | 0 | 0 | 0 | 0 | 0 |
| | 12 | 记 | 2 | 材料入库 | | | | | 3 | 0 | 0 | 0 | 0 | 0 | | | | | | | | | | | 借 | | | | 2 | 8 | 0 | 0 | 0 | 0 | 0 |
| | 21 | 记 | 3 | 领用材料 | | | | | | | | | | | | | | | 1 | 1 | 0 | 0 | 0 | 0 | 借 | | | | 2 | 6 | 9 | 0 | 0 | 0 | 0 |
| | | | | | | | | | | | | | | | | | | | | | | | | | | | | | | | | | | | |
| | | | | | | | | | | | | | | | | | | | | | | | | | | | | | | | | | | | |

### 表7-26 总分类账

账户名称：库存商品  第 20 页

| 2015年 月 | 日 | 凭证 种类 | 编号 | 摘要 | 借方 千 | 百 | 十 | 万 | 千 | 百 | 十 | 元 | 角 | 分 | 贷方 千 | 百 | 十 | 万 | 千 | 百 | 十 | 元 | 角 | 分 | 借或贷 | 余额 千 | 百 | 十 | 万 | 千 | 百 | 十 | 元 | 角 | 分 |
|---|---|---|---|---|---|---|---|---|---|---|---|---|---|---|---|---|---|---|---|---|---|---|---|---|---|---|---|---|---|---|---|---|---|---|---|
| 11 | 1 | | | 期初余额 | | | | | | | | | | | | | | | | | | | | | 借 | | | 5 | 0 | 0 | 0 | 0 | 0 | 0 | 0 |
| | 30 | 记 | 10 | 结转销售成本 | | | | | | | | | | | | | | 3 | 0 | 0 | 0 | 0 | 0 | 0 | 借 | | | 2 | 0 | 0 | 0 | 0 | 0 | 0 | 0 |
| | | | | | | | | | | | | | | | | | | | | | | | | | | | | | | | | | | | |
| | | | | | | | | | | | | | | | | | | | | | | | | | | | | | | | | | | | |

### 表7-27 总分类账

账户名称：固定资产  第 25 页

| 2015年 月 | 日 | 凭证 种类 | 编号 | 摘要 | 借方 千 | 百 | 十 | 万 | 千 | 百 | 十 | 元 | 角 | 分 | 贷方 千 | 百 | 十 | 万 | 千 | 百 | 十 | 元 | 角 | 分 | 借或贷 | 余额 千 | 百 | 十 | 万 | 千 | 百 | 十 | 元 | 角 | 分 |
|---|---|---|---|---|---|---|---|---|---|---|---|---|---|---|---|---|---|---|---|---|---|---|---|---|---|---|---|---|---|---|---|---|---|---|---|
| 11 | 1 | | | 期初余额 | | | | | | | | | | | | | | | | | | | | | 借 | | | 8 | 0 | 0 | 0 | 0 | 0 | 0 | 0 |
| | | | | | | | | | | | | | | | | | | | | | | | | | | | | | | | | | | | |
| | | | | | | | | | | | | | | | | | | | | | | | | | | | | | | | | | | | |

### 表7-28 总分类账

账户名称：累计折旧 　　　　　第 30 页

| 月 | 日 | 种类 | 编号 | 摘要 | 借方千 | 百 | 十 | 万 | 千 | 百 | 十 | 元 | 角 | 分 | 贷方千 | 百 | 十 | 万 | 千 | 百 | 十 | 元 | 角 | 分 | 借或贷 | 余额千 | 百 | 十 | 万 | 千 | 百 | 十 | 元 | 角 | 分 |
|---|---|---|---|---|---|---|---|---|---|---|---|---|---|---|---|---|---|---|---|---|---|---|---|---|---|---|---|---|---|---|---|---|---|---|---|
| 11 | 1 |  |  | 期初余额 |  |  |  |  |  |  |  |  |  |  |  |  |  |  |  |  |  |  |  |  | 贷 |  |  | 5 | 0 | 0 | 0 | 0 | 0 | 0 | 0 |
|  | 30 | 记 | 8 | 计提折旧 |  |  |  |  |  |  |  |  |  |  |  |  |  |  | 6 | 0 | 0 | 0 | 0 | 0 | 贷 |  |  | 5 | 0 | 6 | 0 | 0 | 0 | 0 | 0 |

### 表7-29 总分类账

账户名称：应付账款 　　　　　第 35 页

| 月 | 日 | 种类 | 编号 | 摘要 | 借方千 | 百 | 十 | 万 | 千 | 百 | 十 | 元 | 角 | 分 | 贷方千 | 百 | 十 | 万 | 千 | 百 | 十 | 元 | 角 | 分 | 借或贷 | 余额千 | 百 | 十 | 万 | 千 | 百 | 十 | 元 | 角 | 分 |
|---|---|---|---|---|---|---|---|---|---|---|---|---|---|---|---|---|---|---|---|---|---|---|---|---|---|---|---|---|---|---|---|---|---|---|---|
| 11 | 1 |  |  | 期初余额 |  |  |  |  |  |  |  |  |  |  |  |  |  |  |  |  |  |  |  |  | 贷 |  |  |  | 1 | 1 | 7 | 0 | 0 | 0 | 0 |
|  | 29 | 记 | 6 | 偿还欠货款 |  |  |  | 1 | 1 | 7 | 0 | 0 | 0 | 0 |  |  |  |  |  |  |  |  |  |  | 平 |  |  |  |  |  |  |  |  |  | 0 |

### 表7-30 总分类账

账户名称：应付职工薪酬 　　　　　第 40 页

| 月 | 日 | 种类 | 编号 | 摘要 | 借方千 | 百 | 十 | 万 | 千 | 百 | 十 | 元 | 角 | 分 | 贷方千 | 百 | 十 | 万 | 千 | 百 | 十 | 元 | 角 | 分 | 借或贷 | 余额千 | 百 | 十 | 万 | 千 | 百 | 十 | 元 | 角 | 分 |
|---|---|---|---|---|---|---|---|---|---|---|---|---|---|---|---|---|---|---|---|---|---|---|---|---|---|---|---|---|---|---|---|---|---|---|---|
| 11 | 30 | 记 | 7 | 分配工资费用 |  |  |  |  |  |  |  |  |  |  |  |  | 2 | 0 | 0 | 0 | 0 | 0 | 0 | 0 | 贷 |  |  | 2 | 0 | 0 | 0 | 0 | 0 | 0 | 0 |

表7-31　总分类账

账户名称：应交税费　　　　　　　　　　　　　　　　　　　　　　第45页

| 2015年 月 | 日 | 凭证 种类 | 编号 | 摘要 | 借方 千 | 百 | 十 | 万 | 千 | 百 | 十 | 元 | 角 | 分 | 贷方 千 | 百 | 十 | 万 | 千 | 百 | 十 | 元 | 角 | 分 | 借或贷 | 余额 千 | 百 | 十 | 万 | 千 | 百 | 十 | 元 | 角 | 分 |
|---|---|---|---|---|---|---|---|---|---|---|---|---|---|---|---|---|---|---|---|---|---|---|---|---|---|---|---|---|---|---|---|---|---|---|---|
| 11 | 12 | 记 | 2 | 购买材料 |  |  |  |  |  | 5 | 1 | 0 | 0 | 0 |  |  |  |  |  |  |  |  |  |  | 借 |  |  |  |  |  | 5 | 1 | 0 | 0 | 0 |
|  | 26 | 记 | 4 | 销售商品 |  |  |  |  |  |  |  |  |  |  |  |  |  | 8 | 5 | 0 | 0 | 0 | 0 | 0 | 贷 |  |  |  | 8 | 4 | 4 | 9 | 0 | 0 | 0 |
|  |  |  |  |  |  |  |  |  |  |  |  |  |  |  |  |  |  |  |  |  |  |  |  |  |  |  |  |  |  |  |  |  |  |  |  |
|  |  |  |  |  |  |  |  |  |  |  |  |  |  |  |  |  |  |  |  |  |  |  |  |  |  |  |  |  |  |  |  |  |  |  |  |
|  |  |  |  |  |  |  |  |  |  |  |  |  |  |  |  |  |  |  |  |  |  |  |  |  |  |  |  |  |  |  |  |  |  |  |  |

表7-32　总分类账

账户名称：生产成本　　　　　　　　　　　　　　　　　　　　　　第50页

| 2015年 月 | 日 | 凭证 种类 | 编号 | 摘要 | 借方 千 | 百 | 十 | 万 | 千 | 百 | 十 | 元 | 角 | 分 | 贷方 千 | 百 | 十 | 万 | 千 | 百 | 十 | 元 | 角 | 分 | 借或贷 | 余额 千 | 百 | 十 | 万 | 千 | 百 | 十 | 元 | 角 | 分 |
|---|---|---|---|---|---|---|---|---|---|---|---|---|---|---|---|---|---|---|---|---|---|---|---|---|---|---|---|---|---|---|---|---|---|---|---|
| 11 | 1 |  |  | 期初余额 |  |  |  |  |  |  |  |  |  |  |  |  |  |  |  |  |  |  |  |  | 借 |  |  | 1 | 9 | 2 | 0 | 0 | 0 | 0 |
|  | 21 | 记 | 3 | 产品领料 |  |  |  |  | 1 | 0 | 0 | 0 | 0 | 0 |  |  |  |  |  |  |  |  |  |  | 借 |  |  | 2 | 0 | 2 | 0 | 0 | 0 | 0 |
|  | 30 | 记 | 7 | 分配工资费用 |  |  | 1 | 4 | 0 | 0 | 0 | 0 | 0 | 0 |  |  |  |  |  |  |  |  |  |  | 借 |  | 1 | 6 | 0 | 2 | 0 | 0 | 0 | 0 |
|  | 30 | 记 | 9 | 分配制造费用 |  |  |  | 1 | 9 | 0 | 0 | 0 | 0 | 0 |  |  |  |  |  |  |  |  |  |  | 借 |  | 1 | 7 | 9 | 2 | 0 | 0 | 0 | 0 |
|  |  |  |  |  |  |  |  |  |  |  |  |  |  |  |  |  |  |  |  |  |  |  |  |  |  |  |  |  |  |  |  |  |  |  |  |

表7-33　总分类账

账户名称：制造费用　　　　　　　　　　　　　　　　　　　　　　第55页

| 2015年 月 | 日 | 凭证 种类 | 编号 | 摘要 | 借方 千 | 百 | 十 | 万 | 千 | 百 | 十 | 元 | 角 | 分 | 贷方 千 | 百 | 十 | 万 | 千 | 百 | 十 | 元 | 角 | 分 | 借或贷 | 余额 千 | 百 | 十 | 万 | 千 | 百 | 十 | 元 | 角 | 分 |
|---|---|---|---|---|---|---|---|---|---|---|---|---|---|---|---|---|---|---|---|---|---|---|---|---|---|---|---|---|---|---|---|---|---|---|---|
| 11 | 30 | 记 | 7 | 分配工资费用 |  |  |  | 1 | 5 | 0 | 0 | 0 | 0 | 0 |  |  |  |  |  |  |  |  |  |  | 借 |  |  | 1 | 5 | 0 | 0 | 0 | 0 | 0 |
|  | 30 | 记 | 8 | 计提折旧 |  |  |  |  | 4 | 0 | 0 | 0 | 0 | 0 |  |  |  |  |  |  |  |  |  |  | 借 |  |  | 1 | 9 | 0 | 0 | 0 | 0 | 0 |
|  | 30 | 记 | 9 | 结转制造费用 |  |  |  |  |  |  |  |  |  |  |  |  |  | 1 | 9 | 0 | 0 | 0 | 0 | 0 | 平 |  |  |  |  |  |  |  |  |  | 0 |

表7-34　总分类账

账户名称：主营业务收入　　　　　　　　　　　　　　　　　　第60页

| 2015年 | | 凭证 | | 摘要 | 借方 | 贷方 | 借或贷 | 余额 |
|---|---|---|---|---|---|---|---|---|
| 月 | 日 | 种类 | 编号 | | 千百十万千百十元角分 | 千百十万千百十元角分 | | 千百十万千百十元角分 |
| 11 | 26 | 记 | 4 | 现销商品 | | 5 0 0 0 0 0 0 0 | 贷 | 5 0 0 0 0 0 0 0 |
| | 30 | 记 | 11 | 结转销售收入 | 5 0 0 0 0 0 0 0 | | 平 | 0 |

表7-35　总分类账

账户名称：主营业务成本　　　　　　　　　　　　　　　　　　第65页

| 2015年 | | 凭证 | | 摘要 | 借方 | 贷方 | 借或贷 | 余额 |
|---|---|---|---|---|---|---|---|---|
| 月 | 日 | 种类 | 编号 | | 千百十万千百十元角分 | 千百十万千百十元角分 | | 千百十万千百十元角分 |
| 11 | 30 | 记 | 10 | 结转销售成本 | 3 0 0 0 0 0 0 0 | | 借 | 3 0 0 0 0 0 0 0 |
| | 30 | 记 | 12 | 结转本期费用 | | 3 0 0 0 0 0 0 0 | 平 | 0 |

表7-36　总分类账

账户名称：管理费用　　　　　　　　　　　　　　　　　　第70页

| 2015年 | | 凭证 | | 摘要 | 借方 | 贷方 | 借或贷 | 余额 |
|---|---|---|---|---|---|---|---|---|
| 月 | 日 | 种类 | 编号 | | 千百十万千百十元角分 | 千百十万千百十元角分 | | 千百十万千百十元角分 |
| 11 | 6 | 记 | 1 | 报销差旅费 | 2 3 0 0 0 0 | | 借 | 2 3 0 0 0 0 |
| | 21 | 记 | 3 | 管理部门领料 | 1 0 0 0 0 | | 借 | 2 4 0 0 0 0 |
| | 28 | 记 | 5 | 购买办公用品 | 2 0 0 0 0 | | 借 | 2 6 0 0 0 0 |
| | 30 | 记 | 7 | 分配工资费用 | 2 0 0 0 0 0 0 | | 借 | 2 2 6 0 0 0 0 |
| | 30 | 记 | 8 | 计提折旧 | 1 0 0 0 0 0 | | 借 | 2 3 6 0 0 0 0 |
| | 30 | 记 | 12 | 结转本期费用 | | 2 3 6 0 0 0 0 | 平 | 0 |

表7-37　总分类账

账户名称：销售费用　　　　　　　　　　　　　　　　　　　　　　　　　　第 75 页

| 2015年 | | 凭证 | | 摘　要 | 借　方 | | | | | | | | | 贷　方 | | | | | | | | | 借或贷 | 余　额 | | | | | | | | |
|---|---|---|---|---|---|---|---|---|---|---|---|---|---|---|---|---|---|---|---|---|---|---|---|---|---|---|---|---|---|---|---|---|---|
| 月 | 日 | 种类 | 编号 | | 千 | 百 | 十 | 万 | 千 | 百 | 十 | 元 | 角 | 分 | 千 | 百 | 十 | 万 | 千 | 百 | 十 | 元 | 角 | 分 | | 千 | 百 | 十 | 万 | 千 | 百 | 十 | 元 | 角 | 分 |
| 11 | 30 | 记 | 7 | 分配工资费用 | | | | | 2 | 5 | 0 | 0 | 0 | 0 | | | | | | | | | | | 借 | | | | | 2 | 5 | 0 | 0 | 0 | 0 |
| | 30 | 记 | 8 | 计提折旧 | | | | | 1 | 0 | 0 | 0 | 0 | 0 | | | | | | | | | | | 借 | | | | | 2 | 6 | 0 | 0 | 0 | 0 |
| | 30 | 记 | 12 | 结转本期费用 | | | | | | | | | | | | | | | 2 | 6 | 0 | 0 | 0 | 0 | 0 | 平 | | | | | | | | | | 0 |

表7-38　总分类账

账户名称：本年利润　　　　　　　　　　　　　　　　　　　　　　　　　　第 80 页

| 2015年 | | 凭证 | | 摘　要 | 借　方 | | | | | | | | | 贷　方 | | | | | | | | | 借或贷 | 余　额 | | | | | | | | |
|---|---|---|---|---|---|---|---|---|---|---|---|---|---|---|---|---|---|---|---|---|---|---|---|---|---|---|---|---|---|---|---|---|---|
| 月 | 日 | 种类 | 编号 | | 千 | 百 | 十 | 万 | 千 | 百 | 十 | 元 | 角 | 分 | 千 | 百 | 十 | 万 | 千 | 百 | 十 | 元 | 角 | 分 | | 千 | 百 | 十 | 万 | 千 | 百 | 十 | 元 | 角 | 分 |
| 11 | 30 | 记 | 11 | 结转本期收益 | | | | | | | | | | | | | | 5 | 0 | 0 | 0 | 0 | 0 | 0 | 贷 | | | 5 | 0 | 0 | 0 | 0 | 0 | 0 | 0 |
| | 30 | 记 | 12 | 结转本期费用 | | | | 3 | 4 | 9 | 6 | 0 | 0 | 0 | | | | | | | | | | | 贷 | | | 1 | 5 | 0 | 4 | 0 | 0 | 0 | 0 |
| | 30 | 记 | 13 | 结转本年利润 | | | | 1 | 5 | 0 | 4 | 0 | 0 | 0 | | | | | | | | | | | 平 | | | | | | | | | | 0 |

表7-39　总分类账

账户名称：利润分配　　　　　　　　　　　　　　　　　　　　　　　　　　第 85 页

| 2015年 | | 凭证 | | 摘　要 | 借　方 | | | | | | | | | 贷　方 | | | | | | | | | 借或贷 | 余　额 | | | | | | | | |
|---|---|---|---|---|---|---|---|---|---|---|---|---|---|---|---|---|---|---|---|---|---|---|---|---|---|---|---|---|---|---|---|---|---|
| 月 | 日 | 种类 | 编号 | | 千 | 百 | 十 | 万 | 千 | 百 | 十 | 元 | 角 | 分 | 千 | 百 | 十 | 万 | 千 | 百 | 十 | 元 | 角 | 分 | | 千 | 百 | 十 | 万 | 千 | 百 | 十 | 元 | 角 | 分 |
| 11 | 1 | | | 期初余额 | | | | | | | | | | | | | | | | | | | | | 贷 | | | 5 | 9 | 9 | 7 | 0 | 0 | 0 | 0 |
| | 30 | 记 | 13 | 结转本年利润 | | | | | | | | | | | | | | 1 | 5 | 0 | 4 | 0 | 0 | 0 | 贷 | | | 7 | 5 | 0 | 1 | 0 | 0 | 0 | 0 |

（2）采用账户汇总表会计工作流程，首先应编制账户汇总表，然后根据账户汇总表登记总分类账。账户汇总表见表7-40，其总账登记结果见表7-41～表7-58。

**表7-40 账户汇总表**

2015年11月1日至30日                           账汇字第1号

| 会计账户 | 本期发生额 | | 总账页数 | 记账凭证起讫号数 |
|---|---|---|---|---|
| | 借方余额 | 贷方余额 | | |
| 库存现金 | | 500 | | 记1～记13 |
| 银行存款 | 585 000 | 15 210 | | |
| 其他应收款 | | 2 000 | | |
| 原材料 | 3 000 | 1 100 | | |
| 库存商品 | | 300 000 | | |
| 累计折旧 | | 6 000 | | |
| 应交税费 | 510 | 85 000 | | |
| 应付账款 | 11 700 | | | |
| 应付职工薪酬 | | 200 000 | | |
| 生产成本 | 160 000 | | | |
| 制造费用 | 19 000 | 19 000 | | |
| 主营业务收入 | 500 000 | 500 000 | | |
| 主营业务成本 | 300 000 | 300 000 | | |
| 管理费用 | 23 600 | 23 600 | | |
| 销售费用 | 26 000 | 26 000 | | |
| 本年利润 | 500 000 | 500 000 | | |
| 利润分配 | | 150 400 | | |
| 合　　计 | 2 128 810 | 2 128 810 | | |

**表7-41 总分类账**

账户名称：库存现金                                          第1页

| 2015年 | | 凭证 | | 摘　要 | 借　方 | | | | | | | | | | 贷　方 | | | | | | | | | | 借或贷 | 余　额 | | | | | | | | | |
|---|---|---|---|---|---|---|---|---|---|---|---|---|---|---|---|---|---|---|---|---|---|---|---|---|---|---|---|---|---|---|---|---|---|---|---|
| 月 | 日 | 种类 | 编号 | | 千 | 百 | 十 | 万 | 千 | 百 | 十 | 元 | 角 | 分 | 千 | 百 | 十 | 万 | 千 | 百 | 十 | 元 | 角 | 分 | | 千 | 百 | 十 | 万 | 千 | 百 | 十 | 元 | 角 | 分 |
| 11 | 1 | | | 期初余额 | | | | | | | | | | | | | | | | | | | | | 借 | | | | | 5 | 0 | 0 | 0 | 0 | 0 |
| | 30 | 账汇 | 1 | 1～30日发生额 | | | | | | | | | | | | | | | 5 | 0 | 0 | 0 | 0 | 借 | | | | | 4 | 5 | 0 | 0 | 0 | 0 |

126

## 表7-42　总分类账

账户名称：银行存款　　　　　　　　　　　　　　　　　　　　　　　第2页

| 2015年 | | 凭证 | | 摘　要 | 借　方 | | | | | | | | | | 贷　方 | | | | | | | | | | 借或贷 | 余　额 | | | | | | | | | |
|---|---|---|---|---|---|---|---|---|---|---|---|---|---|---|---|---|---|---|---|---|---|---|---|---|---|---|---|---|---|---|---|---|---|---|---|---|
| 月 | 日 | 种类 | 编号 | | 千 | 百 | 十 | 万 | 千 | 百 | 十 | 元 | 角 | 分 | 千 | 百 | 十 | 万 | 千 | 百 | 十 | 元 | 角 | 分 | | 千 | 百 | 十 | 万 | 千 | 百 | 十 | 元 | 角 | 分 |
| 11 | 1 | | | 期初余额 | | | | | | | | | | | | | | | | | | | | | 借 | | | 2 | 0 | 0 | 0 | 0 | 0 | 0 | 0 |
| | 30 | 账汇 | 1 | 1～30日发生额 | | | 5 | 8 | 5 | 0 | 0 | 0 | 0 | 0 | | | 1 | 5 | 2 | 1 | 0 | 0 | 0 | 0 | 借 | | | 7 | 6 | 9 | 7 | 9 | 0 | 0 | 0 |

## 表7-43　总分类账

账户名称：其他应收款　　　　　　　　　　　　　　　　　　　　　　第3页

| 2015年 | | 凭证 | | 摘　要 | 借　方 | | | | | | | | | | 贷　方 | | | | | | | | | | 借或贷 | 余　额 | | | | | | | | | |
|---|---|---|---|---|---|---|---|---|---|---|---|---|---|---|---|---|---|---|---|---|---|---|---|---|---|---|---|---|---|---|---|---|---|---|---|---|
| 月 | 日 | 种类 | 编号 | | 千 | 百 | 十 | 万 | 千 | 百 | 十 | 元 | 角 | 分 | 千 | 百 | 十 | 万 | 千 | 百 | 十 | 元 | 角 | 分 | | 千 | 百 | 十 | 万 | 千 | 百 | 十 | 元 | 角 | 分 |
| 11 | 1 | | | 期初余额 | | | | | | | | | | | | | | | | | | | | | 借 | | | | | 2 | 0 | 0 | 0 | 0 | 0 |
| | 30 | 账汇 | 1 | 1～30日发生额 | | | | | | | | | | | | | | | | 2 | 0 | 0 | 0 | 0 | 0 | 平 | | | | | | | | | | 0 |

## 表7-44　总分类账

账户名称：原材料　　　　　　　　　　　　　　　　　　　　　　　　第4页

| 2015年 | | 凭证 | | 摘　要 | 借　方 | | | | | | | | | | 贷　方 | | | | | | | | | | 借或贷 | 余　额 | | | | | | | | | |
|---|---|---|---|---|---|---|---|---|---|---|---|---|---|---|---|---|---|---|---|---|---|---|---|---|---|---|---|---|---|---|---|---|---|---|---|---|
| 月 | 日 | 种类 | 编号 | | 千 | 百 | 十 | 万 | 千 | 百 | 十 | 元 | 角 | 分 | 千 | 百 | 十 | 万 | 千 | 百 | 十 | 元 | 角 | 分 | | 千 | 百 | 十 | 万 | 千 | 百 | 十 | 元 | 角 | 分 |
| 11 | 1 | | | 期初余额 | | | | | | | | | | | | | | | | | | | | | 借 | | | | 2 | 5 | 0 | 0 | 0 | 0 | 0 |
| | 30 | 账汇 | 1 | 1～30日发生额 | | | | | 3 | 0 | 0 | 0 | 0 | 0 | | | | | 1 | 1 | 0 | 0 | 0 | 0 | 借 | | | | 2 | 6 | 9 | 0 | 0 | 0 | 0 |

### 表7-45　总分类账

账户名称：库存商品　　　　　　　　　　　　　　　　　　　　　第5页

| 2015年 | | 凭证 | | 摘要 | 借方 | | | | | | | | | | 贷方 | | | | | | | | | | 借或贷 | 余额 | | | | | | | | | |
|---|---|---|---|---|---|---|---|---|---|---|---|---|---|---|---|---|---|---|---|---|---|---|---|---|---|---|---|---|---|---|---|---|---|---|---|
| 月 | 日 | 种类 | 编号 | | 千 | 百 | 十 | 万 | 千 | 百 | 十 | 元 | 角 | 分 | 千 | 百 | 十 | 万 | 千 | 百 | 十 | 元 | 角 | 分 | | 千 | 百 | 十 | 万 | 千 | 百 | 十 | 元 | 角 | 分 |
| 11 | 1 | | | 期初余额 | | | | | | | | | | | | | | | | | | | | | 借 | | | 5 | 0 | 0 | 0 | 0 | 0 | 0 | 0 |
| | 30 | 账汇 | 1 | 1~30日发生额 | | | | | | | | | | | | | 3 | 0 | 0 | 0 | 0 | 0 | 0 | 0 | 借 | | | 2 | 0 | 0 | 0 | 0 | 0 | 0 | 0 |

### 表7-46　总分类账

账户名称：固定资产　　　　　　　　　　　　　　　　　　　　　第6页

| 2015年 | | 凭证 | | 摘要 | 借方 | | | | | | | | | | 贷方 | | | | | | | | | | 借或贷 | 余额 | | | | | | | | | |
|---|---|---|---|---|---|---|---|---|---|---|---|---|---|---|---|---|---|---|---|---|---|---|---|---|---|---|---|---|---|---|---|---|---|---|---|
| 月 | 日 | 种类 | 编号 | | 千 | 百 | 十 | 万 | 千 | 百 | 十 | 元 | 角 | 分 | 千 | 百 | 十 | 万 | 千 | 百 | 十 | 元 | 角 | 分 | | 千 | 百 | 十 | 万 | 千 | 百 | 十 | 元 | 角 | 分 |
| 11 | 1 | | | 期初余额 | | | | | | | | | | | | | | | | | | | | | 借 | | | 8 | 0 | 0 | 0 | 0 | 0 | 0 | 0 |

### 表7-47　总分类账

账户名称：累计折旧　　　　　　　　　　　　　　　　　　　　　第7页

| 2015年 | | 凭证 | | 摘要 | 借方 | | | | | | | | | | 贷方 | | | | | | | | | | 借或贷 | 余额 | | | | | | | | | |
|---|---|---|---|---|---|---|---|---|---|---|---|---|---|---|---|---|---|---|---|---|---|---|---|---|---|---|---|---|---|---|---|---|---|---|---|
| 月 | 日 | 种类 | 编号 | | 千 | 百 | 十 | 万 | 千 | 百 | 十 | 元 | 角 | 分 | 千 | 百 | 十 | 万 | 千 | 百 | 十 | 元 | 角 | 分 | | 千 | 百 | 十 | 万 | 千 | 百 | 十 | 元 | 角 | 分 |
| 11 | 1 | | | 期初余额 | | | | | | | | | | | | | | | | | | | | | 贷 | | | | 5 | 0 | 0 | 0 | 0 | 0 | 0 |
| | 30 | 账汇 | 1 | 1~30日发生额 | | | | | | | | | | | | | | 6 | 0 | 0 | 0 | 0 | 0 | | 贷 | | | | 5 | 6 | 0 | 0 | 0 | 0 | 0 |

表7-48　总分类账

账户名称：应付账款　　　　　　　　　　　　　　　　　　　　　　第8页

| 2015年 月 | 日 | 凭证 种类 | 编号 | 摘要 | 借方 千 | 百 | 十 | 万 | 千 | 百 | 十 | 元 | 角 | 分 | 贷方 千 | 百 | 十 | 万 | 千 | 百 | 十 | 元 | 角 | 分 | 借或贷 | 余额 千 | 百 | 十 | 万 | 千 | 百 | 十 | 元 | 角 | 分 |
|---|---|---|---|---|---|---|---|---|---|---|---|---|---|---|---|---|---|---|---|---|---|---|---|---|---|---|---|---|---|---|---|---|---|---|---|
| 11 | 1 | | | 期初余额 | | | | | | | | | | | | | | | | | | | | | 贷 | | | 1 | 1 | 7 | 0 | 0 | 0 | 0 | 0 |
| | 30 | 账汇 | 1 | 1～30日发生额 | | | 1 | 1 | 7 | 0 | 0 | 0 | 0 | 0 | | | | | | | | | | | 平 | | | | | | | | | | 0 |

表7-49　总分类账

账户名称：应付职工薪酬　　　　　　　　　　　　　　　　　　　　第9页

| 2015年 月 | 日 | 凭证 种类 | 编号 | 摘要 | 借方 千 | 百 | 十 | 万 | 千 | 百 | 十 | 元 | 角 | 分 | 贷方 千 | 百 | 十 | 万 | 千 | 百 | 十 | 元 | 角 | 分 | 借或贷 | 余额 千 | 百 | 十 | 万 | 千 | 百 | 十 | 元 | 角 | 分 |
|---|---|---|---|---|---|---|---|---|---|---|---|---|---|---|---|---|---|---|---|---|---|---|---|---|---|---|---|---|---|---|---|---|---|---|---|
| 11 | 30 | 账汇 | 1 | 1～30日发生额 | | | | | | | | | | | | 2 | 0 | 0 | 0 | 0 | 0 | 0 | 0 | 0 | 贷 | | 2 | 0 | 0 | 0 | 0 | 0 | 0 | 0 | 0 |

表7-50　总分类账

账户名称：应交税费　　　　　　　　　　　　　　　　　　　　　　第10页

| 2015年 月 | 日 | 凭证 种类 | 编号 | 摘要 | 借方 千 | 百 | 十 | 万 | 千 | 百 | 十 | 元 | 角 | 分 | 贷方 千 | 百 | 十 | 万 | 千 | 百 | 十 | 元 | 角 | 分 | 借或贷 | 余额 千 | 百 | 十 | 万 | 千 | 百 | 十 | 元 | 角 | 分 |
|---|---|---|---|---|---|---|---|---|---|---|---|---|---|---|---|---|---|---|---|---|---|---|---|---|---|---|---|---|---|---|---|---|---|---|---|
| 11 | 30 | 账汇 | 1 | 1～30日发生额 | | | | | | 5 | 1 | 0 | 0 | 0 | | | | 8 | 5 | 0 | 0 | 0 | 0 | 0 | 贷 | | | | 8 | 4 | 4 | 9 | 0 | 0 | 0 | 0 |

表7-51　总分类账

账户名称：生产成本　　　　　　　　　　　　　　　　　　　　　　　　　第 11 页

| 2015年 月 | 日 | 凭证 种类 | 凭证 编号 | 摘要 | 借方 千 | 百 | 十 | 万 | 千 | 百 | 十 | 元 | 角 | 分 | 贷方 千 | 百 | 十 | 万 | 千 | 百 | 十 | 元 | 角 | 分 | 借或贷 | 余额 千 | 百 | 十 | 万 | 千 | 百 | 十 | 元 | 角 | 分 |
|---|---|---|---|---|---|---|---|---|---|---|---|---|---|---|---|---|---|---|---|---|---|---|---|---|---|---|---|---|---|---|---|---|---|---|---|
| 11 | 1 | | | 期初余额 | | | | | | | | | | | | | | | | | | | | | 借 | | | | 1 | 9 | 2 | 0 | 0 | 0 | 0 |
| | 30 | 账汇 | 1 | 1~30日发生额 | | | 1 | 6 | 0 | 0 | 0 | 0 | 0 | 0 | | | | | | | | | | | 借 | | | | 1 | 7 | 9 | 2 | 0 | 0 | 0 |
| | | | | | | | | | | | | | | | | | | | | | | | | | | | | | | | | | | | |
| | | | | | | | | | | | | | | | | | | | | | | | | | | | | | | | | | | | |

表7-52　总分类账

账户名称：制造费用　　　　　　　　　　　　　　　　　　　　　　　　　第 12 页

| 2015年 月 | 日 | 凭证 种类 | 凭证 编号 | 摘要 | 借方 千 | 百 | 十 | 万 | 千 | 百 | 十 | 元 | 角 | 分 | 贷方 千 | 百 | 十 | 万 | 千 | 百 | 十 | 元 | 角 | 分 | 借或贷 | 余额 千 | 百 | 十 | 万 | 千 | 百 | 十 | 元 | 角 | 分 |
|---|---|---|---|---|---|---|---|---|---|---|---|---|---|---|---|---|---|---|---|---|---|---|---|---|---|---|---|---|---|---|---|---|---|---|---|
| 11 | 30 | 账汇 | 1 | 1~30日发生额 | | | | 1 | 9 | 0 | 0 | 0 | 0 | 0 | | | | 1 | 9 | 0 | 0 | 0 | 0 | 0 | 平 | | | | | | | | | | 0 |
| | | | | | | | | | | | | | | | | | | | | | | | | | | | | | | | | | | | |
| | | | | | | | | | | | | | | | | | | | | | | | | | | | | | | | | | | | |

表7-53　总分类账

账户名称：主营业务收入　　　　　　　　　　　　　　　　　　　　　　　第 13 页

| 2015年 月 | 日 | 凭证 种类 | 凭证 编号 | 摘要 | 借方 千 | 百 | 十 | 万 | 千 | 百 | 十 | 元 | 角 | 分 | 贷方 千 | 百 | 十 | 万 | 千 | 百 | 十 | 元 | 角 | 分 | 借或贷 | 余额 千 | 百 | 十 | 万 | 千 | 百 | 十 | 元 | 角 | 分 |
|---|---|---|---|---|---|---|---|---|---|---|---|---|---|---|---|---|---|---|---|---|---|---|---|---|---|---|---|---|---|---|---|---|---|---|---|
| 11 | 30 | 账汇 | 1 | 1~30日发生额 | | | 5 | 0 | 0 | 0 | 0 | 0 | 0 | 0 | | | 5 | 0 | 0 | 0 | 0 | 0 | 0 | 0 | 平 | | | | | | | | | | 0 |
| | | | | | | | | | | | | | | | | | | | | | | | | | | | | | | | | | | | |
| | | | | | | | | | | | | | | | | | | | | | | | | | | | | | | | | | | | |

表7-54 总分类账

账户名称：主营业务成本　　　　　　　　　　　　　　　　　　　　　第 14 页

| 2015年 | | 凭证 | | 摘要 | 借方 | | | | | | | | | 贷方 | | | | | | | | | 借或贷 | 余额 | | | | | | | | |
|---|---|---|---|---|---|---|---|---|---|---|---|---|---|---|---|---|---|---|---|---|---|---|---|---|---|---|---|---|---|---|---|---|
| 月 | 日 | 种类 | 编号 | | 千 | 百 | 十 | 万 | 千 | 百 | 十 | 元 | 角 | 分 | 千 | 百 | 十 | 万 | 千 | 百 | 十 | 元 | 角 | 分 | | 千 | 百 | 十 | 万 | 千 | 百 | 十 | 元 | 角 | 分 |
| 11 | 30 | 账汇 | 1 | 1～30日发生额 | | | 3 | 0 | 0 | 0 | 0 | 0 | 0 | 0 | | | 3 | 0 | 0 | 0 | 0 | 0 | 0 | 0 | 平 | | | | | | | | | | 0 |

表7-55 总分类账

账户名称：管理费用　　　　　　　　　　　　　　　　　　　　　　　第 15 页

| 2015年 | | 凭证 | | 摘要 | 借方 | | | | | | | | | 贷方 | | | | | | | | | 借或贷 | 余额 | | | | | | | | |
|---|---|---|---|---|---|---|---|---|---|---|---|---|---|---|---|---|---|---|---|---|---|---|---|---|---|---|---|---|---|---|---|---|
| 月 | 日 | 种类 | 编号 | | 千 | 百 | 十 | 万 | 千 | 百 | 十 | 元 | 角 | 分 | 千 | 百 | 十 | 万 | 千 | 百 | 十 | 元 | 角 | 分 | | 千 | 百 | 十 | 万 | 千 | 百 | 十 | 元 | 角 | 分 |
| 11 | 30 | 账汇 | 1 | 1～30日发生额 | | | | 2 | 3 | 6 | 0 | 0 | 0 | 0 | | | | 2 | 3 | 6 | 0 | 0 | 0 | 0 | 平 | | | | | | | | | | 0 |

表7-56 总分类账

账户名称：销售费用　　　　　　　　　　　　　　　　　　　　　　　第 16 页

| 2015年 | | 凭证 | | 摘要 | 借方 | | | | | | | | | 贷方 | | | | | | | | | 借或贷 | 余额 | | | | | | | | |
|---|---|---|---|---|---|---|---|---|---|---|---|---|---|---|---|---|---|---|---|---|---|---|---|---|---|---|---|---|---|---|---|---|
| 月 | 日 | 种类 | 编号 | | 千 | 百 | 十 | 万 | 千 | 百 | 十 | 元 | 角 | 分 | 千 | 百 | 十 | 万 | 千 | 百 | 十 | 元 | 角 | 分 | | 千 | 百 | 十 | 万 | 千 | 百 | 十 | 元 | 角 | 分 |
| 11 | 30 | 账汇 | 1 | 1～30日发生额 | | | | 2 | 6 | 0 | 0 | 0 | 0 | 0 | | | | 2 | 6 | 0 | 0 | 0 | 0 | 0 | 平 | | | | | | | | | | 0 |

表7-57　总分类账

账户名称：本年利润　　　　　　　　　　　　　　　　　　　　　第 17 页

| 2015年 | | 凭证 | | 摘要 | 借方 | | | | | | | | | | 贷方 | | | | | | | | | | 借或贷 | 余额 | | | | | | | | | |
|---|---|---|---|---|---|---|---|---|---|---|---|---|---|---|---|---|---|---|---|---|---|---|---|---|---|---|---|---|---|---|---|---|---|---|
| 月 | 日 | 种类 | 编号 | | 千 | 百 | 十 | 万 | 千 | 百 | 十 | 元 | 角 | 分 | 千 | 百 | 十 | 万 | 千 | 百 | 十 | 元 | 角 | 分 | | 千 | 百 | 十 | 万 | 千 | 百 | 十 | 元 | 角 | 分 |
| 11 | 30 | 账汇 | 1 | 1~30日发生额 | | 5 | 0 | 0 | 0 | 0 | 0 | 0 | 0 | 0 | | 5 | 0 | 0 | 0 | 0 | 0 | 0 | 0 | 0 | 平 | | | | | | | | | | 0 |
| | | | | | | | | | | | | | | | | | | | | | | | | | | | | | | | | | | | |
| | | | | | | | | | | | | | | | | | | | | | | | | | | | | | | | | | | | |
| | | | | | | | | | | | | | | | | | | | | | | | | | | | | | | | | | | | |
| | | | | | | | | | | | | | | | | | | | | | | | | | | | | | | | | | | | |

表7-58　总分类账

账户名称：利润分配　　　　　　　　　　　　　　　　　　　　　第 18 页

| 2015年 | | 凭证 | | 摘要 | 借方 | | | | | | | | | | 贷方 | | | | | | | | | | 借或贷 | 余额 | | | | | | | | | |
|---|---|---|---|---|---|---|---|---|---|---|---|---|---|---|---|---|---|---|---|---|---|---|---|---|---|---|---|---|---|---|---|---|---|---|---|
| 月 | 日 | 种类 | 编号 | | 千 | 百 | 十 | 万 | 千 | 百 | 十 | 元 | 角 | 分 | 千 | 百 | 十 | 万 | 千 | 百 | 十 | 元 | 角 | 分 | | 千 | 百 | 十 | 万 | 千 | 百 | 十 | 元 | 角 | 分 |
| 11 | 1 | | | 期初余额 | | | | | | | | | | | | | | | | | | | | | 贷 | | 5 | 9 | 9 | 7 | 0 | 0 | 0 | 0 | 0 |
| | 30 | 账汇 | 1 | 1~30日发生额 | | | | | | | | | | | | 1 | 5 | 0 | 4 | 0 | 0 | 0 | 0 | 0 | 贷 | | 7 | 5 | 0 | 1 | 0 | 0 | 0 | 0 | 0 |
| | | | | | | | | | | | | | | | | | | | | | | | | | | | | | | | | | | | |
| | | | | | | | | | | | | | | | | | | | | | | | | | | | | | | | | | | | |
| | | | | | | | | | | | | | | | | | | | | | | | | | | | | | | | | | | | |

**想一想**

总账和明细账存在什么关系？登记总账有哪些依据？

**课堂活动**

目的：熟练掌握总账的登记方法。

形式：个人完成任务。

用品用具：三栏式账页。

地点：教学场所。

时间：80分钟。

资料：中垦公司2015年11月初有关账户余额为：银行存款为250 000元；库存现金为

11 000元；原材料90 000元；应付账款58 500元；其他应收款1 000元；应收账款35 100元；生产成本100 000元。11月份发生经济业务的会计分录如下（限于篇幅，原始凭证省略，记账凭证以会计分录代替）。

业务1：6日，开出一张35 100元的转账支票，购买材料500kg，单价60元，取得增值税专用发票，注明价款为30 000元，增值税5 100元，材料入库。

借：原材料 30 000
　　应交税费——应交增值税 5 100
　　　贷：银行存款 35 100

业务2：10日，职工张志伟报销差旅费650元，原来预借差旅费1 000元，剩余现金退回财务部。

借：管理费用 650
　　库存现金 350
　　　贷：其他应收款 1 000

业务3：16日，收回应收海事公司货款35 100元。

借：银行存款 35 100
　　　贷：应收账款 35 100

业务4：20日，从海滨公司购买材料500kg，单价60元，取得增值税专用发票，注明价款为30 000元，增值税5 100元，材料已验收入库，货款尚未支付。

借：原材料 30 000
　　应交税费——应交增值税 5 100
　　　贷：应付账款 35 100

业务5：23日，产品领用材料100kg，管理部门领用材料10kg，材料单位成本60元。

借：生产成本 6 000
　　管理费用 600
　　　贷：原材料 6 600

业务6：26日，管理部门报销招待费300元，以现金支付。

借：管理费用 300
　　　贷：库存现金 300

业务7：28日，用银行存款支付本月商品展览费500元。

借：销售费用 500
　　　贷：银行存款 500

业务8：29日，销售产品一批，开具增值税专用发票，注明价款为900 000元，增值税153 000元，该批产品成本500 000元，货款已收存银行。

借：银行存款 1 053 000
　　　贷：主营业务收入 900 000
　　　　　应交税费——应交增值税 153 000

业务9：30日，分配本月工资费用500 000元，其中，生产人员300 000元，管理人员80 000元，销售人员120 000元。

借：生产成本 300 000

| 　管理费用 | 80 000 |
| 　销售费用 | 120 000 |
| 　　贷：应付职工薪酬 | 500 000 |

业务10：30日，计提本月固定资产折旧5 000元，其中，生产车间3 000元，管理部门1 000元，销售部门1 000元。

| 借：生产成本 | 3 000 |
| 　管理费用 | 1 000 |
| 　销售费用 | 1 000 |
| 　　贷：累计折旧 | 5 000 |

业务11：30日，本月验收入库产品成本为50 000元。

| 借：库存商品 | 50 000 |
| 　　贷：生产成本 | 50 000 |

业务12：30日，结转已售商品成本50 000元。

| 借：主营业务成本 | 50 000 |
| 　　贷：库存商品 | 50 000 |

业务13：30日，结转当期损益。

| 借：主营业务收入 | 900 000 |
| 　　贷：本年利润 | 900 000 |
| 借：本年利润 | 254 050 |
| 　　贷：主营业务成本 | 50 000 |
| 　　　管理费用 | 82 550 |
| 　　　销售费用 | 121 500 |

业务14：30日，按25%的税率计算本月应交所得税。

应交所得税=（900 000-254 050）×25%=645 950×25%=161 487.50(元)

| 借：所得税费用 | 161 487.50 |
| 　　贷：应交税费——应交所得税 | 161 487.50 |

业务15：30日，结转所得税费用。

| 借：本年利润 | 161 487.50 |
| 　　贷：所得税费用 | 161 487.50 |

业务16：30日，结转本年利润。

| 借：本年利润 | 484 462.50 |
| 　　贷：利润分配 | 484 462.50 |

要求：用记账凭证会计工作流程和账户汇总表会计工作流程两种方法，分别登记所涉及的总账。

评价：从全面性、正确性、规范化和效率四方面评价。

5. 备查账簿的登记方法

备查账簿是对某些在序时账簿和分类账簿等主要账簿中未能登记或记载不全的经济业务进行补充登记的账簿。其登记不需要记账凭证，甚至不需要一般意义上的原始凭证。因备查记录内容不同，因此，备查账没有固定格式。

备查账登记不以金额为主要内容，在登记方法上，更注重用文字来记录某项经济业务的发生情况。例如，经营租入固定资产，虽然固定资产不属于租入方，但该固定资产存放在租入方，出现损坏、丢失等均应由租入方负责，所以，租入方要设置租入固定资产备查登记簿，即备查账，登记出租单位、设备名称、规格、编号、设备原值、净值、租用时间、月份或年度租金数额、租金支付方式、租用期间修理或改造的有关规定，以及损坏赔偿规定、期满退租方式及退租时间等重要信息。租入固定资产登记簿的格式见表7-59。

表7-59　租入固定资产登记簿

| 名称及规格 | 租　约 | 租出单位 | 租入时间 | 租　金 | 使用单位 | | 归还时间 |
| --- | --- | --- | --- | --- | --- | --- | --- |
| | | | | | 时　间 | 部　门 | |
| | | | | | | | |
| | | | | | | | |

# 任务7.2　对　　账

任务描述

明确对账工作内容，学会对账，包括账簿与会计凭证、总账与所属明细账、总账与日记账、总账与总账、明细账与明细账、账簿记录与实际资产核对，熟练编制银行存款余额调节表，掌握平衡试算的方法，熟练编制平衡试算表。

## 一、对账的概念

对账就是按照一定的程序和方法对账、证所记录的内容进行核对，对资产进行查验，以保证账证相符、账账相符、账实相符的会计活动。其目的是保证凭证、账簿记录的真实性和准确性。

对账不仅是单位管理的需要，也是法规的要求。《会计法》明确规定："各单位应当定期将会计账簿与实物、款项及有关资料相互核对，保证会计账簿记录与实物及款项的实有数字相符、会计账簿记录与会计凭证的有关内容相符、会计账簿之间相对应的记录相符、会计账簿记录与会计报表的有关内容相符。"《会计基础工作规范》的要求是："各单位应当定期将会计账簿记录的有关数字与库存实物、货币资金、有价证券往来单位或个人等进行相互核对，保证账证相符、账账相符和账实相符，对账工作每年至少进行一次。"

对账可以发现会计工作中的问题，有利于会计核算质量的提升。对加强单位内部控制，建立健全经济责任制，提高会计人员业务素质等，有着重要作用。

## 二、对账的内容

对账的内容主要有账证核对、账账核对和账实核对。

### （一）账证核对

账证核对是指账簿记录与会计凭证（原始凭证和记账凭证）记录的核对。虽然账簿登记依据的是审核无误的会计凭证，但工作中仍然可能发生账证不符的情况。因此，记账后，要将账簿记录与会计凭证进行核对。核对时，要核对账簿记录与原始凭证、记账凭证的时间、凭证字号、内容、金额等是否一致，记账方向是否相符，以便发现问题，及时处理，确保账证记录的准确。

### （二）账账核对

账账核对是指不同会计账簿之间记录的核对。各会计账簿是一个有机的整体，既有分工，又有联系，各种账簿之间的这种联系就是常说的钩稽关系。通过账账核对能够发现这种联系是否存在，以此判定记账工作是否有误。账账核对细分为以下内容。

#### 1. 总账与总账核对

所有账户期初借方余额合计数与所有账户期初贷方余额合计数应该相符；所有账户本期借方发生额合计数与所有账户本期贷方发生额合计数应该相符；所有账户期末借方余额合计数与所有账户期末贷方余额合计数应该相符。如果核对发现期初余额、本期发生额和期末余额不符合上述平衡关系，账簿记录一定有问题。可见，通过这种等式和平衡关系，可以检查总账记录的正确性和完整性。总账之间核对通常采用平衡试算法。

平衡试算法是指利用"资产＝负债＋所有者权益"的平衡原理，按照借贷记账法的记账规律，通过汇总、计算和比较，来检查会计账户处理和账簿记录的正确性、完整性的一种方法。在借贷记账法下，每一笔经济业务或事项在账户记录时，其借方金额和贷方金额都相等，因此，全部账户的借方发生额和贷方发生额也应该相等，如果不等，说明账户记录一定有错误。

试算平衡通常是在期末（月末）结出各个账户的本期发生额和期末（月末）余额后，通过编制平衡试算表的方式进行。平衡试算方法有两类，发生额平衡试算法和余额平衡试算法。

（1）发生额平衡试算法。发生额平衡试算法是根据本期所有账户借方发生额合计与贷方发生额合计的恒等关系，检验本期发生额记录是否正确的方法。其公式为

所有账户本期借方发生额合计=所有账户本期贷方发生额合计

（2）余额平衡试算法。余额平衡试算法是根据本期所有账户借方余额合计与贷方余额合计的恒等关系，检验本期账户记录是否正确的方法。余额平衡试算法有期初余额平衡试算法与期末余额平衡试算法两种方法。其公式为

所有账户的期初借方余额合计＝所有账户的期初贷方余额合计
所有账户的期末借方余额合计＝所有账户的期末贷方余额合计

（3）发生额和余额平衡试算法。发生额和余额平衡试算法是将发生额平衡试算法和余额平衡试算法结合起来进行试算平衡的方法。这种方法更全面、更完整，可最大限度地检查存在的问题，因此是实际工作中常用的方法。

总账账户本期发生额和余额对照表（简称"平衡试算表"）的格式见表7-60。

表7-60　总账账户本期发生额和余额对照表
（平衡试算表）
年　月

| 账户名称 | 期初余额 | | 本期发生额 | | 期末余额 | |
|---|---|---|---|---|---|---|
| | 借　方 | 贷　方 | 借　方 | 贷　方 | 借　方 | 贷　方 |
| 库存现金 | | | | | | |
| 银行存款 | | | | | | |
| 应收账款 | | | | | | |
| 库存商品 | | | | | | |
| 应付账款 | | | | | | |
| 实收资本 | | | | | | |
| 生产成本 | | | | | | |
| 本年利润 | | | | | | |
| …… | | | | | | |
| 合　计 | | | | | | |

### 请注意

如果发生额和余额都不平衡，说明账簿记录一定有问题。如果发生额和余额都平衡，不能说明账簿记录一定没有问题，因为有些错误并不影响借贷平衡。例如，在有关账户中重记或漏记某些经济业务，或者将借贷记账方向弄反，都不能通过试算平衡发现错误。

典型任务实例7-4

资料：中速公司2015年10月初有关总账账户余额见表7-61。

表7-61　总账账户期初余额

| 账户名称 | 借方余额 | 账户名称 | 贷方余额 |
|---|---|---|---|
| 库存现金 | 3 300 | 累计折旧 | 230 000 |
| 银行存款 | 1 260 200 | 短期借款 | 500 000 |
| 应收账款 | 58 500 | 应付账款 | 35 100 |
| 原材料 | 199 000 | 实收资本 | 3 600 000 |
| 固定资产 | 3 500 000 | 利润分配 | 655 900 |
| 合　计 | 5 021 000 | 合　计 | 5 021 000 |

公司采用记账凭证会计工作流程进行总账登记。

公司10月份发生的部分经济业务如下。

业务1：3日，接受货币资金投资200 000元，投资款已到公司账户。

业务2：6日，购买乙材料50kg，单价100元，发票注明价款5 000元，增值税850元，材料已验收入库，货款尚未支付。

业务3：10日，从银行提取现金2 000元。

业务4：15日，购买甲材料100kg，单价200元，发票注明价款20 000元，增值税3 400元，材料已验收入库，货款已开出转账支票支付。

业务5：19日，开出面额为4 000元的现金支票，预付张明汉差旅费。

业务6：22日，办公室主任报销200元的办公用品费，以现金支付。

业务7：26日，用银行存款35 100元归还前欠货款。

业务8：31日，管理部门领用乙材料5kg，单位成本100元。

要求：编制发生额及余额试算平衡表。

任务解析：

第一步，根据所给经济业务填制记账凭证（这里以会计分录代替）。

业务1：借：银行存款　　　　　　　　　　200 000
　　　　　贷：实收资本　　　　　　　　　　　　200 000

业务2：借：原材料　　　　　　　　　　　5 000
　　　　　应交税费——应交增值税　　　　850
　　　　　贷：应付账款　　　　　　　　　　　　5 850

业务3：借：库存现金　　　　　　　　　　2 000
　　　　　贷：银行存款　　　　　　　　　　　　2 000

业务4：借：原材料　　　　　　　　　　　20 000
　　　　　应交税费——应交增值税　　　　3 400
　　　　　贷：银行存款　　　　　　　　　　　　23 400

业务5：借：其他应收款　　　　　　　　　4 000
　　　　　贷：银行存款　　　　　　　　　　　　4 000

业务6：借：管理费用　　　　　　　　　　200
　　　　　贷：库存现金　　　　　　　　　　　　200

业务7：借：应付账款　　　　　　　　　　35 100
　　　　　贷：银行存款　　　　　　　　　　　　35 100

业务8：借：管理费用　　　　　　　　　　500
　　　　　贷：原材料　　　　　　　　　　　　　500

第二步，根据记账凭证登记相关账簿（这里账簿记录用"T"形账户表示，见图7-1）。

| 借方 | 库存现金 | 贷方 | | 借方 | 银行存款 | 贷方 |
|---|---|---|---|---|---|---|
| 期初余额　　3 300 | | | | 期初余额　1 260 200 | ③2 000 | |
| ③2 000 | | | | ①200 000 | ④23 400 | |
| | ⑥200 | | | | ⑤4 000 | |
| | | | | | ⑦35 100 | |
| 本期发生额　2 000 | 本期发生额　200 | | | 本期发生额　200 000 | 本期发生额　64 500 | |
| 期末余额　　5 100 | | | | 期末余额　1 395 700 | | |

(1)　　　　　　　　　　　　　　　　　　(2)

图7-1　"T"形账户表示的账簿

| 借方 | 原材料 | | 贷方 |
|---|---|---|---|
| 期初余额 | 199 000 | ⑧500 | |
| | ②5 000 | | |
| | ④20 000 | | |
| 本期发生额 | 25 000 | 本期发生额 | 500 |
| 期末余额 | 223 500 | | |

(3)

| 借方 | 其他应收款 | | 贷方 |
|---|---|---|---|
| | ⑤4 000 | | |
| 本期发生额 | 4 000 | 本期发生额 | 0 |
| 期末余额 | 4 000 | | |

(4)

| 借方 | 应收账款 | | 贷方 |
|---|---|---|---|
| 期初余额 | 58 500 | | |
| 本期发生额 | 0 | 本期发生额 | 0 |
| 期末余额 | 58 500 | | |

(5)

| 借方 | 固定资产 | | 贷方 |
|---|---|---|---|
| 期初余额 | 3 500 000 | | |
| 本期发生额 | 0 | 本期发生额 | 0 |
| 期末余额 | 3 500 000 | | |

(6)

| 借方 | 应付账款 | | 贷方 |
|---|---|---|---|
| | | 期初余额 | 35 100 |
| ⑦35 100 | | ②5 850 | |
| 本期发生额 | 35 100 | 本期发生额 | 5 850 |
| | | 期末余额 | 5 850 |

(7)

| 借方 | 实收资本 | | 贷方 |
|---|---|---|---|
| | | 期初余额 | 3 600 000 |
| | | ①200 000 | |
| 本期发生额 | 0 | 本期发生额 | 200 000 |
| | | 期末余额 | 3 800 000 |

(8)

| 借方 | 累计折旧 | | 贷方 |
|---|---|---|---|
| | | 期初余额 | 230 000 |
| 本期发生额 | 0 | 本期发生额 | 0 |
| | | 期末余额 | 230 000 |

(9)

| 借方 | 短期借款 | | 贷方 |
|---|---|---|---|
| | | 期初余额 | 500 000 |
| 本期发生额 | 0 | 本期发生额 | 0 |
| | | 期末余额 | 500 000 |

(10)

| 借方 | 应交税费 | | 贷方 |
|---|---|---|---|
| | ②850 | | |
| | ④3 400 | | |
| 本期发生额 | 4 250 | 本期发生额 | 0 |
| 期末余额 | 4 250 | | |

(11)

| 借方 | 管理费用 | | 贷方 |
|---|---|---|---|
| | ⑥200 | | |
| | ⑧500 | | |
| 本期发生额 | 700 | 本期发生额 | 0 |
| 期末余额 | 700 | | |

(12)

| 借方 | 利润分配 | | 贷方 |
|---|---|---|---|
| 期初余额 | 655 900 | | |
| 本期发生额 | 0 | 本期发生额 | 0 |
| 期末余额 | 655 900 | | |

(13)

图 7-1(续)

第三步，根据所给账户的期初余额、本期发生额及期末余额编制平衡试算表（见表7-62）。

表7-62　平衡试算表

2015年10月31日

| 账户名称 | 期初余额 | | 本期发生额 | | 期末余额 | |
|---|---|---|---|---|---|---|
| | 借　方 | 贷　方 | 借　方 | 贷　方 | 借　方 | 贷　方 |
| 库存现金 | 3 300 | | 2 000 | 200 | 5 100 | |
| 银行存款 | 1 260 200 | | 200 000 | 64 500 | 1 395 700 | |
| 应收账款 | 58 500 | | | | 58 500 | |
| 其他应收款 | | | 4 000 | | 4 000 | |
| 原材料 | 199 000 | | 25 000 | 500 | 223 500 | |
| 固定资产 | 3 500 000 | | | | 3 500 000 | |
| 累计折旧 | | 230 000 | | | | 230 000 |
| 短期借款 | | 500 000 | | | | 500 000 |
| 应付账款 | | 35 100 | 35 100 | 5 850 | | 5 850 |
| 应交税费 | | | | 4 250 | | 4 250 |
| 实收资本 | | 3 600 000 | | 200 000 | | 3 800 000 |
| 管理费用 | | | 700 | | 700 | |
| 利润分配 | | 655 900 | | | | 655 900 |
| 合　计 | 5 021 000 | 5 021 000 | 271 050 | 271 050 | 5 191 750 | 5 191 750 |

🔔**温馨提示**

编制平衡试算表，先要对发生的经济业务进行核算，并登记到账户中，结出本期发生额合计，算出账户期末余额，根据账户的期初余额、本期发生额及期末余额编制平衡试算表。

2.　总账与明细账核对

总账与明细账核对是指检查总账各账户的期末余额与其所属各明细账的余额之和是否相等。因总账与明细账是平行登记的，二者应该相等；如果不等，账簿记录一定有问题，应及时查找并更正。

3.　总账与日记账核对

总账与日记账核对是指检查库存现金日记账和银行存款日记账的余额与其总账余额是否相符。我国会计法规要求，企事业单位必须设置库存现金日记账和银行存款日记账。对账时，必须检查库存现金日记账和银行存款日记账的余额与其总账余额是否相符。

4.　明细账与明细账核对

由于同一内容业务在不同部门中都有账簿记录，明细账与明细账核对就是对不同部门之间所记明细账的核对。例如，会计部门有关实物资产的明细账与财产物资保管部门或使用部门的明细账要定期核对。

**温馨提示**

明细账与明细账核对，一般是由财产物资保管部门或使用部门定期编制收发结存汇总表报会计部门核对。

**（三）账实核对**

账实核对是指各项财产物资、债权债务等账面余额与实有数额之间的核对。这部分内容将在"项目8 组织财产清查"部分进行阐述。

对账可以及时发现账簿记录中存在的问题，及时进行处理，保证账簿记录的正确。

**想一想**

为什么要进行对账？对账包括哪些内容？

**课堂活动**

目的：熟练掌握经济业务的会计处理，熟练掌握平衡试算表的编制。
形式：个人完成任务。
用品用具：白纸及空白平衡试算表。
地点：教学场所。
时间：40分钟。
资料：肽能公司2015年10月初有关总账账户余额见表7-63。

表7-63　总账账户期初余额

| 账户名称 | 借方余额 | 账户名称 | 贷方余额 |
|---|---|---|---|
| 库存现金 | 5 000 | 累计折旧 | 210 000 |
| 银行存款 | 1 148 500 | 短期借款 | 600 000 |
| 应收票据 | 58 500 | 应付账款 | 46 800 |
| 原材料 | 198 000 | 实收资本 | 2 550 000 |
| 库存商品 | 500 000 | 盈余公积 | 500 000 |
| 固定资产 | 2 610 000 | 利润分配 | 613 200 |
| 合　计 | 4 520 000 | 合　计 | 4 520 000 |

公司10月份发生的部分经济业务如下。

业务1：2日，接受货币资金投资500 000元，投资款已到公司账户。

业务2：5日，购买乙材料100kg，单价100元，发票注明价款10 000元，增值税1 700元，材料已验收入库，货款已用银行存款支付。

业务3：8日，从银行提取现金5 000元。

业务4：11日，购买甲材料100kg，单价500元，发票注明价款50 000元，增值税8 500元，材料已验收入库，货款已开出银行承兑汇票抵付。

业务5：16日，以现金4 000元预付办公室职员刘汉超差旅费。

业务6：25日，刘汉超报销差旅费4 800元，借款不足部分以现金补付。

业务7：25日，用银行存款46 800元归还前欠货款。

业务8：31日，分配本月工资费用300 000元，其中，生产人员220 000元，管理人员30 000元，销售人员50 000元。

要求：①编制会计分录；②登记"T"形账户；③编制发生额及余额试算平衡表。

评价：从正确性、一致性（分录与"T"形账户）、规范化、效率和需要帮助情况五方面评价。

# 任务7.3  更 正 错 账

> 任务描述

掌握错账更正的方法，能够熟练进行错账更正。

## 一、错账更正总体要求

在会计数据的分类与记录过程中，因受多种因素的影响，可能会出现这样或那样的错误。为了防止非法改账，在发现账簿错误时，不可用刮擦、挖补、涂抹或用化学药水更改数字，必须根据错误的性质，按规定办法进行更正。

## 二、错账更正方法

错账更正方法主要有划线更正法、红字更正法和补充登记法三种。

### （一）划线更正法

结账之前发现账簿记录有错误，而记账凭证等其他方面没有错误，这种单纯账簿记录上文字或数字错误，采用划线更正法予以更正。结账后发现的此类错误不得采用划线更正法更正。

更正时，在错误的文字或数字中间水平划一条红线注销，然后，将正确的文字或数字用蓝字或黑字写在被注销的文字或数字上方，并由记账人员在更正处盖章，以明确责任。例如，将2 500错写成5 200，应将5 200整个数字全部用红线划去，而不应该只划去52，然后在红线上面空白处用蓝字写上2 500，并在更正处加盖记账人员名章。

对于文字错误，可以只划销写错的文字；如果是数字错误，应当全部划销，不可只划销其中写错的个别数字。但无论是文字或数字，在划线时都要使原有字迹仍可辨认。

### （二）红字更正法

（1）记账后发现记账凭证中账户名称或金额错误。记账后如果发现记账凭证中的账户名称或金额有误，致使账簿记录出现错误，应采用红字更正法予以更正。其方法是：先用红字填写一张内容与原错误凭证完全相同的记账凭证，并用红字登记入账，冲销原有错误记录，再用蓝或黑字填制一张正确的记账凭证，据以用蓝字或黑字登记入账。

**典型任务实例7-5**

资料：2015年11月26日，华丰公司生产乙产品领用5 000元A材料，填制的记账凭证见表7-64，登记入账的情况见表7-65和表7-66。30日查账时发现记账凭证和账簿记录出现了连锁性错误，即记账凭证错误导致了账簿记录的错误。

表7-64　记账凭证

2015 年 11 月 26 日　　　　　　　　　　　　　第 23 号

| 摘　要 | 借　方 | | 贷　方 | | 金　　额 | | | | | | | | | 记账 |
| | 总账账户 | 明细账户 | 总账账户 | 明细账户 | 百 | 十 | 万 | 千 | 百 | 十 | 元 | 角 | 分 | |
| 乙产品领料 | 管理费用 | 材料费 | 原材料 | A材料 | | | | 5 | 0 | 0 | 0 | 0 | 0 | √　√ |
| | | | ` | | | | | | | | | | | |
| | | | | | | | | | | | | | | |
| 合　　计 | | | | | | | | ¥ | 5 | 0 | 0 | 0 | 0 | 0 |

附单据 1 张

会计主管：马莉莉　　记账：尹丽　　　复核：张中胜　　出纳：王占奎　　制单：赵凤

表7-65　总分类账

账户名称：管理费用　　　　　　　　　　　　　　　　　　第 15 页

| 2015年 | | 凭　证 | | 摘　　要 | 借　　方 | | | | | | | | | 贷　　方 | | | | | | | | | 借或贷 | 余　　额 | | | | | | | | |
| 月 | 日 | 种类 | 编号 | | 千 | 百 | 十 | 万 | 千 | 百 | 十 | 元 | 角 | 千 | 百 | 十 | 万 | 千 | 百 | 十 | 元 | 角 | | 千 | 百 | 十 | 万 | 千 | 百 | 十 | 元 | 角 |
| 11 | 2 | 记 | 2 | 办公用品费 | | | | | 2 | 0 | 0 | 0 | 0 | | | | | | | | | | 借 | | | | | | 2 | 0 | 0 | 0 |
| | 8 | 记 | 10 | 报销差旅费 | | | | | 8 | 0 | 0 | 0 | 0 | | | | | | | | | | 借 | | | | | 1 | 0 | 0 | 0 | 0 |
| | 26 | 记 | 23 | 乙产品领料 | | | | 5 | 0 | 0 | 0 | 0 | 0 | | | | | | | | | | 借 | | | | | 6 | 0 | 0 | 0 | 0 |
| | | | | | | | | | | | | | | | | | | | | | | | | | | | | | | | | |
| | | | | | | | | | | | | | | | | | | | | | | | | | | | | | | | | |

143

表7-66　总分类账

账户名称：原材料　　　　　　　　　　　　　　　　　　　　　　　第5页

| 2015年 | | 凭证 | | 摘　要 | 借　方 | | | | | | | | | | 贷　方 | | | | | | | | | | 借或贷 | 余　额 | | | | | | | | | |
|---|---|---|---|---|---|---|---|---|---|---|---|---|---|---|---|---|---|---|---|---|---|---|---|---|---|---|---|---|---|---|---|---|---|---|---|
| 月 | 日 | 种类 | 编号 | | 千 | 百 | 十 | 万 | 千 | 百 | 十 | 元 | 角 | 分 | 千 | 百 | 十 | 万 | 千 | 百 | 十 | 元 | 角 | 分 | | 千 | 百 | 十 | 万 | 千 | 百 | 十 | 元 | 角 | 分 |
| 11 | 1 | | | 期初余额 | | | | | | | | | | | | | | | | | | | | | 借 | | | 2 | 5 | 0 | 0 | 0 | 0 | 0 |
| | 5 | 记 | 1 | A材料入库 | | | | | 3 | 0 | 0 | 0 | 0 | 0 | | | | | | | | | | | 借 | | | 2 | 8 | 0 | 0 | 0 | 0 | 0 |
| | 10 | 记 | 12 | 管理部门领料 | | | | | | | | | | | | | | | 1 | 0 | 0 | 0 | 0 | 0 | 借 | | | 2 | 7 | 0 | 0 | 0 | 0 | 0 |
| | 26 | 记 | 23 | 乙产品领料 | | | | | | | | | | | | | | | 5 | 0 | 0 | 0 | 0 | 0 | 借 | | | 2 | 2 | 0 | 0 | 0 | 0 | 0 |
| | | | | | | | | | | | | | | | | | | | | | | | | | | | | | | | | | | | |

要求：用正确的方法更正错账。

任务解析：本例的记账凭证中账户名称错误，应该记入"生产成本"账户，结果记入"管理费用"账户了，更正此类错账应采用红字更正法，具体做法如下。

首先，用红字金额填制一张与原错误记账凭证内容相同的记账凭证（见表7-67），并据以用红字登记入账（见表7-68和表7-69）。

表7-67　记账凭证

2015年11月30日　　　　　　　　　　　　　　第25号

| 摘　要 | 借　方 | | 贷　方 | | 金　额 | | | | | | | | | 记账 |
|---|---|---|---|---|---|---|---|---|---|---|---|---|---|---|
| | 总账账户 | 明细账户 | 总账账户 | 明细账户 | 百 | 十 | 万 | 千 | 百 | 十 | 元 | 角 | 分 | |
| 冲销本月23号凭证 | 管理费用 | 材料费 | 原材料 | A材料 | | | 5 | 0 | 0 | 0 | 0 | 0 | | √　√ |
| | | | | | | | | | | | | | | |
| | | | | | | | | | | | | | | |
| 合　计 | | | | | | ¥ | 5 | 0 | 0 | 0 | 0 | 0 | | |

附单据　张

会计主管：马莉莉　　记账：尹丽　　复核：张中胜　　出纳：王占奎　　制单：赵凤

表7-68　总分类账

账户名称：管理费用　　　　　　　　　　　　　　　　　　　　　　第15页

| 2015年 | | 凭证 | | 摘　要 | 借　方 | | | | | | | | | | 贷　方 | | | | | | | | | | 借或贷 | 余　额 | | | | | | | | | |
|---|---|---|---|---|---|---|---|---|---|---|---|---|---|---|---|---|---|---|---|---|---|---|---|---|---|---|---|---|---|---|---|---|---|---|---|
| 月 | 日 | 种类 | 编号 | | 千 | 百 | 十 | 万 | 千 | 百 | 十 | 元 | 角 | 分 | 千 | 百 | 十 | 万 | 千 | 百 | 十 | 元 | 角 | 分 | | 千 | 百 | 十 | 万 | 千 | 百 | 十 | 元 | 角 | 分 |
| 11 | 2 | 记 | 2 | 办公用品费 | | | | | | 2 | 0 | 0 | 0 | 0 | | | | | | | | | | | 借 | | | | | | 2 | 0 | 0 | 0 | 0 |
| | 8 | 记 | 10 | 报销差旅费 | | | | | | 8 | 0 | 0 | 0 | 0 | | | | | | | | | | | 借 | | | | | 1 | 0 | 0 | 0 | 0 | 0 |
| | 26 | 记 | 23 | 乙产品领料 | | | | | 5 | 0 | 0 | 0 | 0 | 0 | | | | | | | | | | | 借 | | | | | 6 | 0 | 0 | 0 | 0 | 0 |
| | 30 | 记 | 25 | 冲销本用23号凭证错误 | | | | | 5 | 0 | 0 | 0 | 0 | 0 | | | | | | | | | | | 借 | | | | | 1 | 0 | 0 | 0 | 0 | 0 |
| | | | | | | | | | | | | | | | | | | | | | | | | | | | | | | | | | | | |

表7-69  总分类账

账户名称：原材料　　　　　　　　　　　　　　　　　　　　　　　　　　第5页

| 月 | 日 | 种类 | 编号 | 摘要 | 借方 | | | | | | | | | | 贷方 | | | | | | | | | | 借或贷 | 余额 | | | | | | | | | |
|---|---|---|---|---|---|---|---|---|---|---|---|---|---|---|---|---|---|---|---|---|---|---|---|---|---|---|---|---|---|---|---|---|---|---|---|
| | | | | | 千 | 百 | 十 | 万 | 千 | 百 | 十 | 元 | 角 | 分 | 千 | 百 | 十 | 万 | 千 | 百 | 十 | 元 | 角 | 分 | | 千 | 百 | 十 | 万 | 千 | 百 | 十 | 元 | 角 | 分 |
| 11 | 1 | | | 期初余额 | | | | | | | | | | | | | | | | | | | | | 借 | | | 2 | 5 | 0 | 0 | 0 | 0 | 0 | 0 |
| | 5 | 记 | 1 | A材料入库 | | | | 3 | 0 | 0 | 0 | 0 | 0 | 0 | | | | | | | | | | | 借 | | | 2 | 8 | 0 | 0 | 0 | 0 | 0 | 0 |
| | 10 | 记 | 12 | 管理部门领料 | | | | | | | | | | | | | | 1 | 0 | 0 | 0 | 0 | 0 | 0 | 借 | | | 2 | 7 | 0 | 0 | 0 | 0 | 0 | 0 |
| | 26 | 记 | 23 | 乙产品领料 | | | | | | | | | | | | | | 5 | 0 | 0 | 0 | 0 | 0 | 0 | 借 | | | 2 | 2 | 0 | 0 | 0 | 0 | 0 | 0 |
| | 30 | 记 | 25 | 冲本月23号凭证错误 | | | | | | | | | | | | | | 5 | 0 | 0 | 0 | 0 | 0 | 0 | 借 | | | 2 | 7 | 0 | 0 | 0 | 0 | 0 | 0 |
| | 30 | 记 | 26 | 补记26日领料账 | | | | | | | | | | | | | | 5 | 0 | 0 | 0 | 0 | 0 | 0 | 借 | | | 2 | 2 | 0 | 0 | 0 | 0 | 0 | 0 |

其次，用蓝（或黑）字填制一张正确的记账凭证（见表7-70），并据以登记入账（见表7-71和表7-69）。

表7-70  记账凭证

2015 年 11 月 30 日　　　　　　　　　　　　　　第 26 号

| 摘要 | 借方 | | 贷方 | | 金额 | | | | | | | | | 记账 | |
|---|---|---|---|---|---|---|---|---|---|---|---|---|---|---|---|
| | 总账账户 | 明细账户 | 总账账户 | 明细账户 | 百 | 十 | 万 | 千 | 百 | 十 | 元 | 角 | 分 | | 附单据 张 |
| 补记26日账 | 生产成本 | 乙产品 | 原材料 | A材料 | | | 5 | 0 | 0 | 0 | 0 | 0 | 0 | √ | √ |
| | | | | | | | | | | | | | | | |
| | | | | | | | | | | | | | | | |
| 合　计 | | | | | ¥ | | 5 | 0 | 0 | 0 | 0 | 0 | 0 | | |

会计主管：马莉莉　　记账：尹丽　　复核：张中胜　　出纳：王占奎　　制单：赵凤

表7-71  总分类账

账户名称：生产成本　　　　　　　　　　　　　　　　　　　　　　　　第11页

| 月 | 日 | 种类 | 编号 | 摘要 | 借方 | | | | | | | | | | 贷方 | | | | | | | | | | 借或贷 | 余额 | | | | | | | | | |
|---|---|---|---|---|---|---|---|---|---|---|---|---|---|---|---|---|---|---|---|---|---|---|---|---|---|---|---|---|---|---|---|---|---|---|---|
| | | | | | 千 | 百 | 十 | 万 | 千 | 百 | 十 | 元 | 角 | 分 | 千 | 百 | 十 | 万 | 千 | 百 | 十 | 元 | 角 | 分 | | 千 | 百 | 十 | 万 | 千 | 百 | 十 | 元 | 角 | 分 |
| 11 | 1 | | | 期初余额 | | | | | | | | | | | | | | | | | | | | | 借 | | | 1 | 5 | 5 | 0 | 0 | 0 | 0 | 0 |
| | 30 | 记 | 26 | 补记26日领料账 | | | | 5 | 0 | 0 | 0 | 0 | 0 | 0 | | | | | | | | | | | 借 | | | 2 | 0 | 5 | 0 | 0 | 0 | 0 | 0 |
| | | | | | | | | | | | | | | | | | | | | | | | | | | | | | | | | | | | |
| | | | | | | | | | | | | | | | | | | | | | | | | | | | | | | | | | | | |

（2）记账后发现的记账凭证金额错误。记账后，发现记账凭证和账簿中所记金额大于应记金额，但会计账户名称等均无错误，也应采用红字更正法予以更正。其方法是：将正确金额与错误金额之间的差额，用红字填制一张记账凭证，并在摘要栏内注明"冲销某月某日第×号记账凭证多记金额"，据以登记入账，以冲销多记金额。

**典型任务实例7-6**

资料：2015年11月27日，从众公司为销售部报销业务招待费200元，以现金支付，填制的记账凭证见表7-72，登记入账情况见表7-73和表7-74。当日查账时发现记账凭证和账簿记录出现了连锁性错误。

要求：用正确的方法更正错账。

任务解析：本例的记账凭证中账户名称没有错误，只是实记数大于应记数，更正此类错账应采用红字更正法，具体做法如下。

首先，将多记的1 800元用红字金额填制一张与原错误记账凭证内容相同的记账凭证（见表7-75）。

其次，根据红字凭证登记账簿（见表7-73和表7-74）。

红字更正法的优点在于能够保持账户间的对应关系，而且还能保持账户中的正确发生额，不至于因更正错账使数字虚增或虚减。

表7-72　记账凭证

2015 年 11 月 27 日　　　　　　　　　　　第 24 号

| 摘　要 | 借　方 | | 贷　方 | | 金　额 | | | | | | | | | 记账 |
| | 总账账户 | 明细账户 | 总账账户 | 明细账户 | 百 | 十 | 万 | 千 | 百 | 十 | 元 | 角 | 分 | |
| 支付业务招待费 | 销售费用 | 招待费 | 库存现金 | | | | | 2 | 0 | 0 | 0 | 0 | | √ √ |
| | | | | | | | | | | | | | | |
| | | | | | | | | | | | | | | |
| 合　　计 | | | | | | | | ￥ 2 | 0 | 0 | 0 | 0 | | |

附单据 1 张

会计主管：周到　　　记账：王丽　　　复核：孙胜　　　出纳：赵奎额　　　制单：岳庆君

表7-73　总分类账

账户名称：销售费用　　　　　　　　　　　　　　　　　　　　　　　第 18 页

| 2015年 | | 凭证 | | 摘　要 | 借　方 | | | | | | | | | 贷　方 | | | | | | | | | 借或贷 | 余　额 | | | | | | | | |
| 月 | 日 | 种类 | 编号 | | 千 | 百 | 十 | 万 | 千 | 百 | 十 | 元 | 角 | 分 | 千 | 百 | 十 | 万 | 千 | 百 | 十 | 元 | 角 | 分 | | 千 | 百 | 十 | 万 | 千 | 百 | 十 | 元 | 角 | 分 |
| 11 | 3 | 记 | 3 | 办公用品费 | | | | | 1 | 0 | 0 | 0 | 0 | | | | | | | | | | | | | 借 | | | | | 1 | 0 | 0 | 0 | 0 | |
| | 9 | 记 | 12 | 报销差旅费 | | | | 1 | 0 | 0 | 0 | 0 | 0 | | | | | | | | | | | | | 借 | | | | 1 | 1 | 0 | 0 | 0 | 0 | |
| | 27 | 记 | 24 | 报销招待费 | | | | | 2 | 0 | 0 | 0 | 0 | | | | | | | | | | | | | 借 | | | | 3 | 1 | 0 | 0 | 0 | 0 | |
| | 27 | 记 | 26 | 冲本月24号凭证多记金额 | | | | | 1 | 8 | 0 | 0 | 0 | | | | | | | | | | | | | 借 | | | | 1 | 3 | 0 | 0 | 0 | 0 | |
| | | | | | | | | | | | | | | | | | | | | | | | | | | | | | | | | | | | |

表7-74　总分类账

账户名称：库存现金　　　　　　　　　　　　　　　　　　　　　　　　　　　第1页

| 2015年 | | 凭证 | | 摘要 | 借方 千百十万千百十元角分 | 贷方 千百十万千百十元角分 | 借或贷 | 余额 千百十万千百十元角分 |
|---|---|---|---|---|---|---|---|---|
| 月 | 日 | 种类 | 编号 | | | | | |
| 11 | 1 | | | 期初余额 | | | 借 | 4 0 0 0 0 0 |
| | 3 | 记 | 3 | 办公用品费 | | 1 0 0 0 0 | 借 | 3 9 0 0 0 0 |
| | 9 | 记 | 12 | 报销差旅费 | | 1 0 0 0 0 0 | 借 | 2 9 0 0 0 0 |
| | 27 | 记 | 24 | 报销招待费 | | 2 0 0 0 0 0 | 借 | 9 0 0 0 0 |
| | 27 | 记 | 26 | 冲本月24号凭证多记金额 | | 1 8 0 0 0 0 | 借 | 2 7 0 0 0 0 |

表7-75　　记账凭证

2015 年 11 月 27 日　　　　　　　　　　　　　　　第 26 号

| 摘要 | 借方 总账账户 | 借方 明细账户 | 贷方 总账账户 | 贷方 明细账户 | 金额 百十万千百十元角分 | 记账 | 附单据 张 |
|---|---|---|---|---|---|---|---|
| 冲销本月24号凭证多记金额 | 销售费用 | 招待费 | 库存现金 | | 1 8 0 0 0 0 | √ √ | |
| | | | | | | | |
| | | | | | | | |
| 合　　计 | | | | | ￥1 8 0 0 0 0 | | |

会计主管：周到　　　记账：王丽　　　复核：孙胜　　　出纳：赵奎额　　　制单：岳庆君

### （三）补充登记法

记账以后发现记账凭证上应借、应贷的会计账户名称没有错误，只是所记金额小于应记金额，可采用补充登记法进行更正。其方法是：将应记金额与已记金额之间的差额，用蓝字填制一张记账凭证，并据以登记入账，以补充少记金额。

**典型任务实例7-7**

资料：2015年11月27日，从众公司收回凡高公司所欠货款20 000元，款项已经入账，填制的记账凭证见表7-76，登记记录见表7-77和表7-78。当日查账时发现记账凭证和账簿记录出现了连锁性错误。

要求：采用正确的方法更正错账。

任务解析：本例的记账凭证中账户名称没有错误，只是实记数小于应记数，更正此类错账应采用补充登记法，具体做法如下：

表7-76　　记账凭证

2015 年 11 月 27 日　　　　　　　　　第 25 号

| 摘　要 | 借　方 | | 贷　方 | | 金　额 | | | | | | | | | | 记账 | |
|---|---|---|---|---|---|---|---|---|---|---|---|---|---|---|---|---|
| | 总账账户 | 明细账户 | 总账账户 | 明细账户 | 百 | 十 | 万 | 千 | 百 | 十 | 元 | 角 | 分 | | |
| 收回应收货款 | 银行存款 | | 应收账款 | 凡高公司 | | | 2 | 0 | 0 | 0 | 0 | 0 | | √ | √ |
| | | | | | | | | | | | | | | | |
| | | | | | | | | | | | | | | | |
| 合　计 | | | | | ￥ | | 2 | 0 | 0 | 0 | 0 | 0 | | | |

会计主管：周到　　　记账：王丽　　　复核：孙胜　　　出纳：赵奎额　　　制单：岳庆君

附单据 1 张

表7-77　　总分类账

账户名称：银行存款　　　　　　　　　第 3 页

| 2015年 | | 凭证 | | 摘　要 | 借　方 | | | | | | | | | | 贷　方 | | | | | | | | | | 借或贷 | 余　额 | | | | | | | | | |
|---|---|---|---|---|---|---|---|---|---|---|---|---|---|---|---|---|---|---|---|---|---|---|---|---|---|---|---|---|---|---|---|---|---|---|---|
| 月 | 日 | 种类 | 编号 | | 千 | 百 | 十 | 万 | 千 | 百 | 十 | 元 | 角 | 分 | 千 | 百 | 十 | 万 | 千 | 百 | 十 | 元 | 角 | 分 | | 千 | 百 | 十 | 万 | 千 | 百 | 十 | 元 | 角 | 分 |
| 11 | 1 | | | 期初余额 | | | | | | | | | | | | | | | | | | | | | 借 | | | 1 | 9 | 5 | 0 | 0 | 0 | 0 | 0 |
| | 4 | 记 | 4 | 现销商品 | | | | 3 | 5 | 1 | 0 | 0 | 0 | 0 | | | | | | | | | | | 借 | | | 2 | 3 | 0 | 1 | 0 | 0 | 0 | 0 |
| | 10 | 记 | 15 | 报销办公费 | | | | | | | | | | | | | | | 1 | 0 | 1 | 0 | 0 | 0 | 借 | | | 2 | 2 | 0 | 0 | 0 | 0 | 0 | 0 |
| | 27 | 记 | 25 | 收回应收货款 | | | | | 2 | 0 | 0 | 0 | 0 | 0 | | | | | | | | | | | 借 | | | 2 | 2 | 2 | 0 | 0 | 0 | 0 | 0 |
| | 27 | 记 | 27 | 补充本月25号凭证少记金额 | | | | | 1 | 8 | 0 | 0 | 0 | 0 | | | | | | | | | | | 借 | | | 2 | 4 | 0 | 0 | 0 | 0 | 0 | 0 |

表7-78　　总分类账

账户名称：应收账款　　　　　　　　　第 10 页

| 2015年 | | 凭证 | | 摘　要 | 借　方 | | | | | | | | | | 贷　方 | | | | | | | | | | 借或贷 | 余　额 | | | | | | | | | |
|---|---|---|---|---|---|---|---|---|---|---|---|---|---|---|---|---|---|---|---|---|---|---|---|---|---|---|---|---|---|---|---|---|---|---|---|
| 月 | 日 | 种类 | 编号 | | 千 | 百 | 十 | 万 | 千 | 百 | 十 | 元 | 角 | 分 | 千 | 百 | 十 | 万 | 千 | 百 | 十 | 元 | 角 | 分 | | 千 | 百 | 十 | 万 | 千 | 百 | 十 | 元 | 角 | 分 |
| 11 | 1 | | | 期粮余额 | | | | | | | | | | | | | | | | | | | | | 借 | | | | 5 | 8 | 5 | 0 | 0 | 0 | 0 |
| | 27 | 记 | 25 | 收回应收货款 | | | | | | | | | | | | | | | | 2 | 0 | 0 | 0 | 0 | 0 | 借 | | | | 5 | 6 | 5 | 0 | 0 | 0 | 0 |
| | 27 | 记 | 27 | 补充本月25号凭证少记余额 | | | | | | | | | | | | | | | | 1 | 8 | 0 | 0 | 0 | 0 | 借 | | | | 3 | 8 | 5 | 0 | 0 | 0 | 0 |
| | | | | | | | | | | | | | | | | | | | | | | | | | | | | | | | | | | | |
| | | | | | | | | | | | | | | | | | | | | | | | | | | | | | | | | | | | |

　　首先，将少记的18 000元用蓝（或黑）字金额填制一张与原错误记账凭证内容相同的记账凭证（见表7-79）。

　　其次，根据蓝（或黑）字记账凭证登记账簿（见表7-77和表7-78）。

表7-79　记账凭证

| 摘　要 | 借　方 | | 贷　方 | | 金　额 | | | | | | | | | 记账 |
| --- | --- | --- | --- | --- | --- | --- | --- | --- | --- | --- | --- | --- | --- | --- |
| | 总账账户 | 明细账户 | 总账账户 | 明细账户 | 百 | 十 | 万 | 千 | 百 | 十 | 元 | 角 | 分 | |
| 补充本月25号凭证少记金额 | 银行存款 | | 应收账款 | 凡高公司 | | 1 | 8 | 0 | 0 | 0 | 0 | 0 | | √ √ |
| | | | | | | | | | | | | | | |
| | | | | | | | | | | | | | | |
| 合　　计 | | | | | | ￥ | 1 | 8 | 0 | 0 | 0 | 0 | 0 | |

附单据　张

会计主管：周到　　　记账：王丽　　　复核：孙胜　　　出纳：赵奎额　　　制单：岳庆君

## 想一想

更正错账的方法有哪几种？各种方法都适用于什么错误？

## 课堂活动

目　的：熟练掌握错账更正的方法。

形　式：个人完成任务。

用品用具：记账凭证、三栏式账页、红笔。

地　点：教学场所。

时　间：40分钟。

资　料：枫叶公司2015年11月部分业务的会计处理如下。

业务1：6日，预付海洋公司50 000元货款，会计处理见表7-80～表7-82。

表7-80　记账凭证

2015 年 11 月 6 日　　　　　　　　　　　　　第 10 号

| 摘　　要 | 借　方 | | 贷　方 | | 金　额 | | | | | | | | | 记账 |
| --- | --- | --- | --- | --- | --- | --- | --- | --- | --- | --- | --- | --- | --- | --- |
| | 总账账户 | 明细账户 | 总账账户 | 明细账户 | 百 | 十 | 万 | 千 | 百 | 十 | 元 | 角 | 分 | |
| 预付货款 | 预付账款 | 海洋公司 | 银行存款 | | | | 5 | 0 | 0 | 0 | 0 | 0 | 0 | √ √ |
| | | | | | | | | | | | | | | |
| | | | | | | | | | | | | | | |
| 合　　计 | | | | | | ￥ | 5 | 0 | 0 | 0 | 0 | 0 | 0 | |

附单据 1 张

会计主管：王乐　　　记账：肖丽　　　复核：孙肽　　　出纳：方正　　　制单：华玉蒙

表7-81　总分类账

账户名称：银行存款　　　　　　　　　　　　　　　　　　　　　　　　　　第5页

| 2015年 | | 凭证 | | 摘要 | 借方 | | | | | | | | | | 贷方 | | | | | | | | | | 借或贷 | 余额 | | | | | | | | | |
|---|---|---|---|---|---|---|---|---|---|---|---|---|---|---|---|---|---|---|---|---|---|---|---|---|---|---|---|---|---|---|---|---|---|---|---|
| 月 | 日 | 种类 | 编号 | | 千 | 百 | 十 | 万 | 千 | 百 | 十 | 元 | 角 | 分 | 千 | 百 | 十 | 万 | 千 | 百 | 十 | 元 | 角 | 分 | | 千 | 百 | 十 | 万 | 千 | 百 | 十 | 元 | 角 | 分 |
| 11 | 1 | | | 期初余额 | | | | | | | | | | | | | | | | | | | | | 借 | | 8 | 9 | 3 | 0 | 0 | 0 | 0 | 0 | 0 |
| | 3 | 记 | 8 | 现销商品 | | | 2 | 3 | 4 | 0 | 0 | 0 | 0 | 0 | | | | | | | | | | | 借 | | 9 | 1 | 6 | 4 | 0 | 0 | 0 | 0 | 0 |
| | 6 | 记 | 10 | 预付货款 | | | | | | | | | | | | | 5 | 0 | 0 | 0 | 0 | 0 | 0 | 0 | 借 | | 9 | 1 | 1 | 4 | 0 | 0 | 0 | 0 | 0 |
| | | | | | | | | | | | | | | | | | | | | | | | | | | | | | | | | | | | |
| | | | | | | | | | | | | | | | | | | | | | | | | | | | | | | | | | | | |

表7-82　总分类账

账户名称：预付账款　　　　　　　　　　　　　　　　　　　　　　　　　　第15页

| 2015年 | | 凭证 | | 摘要 | 借方 | | | | | | | | | | 贷方 | | | | | | | | | | 借或贷 | 余额 | | | | | | | | | |
|---|---|---|---|---|---|---|---|---|---|---|---|---|---|---|---|---|---|---|---|---|---|---|---|---|---|---|---|---|---|---|---|---|---|---|---|
| 月 | 日 | 种类 | 编号 | | 千 | 百 | 十 | 万 | 千 | 百 | 十 | 元 | 角 | 分 | 千 | 百 | 十 | 万 | 千 | 百 | 十 | 元 | 角 | 分 | | 千 | 百 | 十 | 万 | 千 | 百 | 十 | 元 | 角 | 分 |
| 11 | 6 | 记 | 10 | 预付货款 | | | | 5 | 0 | 0 | 0 | 0 | 0 | 0 | | | | | | | | | | | 贷 | | | | 5 | 0 | 0 | 0 | 0 | 0 | 0 |
| | | | | | | | | | | | | | | | | | | | | | | | | | | | | | | | | | | | |
| | | | | | | | | | | | | | | | | | | | | | | | | | | | | | | | | | | | |
| | | | | | | | | | | | | | | | | | | | | | | | | | | | | | | | | | | | |

业务2：12日，销售部门人员报销差旅费800元，原借款800元，会计处理见表7-83～表7-85。

表7-83　记账凭证

2015年11月12日　　　　　　　　　　　　　　　　第15号

| 摘要 | 借方 | | 贷方 | | 金额 | | | | | | | | | 记账 | |
|---|---|---|---|---|---|---|---|---|---|---|---|---|---|---|---|
| | 总账账户 | 明细账户 | 总账账户 | 明细账户 | 百 | 十 | 万 | 千 | 百 | 十 | 元 | 角 | 分 | | |
| 销售部报差旅费 | 销售费用 | 差旅费 | 库存现金 | | | | | | 8 | 0 | 0 | 0 | 0 | √ | √ |
| | | | | | | | | | | | | | | | |
| | | | | | | | | | | | | | | | |
| 合　计 | | | | | | | | ￥ | 8 | 0 | 0 | 0 | 0 | | |

附单据1张

会计主管：王乐　　　记账：肖丽　　　复核：孙肽　　　出纳：方正　　　制单：华玉蒙

150

表7-84　总分类账

账户名称：销售费用　　　　　　　　　　　　　　　　　　　　　　　　　　第 30 页

| 2015年 | | 凭证 | | 摘要 | 借　方 | | | | | | | | | | 贷　方 | | | | | | | | | | 借或贷 | 余　额 | | | | | | | | | |
|---|---|---|---|---|---|---|---|---|---|---|---|---|---|---|---|---|---|---|---|---|---|---|---|---|---|---|---|---|---|---|---|---|---|---|
| 月 | 日 | 种类 | 编号 | | 千 | 百 | 十 | 万 | 千 | 百 | 十 | 元 | 角 | 分 | 千 | 百 | 十 | 万 | 千 | 百 | 十 | 元 | 角 | 分 | | 千 | 百 | 十 | 万 | 千 | 百 | 十 | 元 | 角 | 分 |
| 11 | 12 | 记 | 15 | 销售部报差旅费 | | | | | 8 | 0 | 0 | 0 | 0 | | | | | | | | | | | | 借 | | | | | 8 | 0 | 0 | 0 | 0 | |
| | | | | | | | | | | | | | | | | | | | | | | | | | | | | | | | | | | | |
| | | | | | | | | | | | | | | | | | | | | | | | | | | | | | | | | | | | |
| | | | | | | | | | | | | | | | | | | | | | | | | | | | | | | | | | | | |

表7-85　总分类账

账户名称：库存现金　　　　　　　　　　　　　　　　　　　　　　　　　　第 1 页

| 2015年 | | 凭证 | | 摘要 | 借　方 | | | | | | | | | | 贷　方 | | | | | | | | | | 借或贷 | 余　额 | | | | | | | | | |
|---|---|---|---|---|---|---|---|---|---|---|---|---|---|---|---|---|---|---|---|---|---|---|---|---|---|---|---|---|---|---|---|---|---|---|
| 月 | 日 | 种类 | 编号 | | 千 | 百 | 十 | 万 | 千 | 百 | 十 | 元 | 角 | 分 | 千 | 百 | 十 | 万 | 千 | 百 | 十 | 元 | 角 | 分 | | 千 | 百 | 十 | 万 | 千 | 百 | 十 | 元 | 角 | 分 |
| 11 | 1 | | | 期初余额 | | | | | | | | | | | | | | | | | | | | | | 借 | | | | 8 | 5 | 0 | 0 | 0 | 0 |
| | 6 | 记 | 10 | 收到罚款 | | | | | | 2 | 0 | 0 | 0 | 0 | | | | | | | | | | | 借 | | | | 8 | 7 | 0 | 0 | 0 | 0 |
| | 12 | 记 | 15 | 销售部报差旅费 | | | | | | | | | | | | | | | | 8 | 0 | 0 | 0 | 0 | 借 | | | | 7 | 9 | 0 | 0 | 0 | 0 |
| | | | | | | | | | | | | | | | | | | | | | | | | | | | | | | | | | | | |
| | | | | | | | | | | | | | | | | | | | | | | | | | | | | | | | | | | | |

业务3：18日，以现金预付职工贺佳辉差旅费2 000元，会计处理见表7-86～表7-88。

表7-86　记账凭证

2015 年 11 月 18 日　　　　　　　　　　　　　　　　第 20 号

| 摘　　要 | 借　方 | 贷　方 | | 金　额 | | | | | | | | 记账 | |
|---|---|---|---|---|---|---|---|---|---|---|---|---|---|
| | 总账账户 | 明细账户 | 总账账户 | 明细账户 | 百 | 十 | 万 | 千 | 百 | 十 | 元 | 角 | 分 | | |
| 预付差旅费 | 其他应收款 | 贺佳辉 | 库存现金 | | | | | 2 | 0 | 0 | 0 | 0 | √ | √ |
| | | | | | | | | | | | | | | |
| | | | | | | | | | | | | | | |
| 合　　计 | | | | | | | | ￥ 2 | 0 | 0 | 0 | 0 | | |

附单据 1 张

会计主管：王乐　　　记账：肖丽　　　复核：孙肽　　　出纳：方正　　　制单：华玉蒙

**表7-87　总分类账**

账户名称：其他应收款　　　　　　　　　　　　　　　　　　第8页

| 2015年 | | 凭证 | | 摘要 | 借方 | | | | | | | | | | 贷方 | | | | | | | | | | 借或贷 | 余额 | | | | | | | | | |
|---|---|---|---|---|---|---|---|---|---|---|---|---|---|---|---|---|---|---|---|---|---|---|---|---|---|---|---|---|---|---|---|---|---|---|---|
| 月 | 日 | 种类 | 编号 | | 千 | 百 | 十 | 万 | 千 | 百 | 十 | 元 | 角 | 分 | 千 | 百 | 十 | 万 | 千 | 百 | 十 | 元 | 角 | 分 | | 千 | 百 | 十 | 万 | 千 | 百 | 十 | 元 | 角 | 分 |
| 11 | 1 | | | 期初余额 | | | | | | | | | | | | | | | | | | | | | 借 | | | | | | 8 | 0 | 0 | 0 | 0 |
| | 18 | 记 | 20 | 预付差旅费 | | | | | | 2 | 0 | 0 | 0 | 0 | | | | | | | | | | | 借 | | | | | 1 | 0 | 0 | 0 | 0 | 0 |

**表7-88　总分类账**

账户名称：库存现金　　　　　　　　　　　　　　　　　　　第1页

| 2015年 | | 凭证 | | 摘要 | 借方 | | | | | | | | | | 贷方 | | | | | | | | | | 借或贷 | 余额 | | | | | | | | | |
|---|---|---|---|---|---|---|---|---|---|---|---|---|---|---|---|---|---|---|---|---|---|---|---|---|---|---|---|---|---|---|---|---|---|---|---|
| 月 | 日 | 种类 | 编号 | | 千 | 百 | 十 | 万 | 千 | 百 | 十 | 元 | 角 | 分 | 千 | 百 | 十 | 万 | 千 | 百 | 十 | 元 | 角 | 分 | | 千 | 百 | 十 | 万 | 千 | 百 | 十 | 元 | 角 | 分 |
| 11 | 1 | | | 期初余额 | | | | | | | | | | | | | | | | | | | | | 借 | | | | | 8 | 5 | 0 | 0 | 0 | 0 |
| | 6 | 记 | 10 | 收到罚款 | | | | | | 2 | 0 | 0 | 0 | 0 | | | | | | | | | | | 借 | | | | | 8 | 7 | 0 | 0 | 0 | 0 |
| | 12 | 记 | 15 | 销售部报差旅费 | | | | | | | | | | | | | | | | 8 | 0 | 0 | 0 | 0 | 借 | | | | | 7 | 9 | 0 | 0 | 0 | 0 |
| | 18 | 记 | 20 | 预付差旅费 | | | | | | | | | | | | | | | | 2 | 0 | 0 | 0 | 0 | 借 | | | | | 7 | 7 | 0 | 0 | 0 | 0 |

业务4：30日，计提短期借款利息325元，会计处理见表7-89～表7-91。

**表7-89　记账凭证**

2015 年 11 月 30 日　　　　　　　　　　第 30 号

| 摘要 | 借方 | | 贷方 | | 金额 | | | | | | | | | | 记账 |
|---|---|---|---|---|---|---|---|---|---|---|---|---|---|---|---|
| | 总账账户 | 明细账户 | 总账账户 | 明细账户 | 百 | 十 | 万 | 千 | 百 | 十 | 元 | 角 | 分 | | |
| 计提短期借款利息 | 财务费用 | | 应付利息 | | | | | | 3 | 5 | 2 | 0 | 0 | √ | √ |
| | | | | | | | | | | | | | | | |
| | | | | | | | | | | | | | | | |
| 合　计 | | | | | | | | ¥ | 3 | 5 | 2 | 0 | 0 | | |

附单据 1 张

会计主管：周到　　　记账：王丽　　　复核：孙胜　　　出纳：赵奎额　　　制单：岳庆君

表7-90　总分类账

账户名称：财务费用　　　　　　　　　　　　　　　　　　　　　　　　　　　　　　　　　第 35 页

| 2015年 | | 凭证 | | 摘要 | 借　方 | | | | | | | | | 贷　方 | | | | | | | | | 借或贷 | 余　额 | | | | | | | | |
|---|---|---|---|---|---|---|---|---|---|---|---|---|---|---|---|---|---|---|---|---|---|---|---|---|---|---|---|---|---|---|---|---|
| 月 | 日 | 种类 | 编号 | | 千 | 百 | 十 | 万 | 千 | 百 | 十 | 元 | 角 | 分 | 千 | 百 | 十 | 万 | 千 | 百 | 十 | 元 | 角 | 分 | | 千 | 百 | 十 | 万 | 千 | 百 | 十 | 元 | 角 | 分 |
| 11 | 30 | 记 | 30 | 计提短期借款利息 | | | | | 3 | 5 | 2 | 0 | 0 | | | | | | | | | | | | 借 | | | | | 3 | 5 | 2 | 0 | 0 | |

表7-91　总分类账

账户名称：应付利息　　　　　　　　　　　　　　　　　　　　　　　　　　　　　　　　　第 25 页

| 2015年 | | 凭证 | | 摘要 | 借　方 | | | | | | | | | 贷　方 | | | | | | | | | 借或贷 | 余　额 | | | | | | | | |
|---|---|---|---|---|---|---|---|---|---|---|---|---|---|---|---|---|---|---|---|---|---|---|---|---|---|---|---|---|---|---|---|---|
| 月 | 日 | 种类 | 编号 | | 千 | 百 | 十 | 万 | 千 | 百 | 十 | 元 | 角 | 分 | 千 | 百 | 十 | 万 | 千 | 百 | 十 | 元 | 角 | 分 | | 千 | 百 | 十 | 万 | 千 | 百 | 十 | 元 | 角 | 分 |
| 11 | 30 | 记 | 30 | 计提短期借款利息 | | | | | | | | | | | | | | | 3 | 5 | 2 | 0 | 0 | | 借 | | | | | 3 | 5 | 2 | 0 | 0 | |

业务5：30日，结转销售成本50 000元，会计处理见表7-92～表7-94。

表7-92　　记账凭证

2015 年 11 月 30 日　　　　　　　　　　　　第 31 号

| 摘　　要 | 借　方 | | 贷　方 | | 金　额 | | | | | | | | | 记账 | |
|---|---|---|---|---|---|---|---|---|---|---|---|---|---|---|---|
| | 总账账户 | 明细账户 | 总账账户 | 明细账户 | 百 | 十 | 万 | 千 | 百 | 十 | 元 | 角 | 分 | | |
| 结转销售成本 | 主营业务成本 | | 库存商品 | | | 5 | 0 | 0 | 0 | 0 | 0 | 0 | 0 | √ | √ |
| | | | | | | | | | | | | | | | |
| | | | | | | | | | | | | | | | |
| 合　　计 | | | | | ¥ | 5 | 0 | 0 | 0 | 0 | 0 | 0 | 0 | | |

会计主管：周到　　　记账：王丽　　　复核：孙胜　　　出纳：赵奎额　　　制单：岳庆君

附单据 1 张

表7-93　总分类账

账户名称：主营业务成本　　　　　　　　　　　　　　　　　　　　　　　　　第 28 页

| 2015年 | | 凭证 | | 摘要 | 借方 | | | | | | | | | | 贷方 | | | | | | | | | | 借或贷 | 余额 | | | | | | | | | |
|---|---|---|---|---|---|---|---|---|---|---|---|---|---|---|---|---|---|---|---|---|---|---|---|---|---|---|---|---|---|---|---|---|---|---|---|
| 月 | 日 | 种类 | 编号 | | 千 | 百 | 十 | 万 | 千 | 百 | 十 | 元 | 角 | 分 | 千 | 百 | 十 | 万 | 千 | 百 | 十 | 元 | 角 | 分 | | 千 | 百 | 十 | 万 | 千 | 百 | 十 | 元 | 角 | 分 |
| 11 | 30 | 记 | 31 | 结转销售成本 | | | 5 | 0 | 0 | 0 | 0 | 0 | 0 | 0 | | | | | | | | | | | 借 | | | 5 | 0 | 0 | 0 | 0 | 0 | 0 | 0 |
| | | | | | | | | | | | | | | | | | | | | | | | | | | | | | | | | | | | |
| | | | | | | | | | | | | | | | | | | | | | | | | | | | | | | | | | | | |
| | | | | | | | | | | | | | | | | | | | | | | | | | | | | | | | | | | | |
| | | | | | | | | | | | | | | | | | | | | | | | | | | | | | | | | | | | |

表7-94　总分类账

账户名称：库存商品　　　　　　　　　　　　　　　　　　　　　　　　　　　第 6 页

| 2015年 | | 凭证 | | 摘要 | 借方 | | | | | | | | | | 贷方 | | | | | | | | | | 借或贷 | 余额 | | | | | | | | | |
|---|---|---|---|---|---|---|---|---|---|---|---|---|---|---|---|---|---|---|---|---|---|---|---|---|---|---|---|---|---|---|---|---|---|---|---|
| 月 | 日 | 种类 | 编号 | | 千 | 百 | 十 | 万 | 千 | 百 | 十 | 元 | 角 | 分 | 千 | 百 | 十 | 万 | 千 | 百 | 十 | 元 | 角 | 分 | | 千 | 百 | 十 | 万 | 千 | 百 | 十 | 元 | 角 | 分 |
| 11 | 1 | | | 期初余额 | | | | | | | | | | | | | | | | | | | | | 借 | | | 2 | 6 | 8 | 0 | 0 | 0 | 0 | 0 |
| | 30 | 记 | 31 | 结转销售成本 | | | | | | | | | | | | | 5 | 0 | 0 | 0 | 0 | 0 | 0 | 0 | 贷 | | | 2 | 1 | 8 | 0 | 0 | 0 | 0 | 0 |
| | | | | | | | | | | | | | | | | | | | | | | | | | | | | | | | | | | | |
| | | | | | | | | | | | | | | | | | | | | | | | | | | | | | | | | | | | |
| | | | | | | | | | | | | | | | | | | | | | | | | | | | | | | | | | | | |

要求：对上述业务处理的正确性做出判断，并对错账进行更正。

评价：从方法的选择、操作的正确性、书写的规范化以及操作速度四方面进行评价。

# 任务7.4　结　　账

任务描述

明确结账的含义，了解结账的工作程序，掌握结账的方法，熟练、准确进行结账。

## 一、结账的工作内容

结账是把账簿记录定期结算清楚的一项工作。结账工作主要包括两方面内容：一是结清各种损益类账户，并据以计算确定本期利润；二是结清各资产、负债和所有者权益账户，分别结出本期发生额合计和余额。

## 二、结账的工作程序

（1）检查本期发生的经济业务是否全部入账。结账工作要在本期内发生的经济业务全部记入有关账簿之后进行，所以，结账前要检查账簿记录的全面性和完整性。如果有漏账、错账，应及时补记、更正，之后再进行结账。

🔔 **温馨提示**

结账时间要按法规要求进行，既不能提前结账，也不能将本期发生的经济业务推至下期登账。

（2）结转损益类账户，即将损益类账户转入"本年利润"账户，结平所有损益类账户。

（3）结出资产、负债、所有者权益类账户的本期发生额和期末余额，并结转下期。

## 三、结账的方法

（1）对不需要按月结计本期发生额的账户，每次记账后都结出余额，每月最后一笔余额即为月末余额。在月末结账时，只需要在最后一笔经济业务事项记录之下通栏划单红线，不需要再结计一次余额。

🔔 **温馨提示**

债权、债务类明细账，财产物资明细账等都不需要按月结计本期发生额。

（2）库存现金日记账、银行存款日记账和需要按月结出发生额的明细账，月末结账时，要结出本月发生额和余额，在摘要栏内注明"本月合计"字样，并在下面通栏划单红线。

🔔 **温馨提示**

收入、费用等明细账都要结出本月发生额和余额。

（3）需要结计本年累计发生额的明细账户，每月结账时，在"本月合计"行下结出自年初起至本月末止的累计发生额，登记在月份发生额下面，在摘要栏填写"本年累计"字样，并在下面通栏划单红线。但12月末的"本年累计"是全年累计发生额，全年累计发生额下通栏划双红线。

（4）总账账户平时只需结出月末余额。年终结账时，将所有总账账户结出全年发生额和年末余额，在摘要栏内注明"本年合计"字样，并在合计数下通栏划双红线。

（5）年度终了结账时，有余额的账户，要将其余额结转下年，在年末账户余额的下一行摘要栏内注明"结转下年"字样，将以下的空行从右上角至左下角空行部分划斜单红线注销。下年度账户名称变化，应在摘要栏中注明"结转下年（××账户）"，最后由记账人员盖章。

本年各账户余额结转记入下年账簿相应账户时，直接将本年账户余额同方向记入下年账簿相应账户的第一行余额栏内，并标明借贷方向；在日期栏填写1月1日；在摘要栏注明"上年结转"字样。下年度账户名称有变化，应在摘要栏注明"从上年（××账户）转来"。

典型任务实例7-8

前提：假设对账已经完成，且没有错误。

要求：结账（这里仅以"原材料"总账为例）。

任务解析：结账的具体方法示例见表7-95。

表7-95 总分类账

账户名称：原材料 　　　　　　　　　　　　　　　　　　　　　　　　　　第3页

| 2015年 月 | 日 | 凭证 种类 | 凭证 编号 | 摘要 | 借方 千 | 百 | 十 | 万 | 千 | 百 | 十 | 元 | 角 | 分 | 贷方 千 | 百 | 十 | 万 | 千 | 百 | 十 | 元 | 角 | 分 | 借或贷 | 余额 千 | 百 | 十 | 万 | 千 | 百 | 十 | 元 | 角 | 分 |
|---|---|---|---|---|---|---|---|---|---|---|---|---|---|---|---|---|---|---|---|---|---|---|---|---|---|---|---|---|---|---|---|---|---|---|---|
| 1 | 1 | | | 上年结转 | | | | | | | | | | | | | | | | | | | | | 借 | | 1 | 5 | 8 | 0 | 0 | 0 | 0 | 0 |
| | 3 | 记 | 5 | 采购材料入库 | | 1 | 0 | 0 | 0 | 0 | 0 | 0 | | | | | | | | | | | | | 借 | | 1 | 6 | 8 | 0 | 0 | 0 | 0 | 0 |
| | 6 | 记 | 10 | 领用材料 | | | | | | | | | | | | | | 3 | 8 | 0 | 0 | 0 | 0 | 借 | | 1 | 3 | 0 | 0 | 0 | 0 | 0 | 0 |
| | 28 | 记 | 20 | 采购材料入库 | | 1 | 5 | 0 | 0 | 0 | 0 | 0 | | | | | | | | | | | | | 借 | | 1 | 4 | 5 | 0 | 0 | 0 | 0 | 0 |
| | 31 | | | 本月合计 | | 2 | 5 | 0 | 0 | 0 | 0 | 0 | | | | | | 3 | 8 | 0 | 0 | 0 | 0 | 借 | | 1 | 4 | 5 | 0 | 0 | 0 | 0 | 0 |
| 2 | 6 | 记 | 12 | 采购材料入库 | | | 5 | 0 | 0 | 0 | 0 | 0 | | | | | | | | | | | | | 借 | | 1 | 5 | 0 | 0 | 0 | 0 | 0 |
| | 28 | | | 本月合计 | | | 5 | 0 | 0 | 0 | 0 | 0 | | | | | | | | | | | 0 | 借 | | 1 | 5 | 0 | 0 | 0 | 0 | 0 |
| ～ | ～ | | | ～ | | | | | | | | | | | | | | | | | | | | | | | | | | | | | | |
| 12 | 31 | | | 本月合计 | | | 8 | 9 | 0 | 0 | 0 | 0 | | | | | | 6 | 8 | 0 | 0 | 0 | 0 | 借 | | 1 | 0 | 0 | 0 | 0 | 0 | 0 | 0 |
| | 31 | | | 本年累计 | | 8 | 2 | 6 | 0 | 0 | 0 | 0 | | | 5 | 6 | 7 | 0 | 0 | 0 | 0 | | | 借 | | 4 | 1 | 7 | 0 | 0 | 0 | 0 | 0 |
| | | | | 结转下年 | | | | | | | | | | | | | | | | | | | | | | | | | | | | | | |

想一想

结账包括哪些内容？各资产负债表日的结账方法是否一样？

课堂活动

目的：熟练掌握结账方法。

形式：个人完成任务。

地点：教学场所。

时间：10分钟。

资料：中通公司2015年全年现金总账登记和结账情况见表7-96。

**表7-96 总分类账**

账户名称：现金　　　　　　　　　　　　　　　　　　　　　　　　　　　第5页

| 2015年 月 | 日 | 凭证 种类 | 凭证 编号 | 摘要 | 借方 | 贷方 | 借或贷 | 余额 |
|---|---|---|---|---|---|---|---|---|
| 1 | 1 | | | 上年结转 | | | 借 | 1658000 00 |
| | 31 | | | 本月合计 | 650000 00 | 380000 00 | 借 | 1928000 00 |
| 2 | 28 | | | 本月合计 | 185000 00 | 138000 00 | 借 | 1975000 00 |
| 12 | 31 | | | 本月合计 | 215000 00 | 106000 00 | 借 | 3155000 00 |
| | 31 | | | 本年累计 | 1826000 00 | 1067000 00 | 借 | 2417000 00 |
| | | | | 结转下年 | | | | |

要求：判断中通公司结账工作是否存在问题？应如何改正？

评价：从判断的准确性和更正的正确性两大方面进行评价。

# 任务7.5 更换与保管会计账簿

**任务描述**

明确会计账簿更换的含义，掌握会计账簿更换的方法，明确会计账簿保管的两个阶段及各阶段的工作。

## 一、会计账簿的更换

会计账簿更换是指会计年度终了时结束旧账簿，更换新账簿。具体工作任务是将各账户的余额结转到新的年度，即在新年度的会计账簿中的第一行余额栏内填上上年结转的余额，并注明方向，同时，在摘要栏内注明"上年结转"字样。

**温馨提示**

上年度该账户的借方余额，转至本年度新账内仍为借方余额；上年度该账户的贷方余额，转至本年度新账内仍为贷方余额。

一般来说，总账、日记账和多数明细账应每年更换一次，但对于部分变动较小和更换工作量较大的明细账，可以连续使用，不必每年更换。例如，固定资产明细账变动较小，不必每年更换；财产物资明细账和债务明细账由于材料品种、规格和往来单位较多，更换新账，重抄工作量较大，可以不必每年度更换一次。另外，备查账簿也不必每年更换一次。

## 二、会计账簿的保管

年度终了，各种账户在结转下年、建立新账后，会计账簿暂由本单位财务会计部门保管1年，期满之后，由财务会计部门移交由本单位的档案部门保管。移交时，要编制移交清册，写明交接清单，交接双方在核查无误后签章，标明交接日期，以明确责任。

已归档的会计账簿作为会计档案，在保管、查阅、借出、复制、销毁等方面均须按照《会计档案管理办法》规定进行，保管期未满，不得销毁。

总账和明细账保管期限为15年，日记账保管期限为15年，但现金和银行存款日记账保管期限为25年，固定资产卡片账在固定资产报废清理后保管5年，辅助账簿保管期限为15年。

### ⓘ 请注意

正在建设期间的建设单位的会计账簿，不论是否已满保管期限，一律不得销毁，必须妥善保管，待项目办理竣工决算后，按规定的交接手续交给接收单位。

### 开阔视野

会计档案的销毁是一项严肃的工作，各单位必须严格按规定进行。故意销毁依法应当保存的会计账簿行为，以及授意、指使、强令会计机构、会计人员及其他人员故意销毁依法应当保存的会计账簿行为，都是违法行为，构成犯罪的，要依法追究刑事责任；尚不构成犯罪的，也要承担行政责任，违法单位和责任人员会受到相应的经济处罚和行政处分。

### 想一想

哪些会计账簿不必每年更换一次？会计账簿在财务部门保管期满应该怎样处理？

### 课堂活动

目的：熟练掌握会计账簿保管相关规定。
形式：小组完成任务。
地点：教学场所。
时间：10分钟。
资料：2015年1月初，尚都公司财务部将2013年度的会计档案移交给公司档案管理科。

要求：

（1）会计人员应做哪些工作？

（2）移交时是否需要监督？

（3）由谁来监交？

（4）履行什么手续？

评价：从合作的协调性、回答的正确性、表述的准确性和效率四方面进行评价。

# 组织财产清查

## 知 识 概 览

| | | |
|---|---|---|
| 认识财产清查 | 财产清查的概念 | 财产清查是指通过对货币资金、实物资产和往来款项的盘点或核对，确定其实存数，明确账实是否相符的一种专门方法 |
| | 财产清查的意义 | 保护财产安全、完整，及时处理积压，提高资产使用效率 |
| | 财产清查的分类 | 1. 按财产清查的范围分为全面清查和局部清查<br>2. 按财产清查的时间分为定期清查和不定期清查 |
| | 财产清查的方法 | 实地盘点法、核对法、询证法等 |
| | 财产清查结果的处理 | 1. 编制实存账存对比表，分析清查结果，提出处理意见<br>2. 积极处理积压物资，认真清理债权债务<br>3. 总结经验教训，建立健全财产管理制度<br>4. 调整账簿记录，做到账实相符<br>5. 根据查明的原因或转销审批证明进行会计处理 |
| 库存现金清查 | 清查的种类 | 出纳员自查和清查小组清查两种 |
| | 清查的范围 | 1. 核对账实情况<br>2. 检查有无超规定使用现金的情况<br>3. 检查是否有超限额留存现金的情况<br>4. 检查是否有白条抵库现象<br>5. 检查是否有挪用现金的情况 |
| | 清查的方法 | 一般采用实地盘点法 |
| | 清查结果的处理 | 对于发现的挪用现金、白条抵库情况，应及时予以纠正；对于超限额留存的现金要及时送存银行；对于账款不符的先调账，找到原因经批准后再进行账务处理 |
| 银行存款清查 | 清查的方法 | 一般采取核对法，与开户银行核对 |
| | 未达账项 | 它是由于单位与银行记账时间不同产生的，主要表现为：①单位已收（付）款入账，银行尚未收（付）款入账；②银行已收（付）款入账，单位尚未收（付）款入账。存在未达账项首先要编制"银行存款余额调节表"进行调节 |
| 实物资产清查 | 存货清查 | 1. 看账实是否相符，如不符，找出不符的原因，并进行相关处理<br>2. 确定存货账存数可采用永续盘制和实地盘制两种方法<br>3. 确定存货实存数可通过实地盘点、技术推算和抽样盘点进行 |
| | 固定资产清查 | 4. 固定资产实存数可采用实地盘点法和询证法确定 |

| 往来款项清查 | 往来款项清查的内容 | 核实与往来单位债权债务关系 |
|---|---|---|
| | 往来款项清查的方法及步骤 | 一般采用询证（包括发对账单询证、电话询证等）核对法进行核对，然后确认是否需要调整账目 |

# 任务8.1　认识财产清查

**任务描述**

掌握财产清查的概念，明确财产清查的意义，了解财产清查的分类，明确各种清查的适用范围，掌握各类财产清查的方法，学会财产清查结果的分析和会计处理。

## 一、财产清查的概念

财产清查是指通过对货币资金、实物资产和往来款项的盘点或核对，确定其实存数，查明账存数与实存数是否相符的一种专门方法。为了确保会计核算资料的客观、真实、准确，保证财产物资的安全、完整，除了要建立健全岗位责任制，加强监督、管理外；还必须建立财产清查制度，对资产和权益进行深入、细致的清查与核对工作。

## 二、财产清查的意义

任何一个单位其账簿记录与财产物资的实际结存都应一致，但在实际工作中，确实存在账实不符的情况。主要原因有：财产物资保管过程中发生自然损耗；财产收发过程中由于计量或检验不准，造成的多收或少收差错；管理不善及制度不严造成的财产损坏、丢失、被盗；账簿记录中的错记、重记、漏记；未达账项造成结算双方账实不符；发生意外损失等。如果不进行财产清查，就不会发现问题，从而给单位造成财产损失，不利于保护单位财产的安全和完整。可见，加强财产清查工作，对于加强企业管理、充分发挥会计的监督作用具有重要意义。

（1）通过财产清查，可以促进账实相符，保证会计信息的真实性和可靠性，也可以根据所发现的问题，找到相关责任人，追回企业短缺的财产，保护财产的安全、完整。

（2）通过财产清查，可以查明财产物资盘盈盘亏的原因，找出管理中存在的问题和薄弱环节，从而完善财产管理制度，加强对人员的管理和防范，挖掘财产物资潜力，提高资金的使用效能，加速资金周转。

（3）通过财产清查，可以发现问题，及时采取措施弥补经营管理中的漏洞，对财产物资的保管和使用情况有较多的涉入，减少损失浪费、腐烂变质、损坏挪用等现象的发生，建立健全岗位责任制，提高工作人员的技术水平和管理水平，延长资产的使用寿命，提高资产的使用效率。

## 三、财产清查的分类

财产清查根据其清查对象和目的不同，可进行全面清查，也可进行局部清查；可定期清查，也可临时清查。

### （一）按财产清查的范围划分

按财产清查的范围不同，可分为全面清查和局部清查。

#### 1. 全面清查

全面清查是指对全部财产进行盘点与核对。全面清查的优点是可以发现所有问题，缺点是时间长、人员多、费用高、费时费力。

全面清查通常适用于以下情况：①年终决算前；②单位撤销、合并或改变隶属关系前；③发生重大经济违法事件等。

需要进行全面清查的内容主要有：①单位的现金、银行存款和其他货币资金；②单位的固定资产、存货和工程物资；③单位的各项债权、债务、对外投资等。

#### 2. 局部清查

局部清查也称重点清查，是指根据需要对部分财产物资进行盘点与核对。局部清查是根据单位的管理需要进行的，其清查的对象也因管理需要而不同，因此，局部清查没有固定的模式。比如，在更换财产物资管理人员时，必须对更换时点的财产物资进行清点，以分清责任。

局部清查工作量不大，各单位应经常对一些贵重物资、流动性大的财产物资和管理上要求严格控制的资产进行局部清查。

### （二）按财产清查的时间划分

按财产清查的时间不同，可分为定期清查和不定期清查。

#### 1. 定期清查

定期清查是指按照计划的时间对财产物资进行的清查。定期清查一般在期末进行，可以全面清查，也可以局部清查。目的是保证会计核算资料的真实、正确。

#### 2. 不定期清查

不定期清查是指根据实际需要对财产物资所进行的临时性清查。不定期清查一般进行的都是局部清查，其目的是为了查清某一时点财产物资的实有数量和质量以及账簿记录的真实性等。不定期清查主要在以下情况进行：①更换现金和财产物资保管人员时；②财产物资发生意外灾害时；③配合有关部门对本单位进行会计检查时；④进行临时性清产核资时。

财产清查对象和时间不同，清查的目的和工作量也不同，因此，各单位要根据自身的需要和可能，采取恰当的财产清查方法。

## 四、财产清查的方法

财产清查的方法主要有实地盘点法和核对法两种。实地盘点法是指在财产物资存放现场逐一清点数量或用计量仪器确定财产物资实存数的一种方法。核对法是指按一定的程序和方法对账、证、表记录，以及实物进行核对，以保证账证相符、账账相符、账表相符、财实相符的一种方法。

不同的财产物资，其清查方法也不一样。实物资产一般采用实地盘点法和技术推算法；现金清查一般采用实地盘点法；银行存款和往来款项的清查适用于核对法。

## 五、财产清查结果的处理

财产清查结束后，有关人员应根据清查结果如实填写清查报告，按照规定的程序、手续，对有关问题进行认真总结和妥善处理，并进行相应的会计处理。具体来说，财产清查结果的处理主要包括以下五个方面。

1. 编制实存账存对比表，分析清查结果的性质，提出处理意见

根据财产清查中发现的盘盈、盘亏、毁坏等情况，编制全部财产清查结果的实存账存对比表，分析其性质和原因，明确经济责任，提出处理意见，并报请上级主管部门审批。

2. 积极处理积压物资，认真清理债权债务

对财产清查中发现的超储积压、滞销和不需要的物资，应发动全体员工积极妥善处理。对长期不清的债权债务，应指定专人负责限期催办，力求消除积压，加速资金周转。

3. 总结经验教训，建立健全财产管理制度

对财产清查中发现的经营管理、会计核算方面问题，应及时总结经验教训，提出改进措施，保证财产物资的安全、完整。

4. 调整账簿记录，做到账实相符

对财产清查中发现的账实不符情况，在及时上报的同时，应按有关规定调整账簿记录，做到账实相符。未查明原因的，先记入"待处理财产损溢"或"以前年度损益调整"账户。

5. 根据查明的原因或转销审批证明进行会计处理

根据查明的原因或转销审批证明编制记账凭证，并据以登记入账，核销调账时记入"待处理财产损溢"账户的金额。

### 🛈 请注意

清查各种财产发现的损溢，应于期末前查明原因，并根据单位的管理权限，经股东大会或董事会，或经理（厂长）会议或类似机构批准后，在期末结账前处理完毕。如清查各种财产的损溢，在期末结账前尚未获批，在对外提供财务会计报告时先按所提出的处理意见进行处理，并在会计报表附注中做出说明；如果其后批准处理的金额与已处理金额不一致，调整会计报表相关项目的年初数。

### 想一想

为什么要进行财产清查？每种财产清查方法各适用于哪些财产清查？

参与一次财产清查或财产清查方案的制订。

# 任务8.2　库存现金清查

明确库存现金清查的种类及内涵，明确库存现金清查的范围，掌握库存现金清查的方法，掌握库存现金清查结果的处理内容和方法。

## 一、库存现金清查的种类

库存现金清查是指对库存现金进行盘点，并与库存现金日记账进行核对，库存现金清查包括出纳员自查和清查小组清查两种类型。

1. 出纳员自查

出纳员自查是指由出纳人员每日终了时所进行的现金账款核对，即出纳人员将库存现金日记账余额与库存现金的实有数额进行核对，从而确定账实是否相符的一种方法。

自查发现账实不符时，出纳人员应先对账并查找原因，并将长款（即实存大于账存）或短款（即实存小于账存）情况向会计机构负责人或会计主管人员报告。

对于由于出纳人员原因造成的短款，应由出纳人员赔偿，而长款应查明原因再行处理，如果找不到原因的长款，应报请单位的决策层批准后再进行处理；对于其他原因造成的长款或短款，应报请单位的决策层批准后再进行处理。

2. 清查小组清查

清查小组清查是指由专门的清查人员进行定期或不定期的清查。单位应建立健全现金清查制度，进行定期或不定期的清查，防止出纳人员利用职务之便进行舞弊或犯罪。

### 请注意

清查小组清查时，出纳人员必须在场。

## 二、库存现金清查的范围

库存现金清查不仅是账实的核对，其他内容还有很多，主要包括：①检查库存现金实有数和账面数是否一致；②检查库存现金支出是否按现金管理的有关法规进行，有无超出规定使用现金的情况；③检查是否有超限额留存现金的情况；④检查是否有白条抵库现象；⑤检查是否有挪用现金的情况；⑥检查是否有违反单位现金管理制度的情况。

### 温馨提示

现金管理条例规定了现金的使用范围：①职工工资、津贴；②个人劳务报酬；③根据国家规定颁发给个人的科学技术、文化艺术、体育等各种奖金；④各种劳保、福利费用以及国家规定的对个人的其他支出；⑤向个人收购农副产品和其他物资的款项；⑥出差人员必须随身携带的差旅费；⑦结算起点（1 000元人民币）以下的零星支出；⑧中国人民银行确定需要支付现金的其他支出。超出规定的范围使用现金，属于违法行为。

**开阔视野**

库存现金限额是单位存放现金的最高额度，库存现金限额是银行按照单位的日常零星开支需要量和距银行的远近而核定的，一经确定，开户单位必须严格遵守，每日现金的结存数不得超过核定的限额，库存现金限额一般每年核定一次。需要增加或减少库存现金限额时，要向银行提出申请，经批准后方可调整。

## 三、库存现金清查的方法

库存现金清查一般采用实地盘点法。无论是出纳人员自查，还是清查小组清查，都要通过清点保险柜内的现金来确定库存现金的实有数。然后将库存现金实有数与库存现金日记账的账面结存余额核对，以认定账实是否相符，同时，检查是否有违反现金管理规定的情况。

现金清查完毕，应编制库存现金盘点报告单，注明现金溢缺的金额，并由出纳人员和盘点人员签字盖章。

## 四、库存现金清查结果的处理

对于发现的挪用现金、白条抵库情况，应及时予以纠正；对于超限额留存的现金要及时送存银行；对于账款不符，有待查明原因。根据库存现金盘点报告单来调整库存现金日记账的账面记录。

对于账款不符的情况，无论盘盈还是盘亏，在查明原因前，应通过"待处理财产损溢"账户核算。属于现金短缺，即库存现金盘亏的，应按实际盘亏金额，借记"待处理财产损溢——待处理流动资产损溢"账户，贷"库存现金"账户；属于现金溢余，即库存现金盘盈的，按实际盘盈的金额，借记"库存现金"账户，贷记"待处理财产损溢——待处理流动资产损溢"账户。查明原因后，应区别情况处理：属于记账差错的，应及时予以更正；对于现金盘亏，应由责任人或保险公司赔偿的部分，记入"其他应收款"账户；无法查明原因的，根据管理权限经批准后记入"管理费用"账户；对于现金盘盈，应支付给有关人员或单位的，应记入"其他应付款"账户，无法查明原因的，经批准记入"营业外收入"账户。

**典型任务实例8-1**

资料：中超公司2015年11月份发生如下现金清查业务。

30日，在对库存现金清查后，编制的库存现金盘点报告单见表8-1。

表8-1　库存现金盘点报告单

单位名称：中超公司　　　　　　　　2015 年 11 月 30 日

| 账存金额 | 实存金额 | 对 比 结 果 | | 备　注 |
| | | 盘　盈 | 盘　亏 | |
| --- | --- | --- | --- | --- |
| 4 800 | 4 500 | | 300 | 短缺的300元现金中，职工沈小阳报销时交付100元白条（即非法票据），150元由出纳员赵莉娟挪用，另50元未查明原因 |
| 处理意见：<br>　　白条部分向沈小阳收取；挪用部分向赵莉娟收取；未查明原因部分，列入管理费。<br><div align="right">总经理：刘伯温</div> | | | | |

盘点人：王国红　　　出纳员：赵莉娟　　　清查小组负责人：于畅想　　　会计机构负责人：周末

要求：做出清查未查明原因前、查明原因或经批准后的会计处理。

任务解析：

（1）未查明原因前或称批准前（这里以会计分录代替）。

　　借：待处理财产损溢——待处理流动资产损溢　　　300

　　　　贷：库存现金　　　　　　　　　　　　　　　　　300

（2）经查，短缺的300元现金中，职工沈小阳报销时交付100元白条（即非法票据）；150元由出纳员赵莉娟挪用；另50元未查明原因，经领导批准，列入管理费。

　　借：其他应收款——沈小阳　　　　　　　　　　　100

　　　　　　　　　——赵莉娟　　　　　　　　　　　150

　　　　管理费用——现金短款　　　　　　　　　　　 50

　　　　贷：待处理财产损溢——待处理流动资产损溢　　　300

🔔 **温馨提示**

如果在找到原因后责任人直接付款，则不必通过"其他应收款"账户，而是直接在"库存现金"账户增记即可。

**典型任务实例8-2**

资料：中超公司2015年12月份发生如下现金清查业务。

30日在对库存现金清查后，编制的库存现金盘点报告单见表8-2。

表8-2　库存现金盘点报告单

单位名称：中超公司　　　　　　　　2015 年 12 月 30 日

| 账存金额 | 实存金额 | 对 比 结 果 | | 备　注 |
| | | 盘　盈 | 盘　亏 | |
| --- | --- | --- | --- | --- |
| 5 200 | 5 500 | 300 | | 职工肖钢报账时少付款项 |
| 处理意见：<br>　　盘盈款项为少付职工肖钢的款项，请予支付。<br><div align="right">总经理：刘伯温</div> | | | | |

盘点人：王国红　　　出纳员：赵莉娟　　　清查小组负责人：于畅想　　　会计机构负责人：周末

要求：做出清查未查明原因前、查明原因或经批准后的会计处理。

任务解析：

（1）未查明原因前（批准前）。

借：库存现金　　　　　　　　　　　　　　　　　　　300

　　贷：待处理财产损溢——待处理流动资产损溢　　　300

并据此登记库存现金日记账和总账，使账实相符。同时，登记"待处理财产损溢——待处理流动资产损溢"明细账。

（2）经查，盘盈的300元现金，是少付职工肖钢的报账款，经领导批准后转为"其他应付款"。

借：待处理财产损溢——待处理流动资产损溢　　　300

　　贷：其他应付款——肖钢　　　　　　　　　　　300

**想一想**

库存现金盘亏、盘盈涉及的原始凭证是什么？

**课堂活动**

目的：熟练掌握库存现金清查结果的会计处理。

用品用具：记账凭证、三栏式账页。

场所：教学场所。

时间：30分钟。

方式：分组完成任务。

资料：超越公司2015年12月份发生如下现金清查业务。

30日，在对库存现金清查后，编制的库存现金盘点报告单见表8-3。

表8-3　库存现金盘点报告单

单位名称：超越公司　　　　　　　2015年12月30日

| 账存金额 | 实存金额 | 对比结果 | | 备　注 |
| --- | --- | --- | --- | --- |
| | | 盘　盈 | 盘　亏 | |
| 8 800 | 6 800 | | 2 000 | 出纳员自身原因导致现金短缺 |

处理意见：

盘亏款项为出纳员挪用，要求出纳员赔偿。

总经理：朱红

盘点人：赵丽丽　　　出纳员：王立娟　　　清查小组负责人：周游　　　会计机构负责人：单庆华

要求：

（1）做出批准前、批准后的会计分录。

（2）填制相关的记账凭证；

（3）登记库存现金日记账。

评价：从正确性、规范化、操作速度三方面进行评价。

# 任务8.3 　银行存款清查

任务描述

掌握银行存款清查的方法，明确未达账项的概念与类型，了解银行对账单及其格式，掌握银行存款余额调节表的编制方法。

## 一、银行存款清查的方法

银行存款清查一般采取核对法来进行，即将单位的银行存款日记账与开户银行转来的对账单进行核对，检查银行存款账存数与开户银行转来的对账单所记录的金额是否一致，以查明银行存款实存数。任何单位都应当定期或不定期开展银行存款的清查，每月至少核对一次。

清查前，清查人员要取得银行对账单，并将本单位银行存款账面结清，再将两者逐笔核对。如果相符，则说明账实相符；否则，应该查找不符的原因。银行存款日记账与开户银行转来的对账单不一致的原因有两点：一是双方或一方记账有误；二是存在未达账项。对于未达账项，应通过编制银行存款余额调节表进行调整。

## 二、银行对账单的概念及格式

银行对账单是指单位开户银行所记录的，反映该单位银行存款存入和使用情况的记录单。一般情况下，银行每个月都应向开户单位提供银行对账单，以便双方核对银行存款账目。由于每个单位都有可能在多家银行开户，所以，应该分别与每家开户银行进行对账。

## 三、未达账项的概念与类型

所谓未达账项，是指由于单位与银行取得有关凭证的时间不同，一方已经取得凭证登记入账，另一方由于未取得凭证尚未入账的款项。未达账项有以下四种类型。

（1）单位已收款入账，银行尚未收款入账。例如，单位已将收到的支票送存银行，对账前银行尚未入账的款项。

（2）单位已付款入账，银行尚未付款入账。例如，单位为支付款项签发支票，且已根据支票存根登记银行存款的减少，而银行尚未接到支票，未登记银行存款的减少。

（3）银行已收款入账，单位尚未收款入账。例如，银行收到外单位所付的款项，且已登记入账，单位尚未收到银行通知而未入账的款项。

（4）银行已付款入账，单位尚未付款入账。例如，银行代单位支付的款项，且已登记单位银行存款的减少，而单位因未收到凭证尚未记账的款项。

对于未达账项，应通过编制银行存款余额调节表进行检查核对，如果没有记账错误，调节后双方的余额应相符，若调节后双方的余额不相符，说明记账一定有错误。

典型任务实例8-3

资料：2015年12月31日，大光明公司的银行存款日记账和银行对账单分别见表8-4和

表8-5。

　　要求：进行对账，如有未达账项，编制银行存款余额调节表。

表8-4　银行存款日记账

| 2015年 月 | 日 | 凭证 种类 | 凭证 编号 | 摘要 | 结算方式 种类 | 结算方式 编号 | 对应账户 | 借方 | √ | 贷方 | √ | 余额 |
|---|---|---|---|---|---|---|---|---|---|---|---|---|
| 11 | 30 | | | 本月合计 | | | | 980 000.00 | | 620 000.00 | | 360 000.00 |
| 12 | 1 | 记 | 2 | 付展销费 | 转支 | 021 | 销售费用 | | | 50 000.00 | √ | 310 000.00 |
| | 6 | 记 | 12 | 代付运费 | 转支 | 022 | 应收账款 | | | 1 000.00 | | 309 000.00 |
| | 9 | 记 | 18 | 预收货款 | 转支 | 030 | 预收账款 | 180 000.00 | √ | | | 489 000.00 |
| | 15 | 记 | 30 | 付维修费 | 转支 | 024 | 管理费用 | | | 3 000.00 | | 486 000.00 |
| | 21 | 记 | 33 | 提取现金 | 现支 | 001 | 银行存款 | | | 10 000.00 | √ | 476 000.00 |

表8-5　银行对账单

账号：00655238　　　　　　　　　　　　　　　　开户单位：大光明公司

| 2015 月 | 日 | 摘要 | 结算凭证 种类 | 结算凭证 号数 | 借方 | 贷方 | 余额 |
|---|---|---|---|---|---|---|---|
| 11 | 30 | | | | 620 000 | 980 000 | 360 000 |
| 12 | 1 | 付展销费 | 转支 | 021 | 50 000 √ | | 310 000 |
| | 8 | 收回货款 | 电汇 | 037 | | 90 000 | 400 000 |
| | 9 | 预收货款 | 转支 | 023 | | 180 000 √ | 580 000 |
| | 21 | 提取现金 | 现支 | 001 | 10 000 √ | | 570 000 |
| | 21 | 利息收入 | | | | 550 | 570 550 |
| | 28 | 付购料款 | 电汇 | 098 | 80 000 | | 490 550 |

任务解析：

（1）公司与银行对账，做出勾对标记。

核对时的勾对情况见表8-4和表8-5。

（2）找出未勾对经济事项，即找出未达账项。

经逐笔核对，发现有以下未达账项。

① 代付运费1 000元，公司日记账已登记存款减少，银行尚未入账。

② 支付维修费3 000元，公司日记账已已登记存款减少，银行尚未入账。

③收回货款90 000元，银行已在公司账上登记存款增加，公司尚未入账。

④本月实现利息收入550元，银行已在公司账上登记存款增加，公司尚未入账。

⑤支付购料款80 000元，银行已在公司账上登记存款减少，公司尚未入账。

（3）汇总未达账项金额。

银行已收，公司未收金额为90 550（90 000+550）元。

银行已付，公司未付金额为80 000元。

公司已收，银行未收金额为0元。

公司已付，银行未付金额为4 000（1 000+3 000）元。

（4）编制银行存款余额调节表。

由于存在未达账项，因此，需要编制银行存款余额调节表进行调节。根据在核对时公司银行存款日记账显示的存款余额476 000元和银行对账单显示的存款余额490 550元，以及未达账项金额合计数，编制银行存款余额调节表（见表8-6）。

表8-6　银行存款余额调节表

2015年12月31日　　　　　　　　　　　　　　　　单位：元

| 项　　目 | 金　　额 | 项　　目 | 金　　额 |
|---|---|---|---|
| 银行存款日记账余额 | 476 000 | 银行对账单余额 | 490 550 |
| 加：银行已收，公司未收<br>减：银行已付，公司未付 | 90 550<br>80 000 | 加：公司已收，银行未收<br>减：公司已付，银行未付 | 0<br>4 000 |
| 调节后的存款余额 | 486 550 | 调节后的存款余额 | 486 550 |

（5）清查结论。

从表8-6可以看出，调节后的银行存款日记账余额和银行对账单余额均为486 550元，即二者相符，由此可初步断定双方账面记录没有错误。

🔔**温馨提示**

调节后的存款余额相等，一般情况下可以说明账面记录没有错误；如果不相等，说明双方或一方记录有差错，需进一步核对账目，查找原因，并加以更正。

ⓘ**请注意**

调节后的存款余额表明单位可以支用的银行存款实有数。银行存款余额调节表只是为了核对账目，并不能作为调整银行存款账面余额的原始凭证。只有收到有关凭证后，才能据以作账务处理。

**想一想**

银行存款清查通常采用什么方法？可以依据银行存款余额调节表调整银行存款账面记录吗？

目的：熟练掌握银行存款余额调节表的编制方法。

形式：个人完成任务。

地点：教学场所。

时间：20分钟。

资料：2015年12月31日，裕丰公司的银行存款日记账和银行对账单情况见表8-7和表8-8。

表8-7　银行存款日记账

| 2015年 | | 凭证 | | 摘要 | 结算方式 | | 对应账户 | 借　方 | | | | | | | √ | 贷　方 | | | | | | | √ | 余　额 | | | | | | |
|---|---|---|---|---|---|---|---|---|---|---|---|---|---|---|---|---|---|---|---|---|---|---|---|---|---|---|---|---|---|---|
| 月 | 日 | 种类 | 编号 | | 种类 | 编号 | | 十 | 万 | 千 | 百 | 十 | 元 | 角 | 分 | | 十 | 万 | 千 | 百 | 十 | 元 | 角 | 分 | | 十 | 万 | 千 | 百 | 十 | 元 | 角 | 分 |
| 11 | 30 | | | 本月合计 | | | | 9 | 9 | 0 | 0 | 0 | 0 | 0 | 0 | | | 6 | 6 | 0 | 0 | 0 | 0 | 0 | 0 | | 3 | 3 | 0 | 0 | 0 | 0 | 0 | 0 |
| 12 | 2 | 记 | 2 | 付展销费 | 转支 | 012 | 销售费用 | | | | | | | | | | | 5 | 0 | 0 | 0 | 0 | 0 | 0 | | 2 | 8 | 0 | 0 | 0 | 0 | 0 | 0 |
| | 8 | 记 | 11 | 支付货款 | 转支 | 013 | 应付账款 | | | | | | | | | | | 3 | 0 | 0 | 0 | 0 | 0 | 0 | | 2 | 5 | 0 | 0 | 0 | 0 | 0 | 0 |
| | 10 | 记 | 16 | 收回货款 | 电汇 | 037 | 应收账款 | 4 | 0 | 0 | 0 | 0 | 0 | 0 | 0 | | | | | | | | | | | 6 | 5 | 0 | 0 | 0 | 0 | 0 | 0 |
| | 16 | 记 | 26 | 付维修费 | 转支 | 014 | 管理费用 | | | | | | | | | | | | 2 | 0 | 0 | 0 | 0 | 0 | | 6 | 4 | 8 | 0 | 0 | 0 | 0 | 0 |
| | 20 | 记 | 38 | 提取现金 | 现支 | 001 | 银行存款 | | | | | | | | | | | | 2 | 0 | 0 | 0 | 0 | 0 | | 6 | 2 | 8 | 0 | 0 | 0 | 0 | 0 |
| | 31 | 记 | 36 | 接受投资 | 转支 | 038 | 实收资本 | 2 | 0 | 0 | 0 | 0 | 0 | 0 | 0 | | | | | | | | | | | 8 | 2 | 8 | 0 | 0 | 0 | 0 | 0 |

表8-8　银行对账单

账号：00322359　　　　　　　　　　　　　　　　　　　　　　开户单位：裕丰公司

| 2015年 | | 摘要 | 结算凭证 | | 借　方 | 贷　方 | 余　额 |
|---|---|---|---|---|---|---|---|
| 月 | 日 | | 种类 | 号数 | | | |
| 11 | 30 | | | | 660 000 | 990 000 | 330 000 |
| 12 | 2 | 付展销费 | 转支 | 012 | 50 000 | | 280 000 |
| | 6 | 支付水费 | 委托付款 | 001 | 5 000 | | 275 000 |
| | 10 | 收回货款 | 电汇 | 037 | | 400 000 | 675 000 |
| | 9 | 预收货款 | 转支 | 023 | | 180 000 | 855 000 |
| | 20 | 提取现金 | 现支 | 001 | 20 000 | | 835 000 |
| | 21 | 利息收入 | | | | 1 800 | 836 800 |
| | 28 | 付购料款 | 电汇 | 086 | 90 000 | | 746 800 |

要求：进行对账，如有未达账项，编制银行存款余额调节表。

评价：从未达账项是否找出、金额是否正确、调节前后的金额是否正确三方面进行评价。

# 任务8.4 实物资产清查

任务描述

明确实物资产清查的内容，了解实物资产清查的一般方法和步骤，掌握存货清查和固定资产清查的方法，能够对实物资产清查结果进行处理。

## 一、实物资产清查的内容

实物资产包括存货（如原材料、辅助材料、低值易耗品、在产品、库存商品等）和固定资产。实物资产的清查是指对存货和固定资产等的清查，清查时，不仅要将财产物资的实存数与其账面数核对，从量上看其账实是否相符，而且还应详细检查实物资产的品种、规格、型号、数量、质量等质的方面。由于实物资产的性质、形态、体积、重量、存放方式等的不同，因此，清查实物资产时要区别情况采用不同的方法。

## 二、存货清查

### （一）存货清查的含义

存货清查是指通过对存货的实地盘点，确定存货的实有数，并与账面结存数核对，从而确定存货实存数与账面结存数是否相符的一种专门方法。

由于存货种类繁多、收发频繁，在日常收发过程中可能发生计量错误、计算错误、自然损耗，还可能发生损坏变质以及贪污、盗窃等情况，造成账实不符，出现存货的盘盈、盘亏。

### （二）存货清查的主要工作

1. 确定存货的账存数

确定存货账存数的方法主要有两种：一种是永续盘存制；另一种是实地盘存制。

（1）永续盘存制。永续盘存制是指在日常会计核算中，每项存货的增减都在相关账簿中进行逐日逐笔地登记、反映，并随时结算出账面结存数额的一种方法。其计算公式为

$$期末结存数＝期初结存数＋本期增加数－本期减少数$$

温馨提示

采用永续盘存制，每一品种、规格的存货都必须设置明细账。

采用永续盘存制，可以及时了解财产物资的账面结存数，有利于随时掌握存货的进出及结存情况，便于有计划地控制存货的数量，节约储备资金，提高资金周转率。目前

大多数企业都采用这种方法。但由于永续盘存制需要对各种存货进行连续不断的经常性记录，工作量较大，因此，对价值低、易损耗、领用频繁、计量困难的存货可不采用该方法。

（2）实地盘存制。实地盘存制是指通过对各种财产物资的定期清查盘点来确定其期末数量的一种方法。期末存货成本可通过以下公式算得

$$期末存货成本＝期末存货数量×存货单位成本$$

🔔 **温馨提示**

在实地盘存制下，平时存货账只登记增加数，不登记减少数，期末结账时，根据实地盘点的实存数额倒挤出本期存货的减少数额，并据此登记入账。

在实地盘存制下，要想得到本期发出存货成本数额，可利用账户余额的计算方法推导求出，公式为

$$本期发出存货成本＝期初存货成本＋本期收入存货成本－期末存货成本$$

采用实地盘存制简化了存货的日常核算，大大减少了存货日常明细核算的工作量，但工作都集中到了期末，增加了期末工作压力，而且，不能随时反映存货收、发、存的动态，无法看出存货管理中存在的自然或人为损失，掩盖了仓库管理存在的问题，不利于对存货的控制。因此，实地盘存制的实用性较差，一般适用于那些自然损耗大、数量不稳的鲜活商品等。

**想一想**

实地盘存制下，本期发出存货的数量是否可靠？

2. 确定存货的实存数

确定存货实存数的方法主要有三种，即实地盘点法、技术推算法和抽样盘点法。

（1）实地盘点法。实地盘点法是指在财产物资存放地点逐一清点数量或用计量仪器确定其实存数的一种方法。这种方法虽工作量较大，但得到的数据准确、可靠，因此，大多数财产物资的清查都采用该方法。

（2）技术推算法。技术推算法是指利用适当的技术方法推算财产物资实存数的方法。对于那些不便逐一称量、但存放呈一定形状或规则的财产物资，可在抽样盘点的基础上，通过一定的技术方法，推算其实有数量。这种通过计尺、量方等方法取得的财产物资实有量，虽不如实地盘点法的数据准确，但省时、省力、省费用，因此，对大堆、笨重、单位价值较低的大宗物资清查，仍是一种切实可行的方法。

（3）抽样盘点法。抽样盘点法是指通过对部分实物资产数量与质量的检查来推断总体实物资产的数量与质量的方法。这种方法适用于那些不便于逐一称量或点数、单位价值较低的量大、重量均匀、已包装好的实物资产的数量与质量检查。

ℹ️ **请注意**

存货清查必须要实物保管人员在场，以明确责任。

对存货进行实地盘点后，应根据存货的盘点结果填写存货盘存单，其格式见表8-9。

在存货清查过程中，财产清查人员应将清查存货的情况填写在存货盘存单中，对所发现的规格、型号、毁损、变质、积压等问题，须在备注中加以说明。

存货清查结束后，应由盘点人和存货保管人签章。

🔔 **温馨提示**

存货盘存单是存货盘点结果的书面证明，是反映存货实有数的原始凭证，可据以记账。

存货清查品种多，数量大，平时一般为局部的不定期清查，但年底要至少进行一次全面清查。

3. 进行存货的全方位核对

在查出存货的实有数和质量等其他情况后，要对存货进行全方位核对。

（1）编制账存实存对比表。根据存货盘存单和有关账簿记录编制账存实存对比表，确定存货的盈亏情况。账存实存对比表的格式见表8-10。

（2）核实存货相关信息。清查结束后，还需要做的重要工作就是核实存货的其他相关信息。具体包括使用单位或部门、存放地点、规格型号、积压变质、收发手续等方面信息的核实、核对，促使单位加强对这些方面的管理，减少存货浪费，提高资金周转率。

**想一想**

账存实存对比表属于原始凭证吗？为什么？

4. 存货清查结果的处理

（1）对核实存货相关信息时所发现的问题，提出处理意见或建议。

（2）对账实不符情况进行会计处理。

账实不符有两种情况：一是盘盈，即实存数大于账存数；二是盘亏，即实存数小于账存数。无论是盘盈还是盘亏，都要核算和监督存货的盘盈、盘亏和毁损情况，需要设置"待处理财产损溢"账户。

"待处理财产损溢"账户属于资产类，用于核算财产清查中查明的各种财产物资的盘盈、盘亏和毁损情况及其转销情况。其借方登记已发生但尚未处理的财产物资的盘亏和毁损数额，以及经批准转销的盘盈数额；贷方登记已发生但尚未处理的财产物资的盘盈数额，以及经批准转销的盘亏和毁损数额。期末处理后，该账户应无余额。账户可设"待处理流动资产损溢"和"待处理固定资产损溢"两个明细账户，以进行明细分类反映。存货盘盈、盘亏和毁损在"待处理流动资产损溢"明细下进行核算。

存货盘盈、盘亏的会计处理分两个阶段。

第一阶段，调账，使账实相符。也就是通常所说的批准前的会计处理。

查出存货的盘盈、盘亏情况后，根据存货盘存单和实存账存对比表填制记账凭证，并登记账簿，使存货的账面结存数与实际结存数一致。账实差额登记在"待处理财产损溢"账户上。

存货盘盈，应按同类或类似存货的市场价格作为其入账价值，借记"原材料""库存商品"等账户，贷记"待处理财产损溢——待处理流动资产损溢"账户。

存货盘亏及毁损，借记"待处理财产损溢——待处理流动资产损溢"账户，贷记"原材料""库存商品"等账户。

第二阶段，审批处理意见出来后，根据审批的实存账存对比表填制记账凭证，登记账簿，结清"待处理财产损溢"账户。

存货盘盈，借记"待处理财产损溢——待处理流动资产损溢"账户，贷记"管理费用"账户。

存货盘亏及毁损，对于入库的残料价值，借记"原材料"等账户；对应由保险公司和过失人支付的赔款，借记"其他应收款"账户；扣除残料价值和应由保险公司、过失人赔款后的净损失，属于一般经营损失的部分，借记"管理费用"账户；属于非常损失的部分，借记"营业外支出——非常损失"账户。同时，贷记"待处理财产损溢——待处理流动资产损溢"账户。

**典型任务实例8-4**

资料：2015年12月30日，海天公司在财产清查中发现原材料库盘盈甲材料5kg，甲材料的市场价格为80元/kg，共计400元。12月31日查明甲材料的盘盈是由于收发计量误差所致。报请公司审批，批复结果是冲减管理费用。清查所填制的存货盘存单和实存账存对比表分别见表8-9和表8-10。

表8-9　存货盘存单

存放地点：原材料库
财产类别：辅助材料　　　　　　　2015年12月30日

| 编　号 | 名　　称 | 规格型号 | 计量单位 | 盘点数量 | 单　价 | 金　额 | 备　注 |
|---|---|---|---|---|---|---|---|
| 001 | 甲材料 | WH | kg | 100 | 80 | 8 000 | |
| | | | | | | | |
| | | | | | | | |

盘点人签章：高明　　　　　　　　　　　　　　　　　　保管人签章：邵武

表8-10　实存账存对比表

2015年12月30日

| 编号 | 名称及规格 | 计量单位 | 单价 | 实　存 | | 账　存 | | 盘　盈 | | 盘　亏 | | 备注 |
|---|---|---|---|---|---|---|---|---|---|---|---|---|
| | | | | 数量 | 金额 | 数量 | 金额 | 数量 | 金额 | 数量 | 金额 | |
| 001 | WH型甲材料 | kg | 80 | 100 | 8 000 | 95 | 7 600 | 5 | 400 | | | |
| | | | | | | | | | | | | |
| | | | | | | | | | | | | |

处理意见：
　　盘盈甲材料冲减"管理费用"账。

　　　　　　　　　　　　　　　　　　　　　　　　审批负责人：

制表人签章：宋平　　　　　　　　　　　　　　　　审核人签章：刘晶

要求：做出审批前、后的会计处理（以分录代替）。

任务解析：

（1）审批前，根据表8-9、表8-10作如下会计处理。

借：原材料——甲材料 400

　　贷：待处理财产损溢——待处理流动资产损溢 400

（2）审批后，根据表8-11作如下会计处理。

借：待处理财产损溢——待处理流动资产损溢 400

　　贷：管理费用 400

表8-11　实存账存对比表

2015年12月30日

| 编号 | 名称及规格 | 计量单位 | 单价 | 实　存 | | 账　存 | | 盘　盈 | | 盘　亏 | | 备　注 |
|---|---|---|---|---|---|---|---|---|---|---|---|---|
| | | | | 数量 | 金额 | 数量 | 金额 | 数量 | 金额 | 数量 | 金额 | |
| 001 | WH型甲材料 | kg | 80 | 100 | 8 000 | 95 | 7 600 | 5 | 400 | | | |
| | | | | | | | | | | | | |
| | | | | | | | | | | | | |

处理意见：

　　盘盈甲材料冲减"管理费用"账。

　　同意

　　　　　　　　　　　　　　　　　　　　　审批负责人：张中旺

制表人签章：宋平　　　　　　　　　　　　　　　　审核人签章：刘晶

### 典型任务实例8-5

资料：2015年12月30日，海天公司在财产清查中发现原材料库毁损乙材料10kg，乙材料实际单位成本100元，总值1 000元。12月31日查明，乙材料的毁损是保管员邵武的过失所致。报请公司审批，按规定由保管员个人赔偿600元，残料已办理入库手续，价值200元。清查所填制的存货盘存单和实存账存对比表分别见表8-12和表8-13。

表8-12　存货盘存单

存放地点：原材料库

财产类别：辅助材料　　　　　　　　　2015年12月30日

| 编　号 | 名　称 | 规格型号 | 计量单位 | 盘点数量 | 单　价 | 金　额 | 备　注 |
|---|---|---|---|---|---|---|---|
| 002 | 乙材料 | NL | kg | 200 | 100 | 20 000 | |
| | | | | | | | |
| | | | | | | | |

盘点人签章：高明　　　　　　　　　　　　　保管人签章：邵武

表8-13 实存账存对比表

2015 年 12 月 30 日

| 编号 | 名称及规格 | 计量单位 | 单价 | 实 存 | | 账 存 | | 盘 盈 | | 盘 亏 | | 备注 |
| --- | --- | --- | --- | --- | --- | --- | --- | --- | --- | --- | --- | --- |
| | | | | 数量 | 金额 | 数量 | 金额 | 数量 | 金额 | 数量 | 金额 | |
| 002 | NL型乙材料 | kg | 100 | 200 | 20 000 | 210 | 21 000 | | | 10 | 1 000 | |
| | | | | | | | | | | | | |
| | | | | | | | | | | | | |

处理意见:

盘亏乙材料按规定由保管员个人赔偿600元,200元残料应办理入库手续,净损失200元记入"管理费用"账。

审批负责人:

制表人签章:宋平                                    审核人签章:刘晶

要求:做出审批前、后的会计处理(以分录代替)。

任务解析:

(1)审批前,根据表8-12、表8-13作如下会计处理。

借:待处理财产损溢——待处理流动资产损溢          1 000

  贷:原材料——乙材料                               1 000

(2)审批后,根据表8-14作如下会计处理。

① 由保管员个人赔款部分

借:其他应收款——邵武                            600

  贷:待处理财产损溢——待处理流动资产损溢          600

表8-14 实存账存对比表

2015 年 12 月 30 日

| 编号 | 名称及规格 | 计量单位 | 单价 | 实 存 | | 账 存 | | 盘 盈 | | 盘 亏 | | 备注 |
| --- | --- | --- | --- | --- | --- | --- | --- | --- | --- | --- | --- | --- |
| | | | | 数量 | 金额 | 数量 | 金额 | 数量 | 金额 | 数量 | 金额 | |
| 002 | NL型乙材料 | kg | 100 | 200 | 20 000 | 210 | 21 000 | | | 10 | 1 000 | |
| | | | | | | | | | | | | |
| | | | | | | | | | | | | |

处理意见:

盘亏乙材料按规定由保管员个人赔偿600元,200元残料应办理入库手续,净损失200元记入"管理费用"账。

  同意

审批负责人:张中旺

制表人签章:宋平                                    审核人签章:刘晶

② 残料入库

借：原材料——乙材料　　　　　　　　　　　　200

　　贷：待处理财产损溢——待处理流动资产损溢　　200

③ 材料毁损净损失

借：管理费用　　　　　　　　　　　　　　　　200

　　贷：待处理财产损溢——待处理流动资产损溢　　200

**想一想**

存货盘亏如果是非正常因素造成的损失应该如何进行会计处理？

**课堂活动**

目的：熟练掌握存货清查结果的会计处理。

地点：教学场所。

时间：20分钟。

方式：个人完成任务。

资料：2015年1月30日，雷诺公司在财产清查中发现原材料库存盘亏丙材料30kg，丙材料单位成本20元；盘盈丁材料5kg，丁材料单位成本30元。经查，盘亏的30kg丙材料中，有10kg是由于冰雹所致，有20kg属于管理不善造成，其中，应由保险公司承担10kg的赔偿，仓库保管员承担5kg赔偿，另外5kg由公司负担。盘盈的10kg丁材料是由于计量误差所致。盘点结果已填列盘点表，并报请上级领导审批。清查所填制的存货盘存单和实存账存对比表分别见表8-15和表8-16，审批后的"实存账存对比表"见表8-17。

表8-15　存货盘存单

存放地点：原材料库

财产类别：辅助材料　　　　　　　　2015 年 1 月 30 日

| 编　号 | 名　称 | 规格型号 | 计量单位 | 盘点数量 | 单　价 | 金　额 | 备　注 |
|---|---|---|---|---|---|---|---|
| 005 | 丙材料 | QL | kg | 350 | 20 | 7 000 | |
| 006 | 丁材料 | UL | kg | 200 | 30 | 6 000 | |
| | | | | | | | |

盘点人签章：王明　　　　　　　　　　　　　　　　　　保管人签章：张朋

要求：做出审批前、后的会计处理（以分录代替）。

评价：从批准前、后会计处理的正确性、操作效率，以及接受指导的程度三方面进行评价。

表8-16　实存账存对比表

2015 年 1 月 30 日

| 编号 | 名称及规格 | 计量单位 | 单价 | 实 存 | | 账 存 | | 盘 盈 | | 盘 亏 | | 备注 |
|---|---|---|---|---|---|---|---|---|---|---|---|---|
| | | | | 数量 | 金额 | 数量 | 金额 | 数量 | 金额 | 数量 | 金额 | |
| 005 | QL型丙材料 | kg | 20 | 350 | 7 000 | 380 | 7 600 | | | 30 | 600 | |
| 006 | UL型丁材料 | kg | 30 | 200 | 6 000 | 195 | 5 850 | 5 | 150 | | | |
| | | | | | | | | | | | | |

处理意见：

　　盘亏的30 kg丙材料中，冰雹所致的损失计入"营业外支出"；管理不善造成的损失，应由保险公司和仓库保管员赔偿的计入"其他应收款"；由公司负担的部分计入"管理费用"。计量误差产生的盘盈，冲减"管理费用"。

审批负责人：

　　制表人签章：张平　　　　　　　　　　　　　　　　　审核人签章：赵芳

表8-17　实存账存对比表

2015 年 1 月 30 日

| 编号 | 名称及规格 | 计量单位 | 单价 | 实 存 | | 账 存 | | 盘 盈 | | 盘 亏 | | 备注 |
|---|---|---|---|---|---|---|---|---|---|---|---|---|
| | | | | 数量 | 金额 | 数量 | 金额 | 数量 | 金额 | 数量 | 金额 | |
| 005 | QL型丙材料 | kg | 20 | 350 | 7 000 | 380 | 7 600 | | | 30 | 600 | |
| 006 | UL型丁材料 | kg | 30 | 200 | 6 000 | 195 | 5 850 | 5 | 150 | | | |
| | | | | | | | | | | | | |

处理意见：

　　盘亏的30 kg丙材料中，冰雹所致的损失计入"营业外支出"；管理不善造成的损失，应由保险公司和仓库保管员赔偿的计入"其他应收款"；由公司负担的部分计入"管理费用"。计量误差产生的盘盈，冲减"管理费用"。

　　同意

审批负责人：于庆生

　　制表人签章：张平　　　　　　　　　　　　　　　　　审核人签章：赵芳

## 三、固定资产清查

　　固定资产是指单位价值较高，使用期限较长，并且在使用过程中保持原有实物形态的资产。

　　固定资产清查有两种方法：一种是实地盘点法，这种方法适用于存放在本单位的固定资产；另一种是询证法，适用于存放在本单位之外的出租、出借固定资产。询证法见后面的往来款项清查，这里暂不作介绍。

实地盘点法的工作内容包括以下四个方面。

（1）财会部门填制固定资产盘点表。

（2）清查人员进行固定资产的盘点。固定资产清查人员根据财会部门提供的固定资产盘点表进行逐项盘点，并在已查固定资产上加贴"已清查标志"（见表8-18）。

表8-18　已清查标志

| 账存数 | | 实存数 | | 设备状态 | | | |
|---|---|---|---|---|---|---|---|
| 数　量 | 原　值 | 数　量 | 原　值 | 好 | 中 | 差 | 其　他 |
| | | | | | | | |
| | | | | | | | |
| | | | | | | | |
| | | | | | | | |
| | | | | | | | |

（3）根据清查结果填写固定资产盘点表。

（4）提出固定资产清查结果的处理意见。

### 请注意

对盘盈的固定资产要按法规要求进行计价，对盘亏的固定资产要按账面价值冲减。同时，盘盈、盘亏固定资产必须报税务机关备案。盘盈的固定资产的计价方法有：①有相同、同批次或类似固定资产的单位，盘盈固定资产按同类或同批固定资产的价值计价；②若单位没有相同、同批次或类似固定资产，则可按该盘盈固定资产的估价入账；③按评估机构对盘盈固定资产的评估价入账。

固定资产清查结果的会计处理也分两个阶段。

第一阶段，调账，使账实相符。也就是通常所说的批准前的会计处理。

查出固定资产盘盈时，根据固定资产盘点表填制记账凭证，并登记账簿，使固定资产的账面结存数与实际结存数一致。如果是本期的，补记账即可；如果是前期的，应作为前期差错记入"以前年度损益调整"账户，即借记"固定资产"账户，贷记"以前年度损益调整"账户。

查出固定资产盘亏时，应通过"待处理财产损溢——待处理固定资产损溢"账户核算，按其账面价值，借记"待处理财产损溢——待处理固定资产损溢"账户；按"累计折旧"账面余额，借记"累计折旧"账户；按"固定资产"账面余额，贷记"固定资产"账户。

第二阶段，审批处理意见出来后，根据审批的固定资产盘点表填制记账凭证，登记账簿，结清"以前年度损益调整"和"待处理财产损溢"账户。

固定资产盘盈，会计处理较难，本书不作介绍，后续课程将详细学习。

固定资产盘亏，责任人或保险公司应赔偿部分，借记"其他应收款"账户，扣除责任人赔偿部分后的净损失，作营业外支出处理，借记"营业外支出——非常损失"账户，同时贷记"待处理财产损溢——待处理固定资产损溢"账户。

**典型任务实例8-6**

资料：2015年12月31日，东胜公司在固定资产清查中发现正在使用的车床盘亏一项，该设备账面资料显示：设备于2009年12月15日投入使用，原值120 000元，已提折旧72 000元。清查所填写的固定资产盘点表见表8-19。报请领导审批后，同意列入"营业外支出"账户。

表8-19　固定资产盘点表

| 固定资产类别 | | 固定资产账面情况 | | | | | 存放地点 | 实物负责人 | 盘点结果 | | | | | | |
| --- | --- | --- | --- | --- | --- | --- | --- | --- | --- | --- | --- | --- | --- | --- | --- |
| | | 固定资产名称 | 数量 | 单价 | 金额 | 已折旧额 | | | 计量单位 | 数量 | 单价 | 金额 | 盘盈 | 盘亏 | 备注 |
| 生产用 | 在用 | 车床 | 1 | 120 000 | 120 000 | 72 000 | 车间 | 张莉 | 台 | 1 | 120 000 | 120 000 | | √ | |
| | 未用 | | | | | | | | | | | | | | |
| | 不需用 | | | | | | | | | | | | | | |
| | 季节性停用 | | | | | | | | | | | | | | |
| 非生产用 | 在用 | | | | | | | | | | | | | | |
| | 未用 | | | | | | | | | | | | | | |
| | 不需用 | | | | | | | | | | | | | | |

审批意见：列入营业外支出　　　　　　　　　　　　　　　　　　　　总经理：常态

清查小组签字：黄刚　　　　　　复核人：赵谦　　　　　　填表人：肖项

要求：做出审批前、后的会计处理（以会计分录代替即可）。

任务解析：审批前的会计处理如下。

借：待处理财产损溢——待处理固定资产损溢　　48 000
　　累计折旧　　　　　　　　　　　　　　　　72 000
　　　贷：固定资产　　　　　　　　　　　　　　　　　120 000

审批后的会计处理如下。

借：营业外支出——固定资产盘亏　　48 000
　　　贷：待处理财产损溢——待处理固定资产损溢　　48 000

**想一想**

固定资产盘盈是否通过"待处理财产损溢"账户进行核算？如果固定资产盘亏是保管

人员责任，应该如何进行会计处理？

目的：熟练掌握固定资产清查结果的会计处理。

地点：教学场所。

时间：20分钟。

方式：个人完成任务。

资料：2015年1月30日，东胜公司在固定资产清查中发现，财务部在使的一台计算机毁损，该计算机账面资料显示：原值5 000元，已提折旧1 800元。清查所填写的固定资产盘点表见表8-20。报请领导审批后，同意由责任人黄峰赔偿。

表8-20　固定资产盘点表

| 固定资产类别 | | 固定资产账面情况 | | | | | 存放地点 | 实物负责人 | 盘点结果 | | | | | | |
|---|---|---|---|---|---|---|---|---|---|---|---|---|---|---|---|
| | | 固定资产名称 | 数量 | 单价 | 金额 | 已折旧额 | | | 计量单位 | 数量 | 单价 | 金额 | 盘盈 | 盘亏 | 备注 |
| 生产用 | 在用 | | | | | | | | | | | | | | |
| | 未用 | | | | | | | | | | | | | | |
| | 不需用 | | | | | | | | | | | | | | |
| | 季节性停用 | | | | | | | | | | | | | | |
| 非生产用 | 在用 | 计算机 | 1 | 5 000 | 5 000 | 1 800 | 财务部 | 黄峰 | 台 | 1 | 5 000 | 5 000 | | | |
| | 未用 | | | | | | | | | | | | | | |
| | 不需用 | | | | | | | | | | | | | | |
| 审批意见：由责任人黄峰赔偿 | | | | | | | | | | | | 总经理：常态 | | | |

清查小组签字：黄刚　　　　　　复核人：赵谦　　　　　　填表人：肖项

要求：做出审批前、后的会计处理（以分录代替）。

评价：从审批前、后会计处理的正确性、操作效率，以及接受指导的程度三方面进行评价。

# 任务8.5　往来款项清查

任务描述

明确往来款项的内容，掌握往来款项的清查方法，学会往来款项清查结果的会计处理。

## 一、往来款项清查的内容

往来款项主要包括各种应收、应付款项，预收、预付等款项。往来款项的清查是指对应收账款、应付账款、预收账款以及预付账款等的清查，是核实与往来单位债权债务关系的一种财产清查。

## 二、往来款项清查的方法及步骤

往来款项的清查一般采用询证（包括发对账单询证、电话询证等）核对法进行。具体分为以下几步。

（1）填写往来款项对账单并寄给各有关往来单位。根据应收账款、应付账款、预收账款以及预付账款等账户记录，按照每一个往来单位填写往来款项对账单，寄往各有关往来单位。对账单一般一式三联，其中，一联为回单，要求对方单位核对后盖章退回；一联为留存联，由对方单位留存；一联为底联，清查单位留底。

（2）接到对方单位退回的对账单后，进行相应的处理，并分类汇总。接到对方单位退回的对账单，根据对方在"往来单位意见"栏签署的意见进行处理。对于核对无误的，暂时不用作处理；对于核对有误和没有收到对账单回单的，单位应派人前往往来单位进行核实，以查清原因，得出结论。

（3）清查结束后，编制往来款项清查报告表。清查结束后，要及时编制往来款项清查报告表，列明相符和不符的金额，对不相符的款项按有争议、未达账项、无法收回等情况归类合并，针对具体情况及时采取措施予以解决。同时对无望收回的款项和无法收（付）的款项加以说明，以便及时采取措施，减少双方损失。往来款项清查报告表的格式见表8-21。

表8-21　往来账项清查报告表

总账名称：　　　　　　　　　　　年　月　日

| 明细账户 | | 清查结果 | | 核对不符原因 | | | 备注 |
|---|---|---|---|---|---|---|---|
| 名称 | 账面余额 | 核对相符金额 | 核对不符金额 | 未达账项金额 | 有争议款项金额 | 其他 | |
| | | | | | | | |
| | | | | | | | |
| | | | | | | | |

（4）往来款项清查结果的会计处理。

① 对核对不符的，可根据领导指示与对方协商，进行债权（债务）重组。

② 确认为坏账的应收款项的会计处理。坏账是指企业无法收回或收回的可能性极小的应收款项，因坏账产生的损失称为坏账损失。按相应会计法规的规定，对坏账损失应采用一定的方法，按期估计提取坏账准备并计入资产减值损失，实际发生坏账损失时，冲销已提取的坏账准备和相应的应收款项。因此，企业在财产清查中发现的无法收回的应收款项，经审查批准后，直接冲减"坏账准备"账户。具体的会计处理为：提取坏账准备时，

借记"资产减值损失"账户，贷记"坏账准备"账户；发生坏账损失时，借记"坏账准备"账户，贷记"应收账款"等账户；收回已确认并转销的坏账时，按收回的金额借记"应收账款"等账户，贷记"坏账准备"账户，同时，借记"银行存款"账户，贷记"应收账款"等账户。

开阔视野

符合下列条件之一的应收款项，应该确认为坏账：①债务人死亡，以其遗产清偿后仍然无法收回；②债务人破产，以其剩余财产清偿后仍然无法收回；③债务人较长时期内未履行其偿债义务，并有足够的证据表明无法收回或收回的可能性极小。

③ 确认无法支付的应付款项的会计处理。确认应付款项无法支付时，借记"应付账款"等账户，贷记"营业外收入"账户。

**典型任务实例8-7**

资料：花侨公司在财产清查中，向大山公司发出往来款项对账单（见表8-22），催收对方长期拖欠的货款58 500元。经催促、协商，收回欠货款30 000元，其余28 500元无法收回。

**表8-22　往来款项对账单**

对方单位：大山公司

本单位与贵单位的业务往来款项如下，请贵单位核对。

| 往来款项原因 | 往来款项发生时间 | 信用截止期 | 经办人 | 款项金额 | 备　注 |
|---|---|---|---|---|---|
| 购买材料 | 2015-9-2 | 2015-12-2 | 历小明 | 58 500 | |
| | | | | | |
| | | | | | |
| 往来单位意见：本款项属实，但只能偿还30 000元，其余28 500元无法偿还。 | | | | | |

清查单位盖章：　　　　往来单位盖章：　　　　2015年12月10日

要求：做出收回货款和确认为坏账部分的会计处理（以会计分录代替即可）。

任务解析：经批准作为坏账损失处理后，花侨公司作如下账务处理（以会计分录代替）。

收回的部分欠款。

借：银行存款　　　　　　　　　　30 000
　　贷：应收账款——大山公司　　　　　30 000

无法收回的款项。

借：坏账准备　　　　　　　　　　28 500
　　贷：应收账款——大山公司　　　　　28 500

各单位清查的各种财产损益，应于期末前查明原因，并根据单位的管理权限，经单位的权力机构批准后，在期末结账前处理完毕。如清查的各种财产损益，在期末结账前尚未经批准，在对外提供财务会计报告时先按上述规定进行处理，并在会计报表附注中做出说明；如果其后批准处理的金额与已处理的金额不一致，调整会计报表相关项目的年初数。

## 想一想

债权、债务的清查是否可以采用不同的方法？

## 课堂活动

目的：熟练掌握债权、债务清查的方法。

用品用具：教学场所的设施、设备，小组成员个人学习用品。

地点：教学场所。

时间：30分钟。

形式：小组完成任务。

要求：模拟债权、债务单位对账，完成应有的环节。

评价：从沟通能力、文字能力、合作意识、环节的完整性方面进行评价。

# 会计报表编报

## 知 识 概 览

| | | |
|---|---|---|
| 编制资产负债表 | 财务报表的组成 | 财务报表由会计报表和报表附注两大部分构成。对外会计报表有资产负债表、利润表、所有者权益（或股东权益）变动表和现金流量表。小企业可不编报现金流量表 |
| | 财务报表编制的基本要求 | 1. 财务报表的编制要在每个会计期末进行<br>2. 对外报表应按国家会计法规统一的格式和要求<br>3. 财务报表应当数据真实、计算准确、内容完整、文字清晰<br>4. 表中项目内容和核算方法发生变动时，应在附注中说明<br>5. 负数金额以"－"号表示<br>6. 编制单位应填写编制单位的全称，并加盖公章<br>7. 编制日期应填报告期结账日时间或报表批准日的时间<br>8. 制表及相关责任人应加盖名章 |
| | 资产负债表 | 资产负债表反映的是单位在某一特定日期财务状况的报表，有账户式和报告式两种结构格式，我国要求采用账户式<br>表中项目均需填写"年初余额"和"期末余额"两栏数据，"期末余额"栏根据相关账户的余额计算分析填列 |
| 编制利润表 | 利润表的概念与结构 | 利润表是反映编报单位一定会计期间经营成果的报表，有单步式和多步式结构格式，我国采用的是多步式结构格式 |
| | 利润表的编制基础与方法 | 利润表的编制以平衡公式"收入－费用=利润"为理论依据<br>利润表中各项目均需填写"本期金额"和"上期金额"两栏数字<br>"本期金额"栏除了每股收益项目外，其他各项均以损益类账户的本期净发生额为依据填列 |
| 编制所有者权益变动表 | 所有者权益变动表是反映所有者权益各项目当期增减变动情况的财务报表，所列项目均为所有者权益项目 | |
| 报送会计报表 | 财务报表的装订 | 财务报表装订是将各类财务报表整理后装订成册的工作<br>工作中，一般都将年度决算报表和月、季度会计报表分别装订 |
| | 财务报表的报送 | 要按法定报送时间及时报送<br>报送的财务报表格式和手续要符合要求<br>财务报表报出错误时要按正确方法处理 |

# 任务9.1　编制资产负债表

任务描述

明确资产负债表的概念，了解资产负债表的框架结构，掌握资产负债表的编制方法。

## 一、财务报表的组成

《企业会计准则第30号——财务报表列报》中明确规定，除小企业外，企业的财务报表由会计报表和报表附注两大部分构成。会计报表包括：资产负债表、利润表、所有者权益（或股东权益）变动表和现金流量表。小企业可不编报现金流量表。现行企业会计报表体系见表9-1。

表9-1　企业会计报表体系

| 编　　号 | 会计报表名称 | 报 表 类 型 |
|---|---|---|
| 会企01表 | 资产负债表 | 中期报表、年度报表 |
| 会企02表 | 利润表 | 中期报表、年度报表 |
| 会企03表 | 现金流量表 | 中期报表、年度报表 |
| 会企04表 | 所有者权益（或股东权益）变动表 | 年度报表 |

其中，中期报表是以短于一个完整会计年度的报告期间为基础编制的财务报表，如月报、季报、半年报等。

## 二、财务报表编制的基本要求

（1）各单位必须按照国家的会计法规定期编制财务报表，财务报表的编制要在每个会计期末进行。

（2）对外报送的财务报表应符合国家会计法规统一的格式和要求。

（3）财务报表应当做到数据真实、计算准确、内容完整、文字清晰。

（4）财务报表中各项目内容和核算方法发生变动时，应在报表附注中加以说明。

（5）负数金额以"－"号表示。

（6）"编制单位"应填写编制单位的全称，并加盖公章。

（7）"编制日期"填写报告期结账日时间或报表批准报出日的时间。

（8）制表人、会计机构负责人、单位负责人、总会计师应加盖规定名章；表底如有应填报项目须如实填报。

## 三、资产负债表

### （一）资产负债表的概念

资产负债表是反映单位在某一特定日期财务状况的财务报表。资产负债表列示的是资产、负债和所有者权益项目，它表明单位在某一特定日期所拥有或控制的经济资源、所承担的现有义务和所有者对单位净资产的要求权。

资产负债表是反映单位静态财务状况的主要报表，其表中数据满足"资产=负债+所有者权益"的平衡关系。

### （二）资产负债表的结构格式

资产负债表的结构格式有账户式和报告式两种，我国要求采用账户式。

账户式资产负债表由表首部分和表体部分组成。

#### 1. 表首部分

资产负债表的表首部分包括财务报表名称、编制日期、编报单位、报表编号和计量单位等内容项目。

#### 2. 表体部分

资产负债表的表体分为左右两部分，左侧列示资产项目，右侧列示负债和所有者权益项目。

资产项目按其流动性大小进行排序，流动资产排在前面，非流动资产排在后面。在流动资产或非流动资产项目排序时，也是按流动性大小排序，即流动性强的项目排在前面，流动性弱的项目排在后面。

负债项目按偿还期长短顺序排列，流动负债排在前面，非流动负债排在后面。

所有者权益项目按实收资本、资本公积、盈余公积和未分配利润顺序排列。

资产负债表反映编报单位在某一特定时点的财务状况，反映的是编报单位财务状况的静态情况。

不同行业、不同性质的单位，其资产负债表的格式有所区别，本教材以一般企业为例进行财务报表的说明（以下同）。我国一般企业的资产负债表格式见表9-2。

表9-2　资产负债表

会企01表

编制单位：　　　　　　　　　　　　　年　月　日　　　　　　　　　　　　　单位：元

| 资　　产 | 期末余额 | 年初余额 | 负债和所有者权益（或股东权益） | 期末余额 | 年初余额 |
|---|---|---|---|---|---|
| 流动资产： | | | 流动负债： | | |
| 货币资金 | | | 短期借款 | | |
| 交易性金融资产 | | | 交易性金融负债 | | |
| 应收票据 | | | 应付票据 | | |
| 应收账款 | | | 应付账款 | | |
| 预付账款 | | | 预收账款 | | |
| 应收利息 | | | 应付职工薪酬 | | |
| 应收股利 | | | 应交税费 | | |
| 其他应收款 | | | 应付利息 | | |
| 存货 | | | 应付股利 | | |

| 资　　产 | 期末余额 | 年初余额 | 负债和所有者权益（或股东权益） | 期末余额 | 年初余额 |
|---|---|---|---|---|---|
| 一年内到期的非流动资产 | | | 其他应付款 | | |
| 其他流动资产 | | | 一年内到期的非流动负债 | | |
| **流动资产合计** | | | 其他流动负债 | | |
| **非流动资产：** | | | **流动负债合计** | | |
| 可供出售金融资产 | | | **非流动负债：** | | |
| 持有至到期投资 | | | 长期借款 | | |
| 长期应收款 | | | 应付债券 | | |
| 长期股权投资 | | | 长期应付款 | | |
| 投资性房地产 | | | 专项应付款 | | |
| 固定资产 | | | 预计负债 | | |
| 在建工程 | | | 递延所得税负债 | | |
| 工程物资 | | | 其他非流动负债 | | |
| 固定资产清理 | | | **非流动负债合计** | | |
| 生产性生物资产 | | | **负债合计** | | |
| 油气资产 | | | **所有者权益（或股东权益）：** | | |
| 无形资产 | | | 实收资本 | | |
| 开发支出 | | | 资本公积 | | |
| 商誉 | | | 减：库存股 | | |
| 长期待摊费用 | | | 盈余公积 | | |
| 递延所得税资产 | | | 未分配利润 | | |
| 其他非流动资产 | | | **所有者权益（或股东权益）合计** | | |
| **非流动资产合计** | | | | | |
| **资产总计** | | | **负债和所有者权益（或股东权益）总计** | | |

### （三）资产负债表的编制方法

资产负债表中各项目都需要填写"年初余额"和"期末余额"两栏数据。

1. "年初余额"栏的填列方法

"年初余额"栏内各项目，应根据上年年末资产负债表中"期末余额"栏所列数字填列。

ℹ **请注意**

上年度资产负债表各项目名称和内容与本年度的不一致时，将上年度资产负债表各项目或内容按照本年度进行调整，调整后填入本年度资产负债表相应的"年初余额"栏内。

2．"期末余额"栏的填列方法

"期末余额"栏以总账账户的期末余额、明细账户的期末余额和相关资料为依据，或直接填列，或计算后填列，或考虑其他因素后填列，具体填列方法分类说明如下。

（1）根据总账期末余额直接填列。根据总账期末余额直接填列的项目有"短期借款""应付票据""应付职工薪酬""应付利息""应付股利""其他应付款""长期待摊费用"等。

（2）根据明细账期末余额计算填列。根据明细账期末余额计算填列的项目有"应收账款""预收账款""预付账款"和"应付账款"。其中，"应收账款"项目根据"应收账款"和"预收账款"两账户所属明细账期末借方余额合计数，扣除应收账款所提坏账准备后的余额填列；"预收款项"项目根据"预收账款"和"应收账款"两账户所属明细账期末贷方余额合计数填列；"预付款项"项目根据"预付账款"和"应付账款"两账户所属明细账期末借方余额合计数填列；"应付账款"项目根据"应付账款"和"预付账款"两账户所属明细账期末贷方余额合计数填列。

（3）根据总账期末余额合计数填列。根据总账期末余额合计数填列的项目是"货币资金"，该项目根据"库存现金""银行存款"和"其他货币资金"账户期末余额合计数填列。

（4）根据资产的期末价值填列。根据资产期末价值填列的项目有"固定资产""无形资产""长期股权投资""在建工程"等。例如，"固定资产"项目根据"固定资产"账户期末余额扣除"累计折旧"和"固定资产减值准备"账户期末余额后的价值填列；"无形资产"项目根据"无形资产"账户期末余额扣除"累计摊销"和"无形资产减值准备"账户期末余额后的价值填列，等等。

（5）根据总账和明细账余额分析计算填列。"长期借款"项目根据"长期借款"总账账户期末余额扣除"长期借款"账户中将在一年内到期长期借款后的余额填列；"长期应付款"项目根据"长期应付款"账户期末余额扣除一年内到期长期应付款后的余额填列，等等。

（6）根据总账账户余额分析填列。根据总账账户余额分析填列的项目有"固定资产清理""应交税费"等。例如，"固定资产清理"项目根据"固定资产清理"账户期末借方余额填列，贷方余额填写负值；"应交税费"项目根据其总账账户期末贷方余额填列，借方余额填写负值，等等。

（7）根据明细账户余额分析填列。根据明细账账户余额分析填列的项目有"一年内到期的非流动负债"等。"一年内到期的非流动负债"项目根据"长期借款""长期应付款"等账户期末余额中一年内到期的数额分析填列。

（8）根据上述综合方法分析计算填列。根据综合方法分析计算填列的项目有"存货""未分配利润"等。例如，"存货"项目根据"原材料""在途物资""库存商品""生产成本"等账户期末余额合计数，扣除"存货跌价准备"账户期末余额后的净额填列；"未分配利润"项目根据"本年利润"账户和"利润分配"账户余额计算填列，亏损时填写负值。

前面已讲过，我国会计法规规定，会计核算以人民币为记账本位币，对于外币业务较多的单位，可以选定其中一种外币作为记账本位币，但编报的会计报表应当折算为人民币。

**典型任务实例9-1**

资料：广茂公司2014年12月31日的资产负债表见表9-3，2015年12月31日的账户余额见表9-4。

**表9-3  资产负债表**　　　　　　　　　　　　　　　　会企01表

编制单位：广茂公司　　　　　　　　　2014年12月31日　　　　　　　　　单位：元

| 资　　产 | 期末余额 | 年初余额 | 负债和所有者（或股东）权益 | 期末余额 | 年初余额 |
|---|---|---|---|---|---|
| **流动资产：** | | | **流动负债：** | | |
| 货币资金 | 556 300 | 42 130 | 短期借款 | 250 000 | 50 000 |
| 交易性金融资产 | 0 | | 交易性金融负债 | 0 | |
| 应收票据 | 290 000 | | 应付票据 | 60 000 | |
| 应收账款 | 255 000 | 7 800 | 应付账款 | 51 000 | |
| 预付款项 | 0 | | 预收款项 | 0 | |
| 应收利息 | 0 | | 应付职工薪酬 | 29 100 | |
| 应收股利 | 0 | | 应交税费 | 30 600 | |
| 其他应收款 | 3 000 | | 应付利息 | 0 | |
| 存货 | 266 700 | 63 270 | 应付股利 | 0 | |
| 一年内到期的非流动资产 | 0 | | 其他应付款 | 0 | |
| 其他流动资产 | 0 | | 一年内到期的非流动负债 | 0 | |
| **流动资产合计** | 1 371 000 | 113 200 | 其他流动负债 | 0 | |
| **非流动资产：** | | | **流动负债合计** | 420 700 | 50 000 |
| 可供出售金融资产 | 0 | | **非流动负债：** | | |
| 持有至到期投资 | 0 | | 长期借款 | 300 000 | 30 000 |
| 长期应收款 | 0 | | 应付债券 | 0 | |
| 长期股权投资 | 200 000 | | 长期应付款 | 0 | |
| 投资性房地产 | 0 | | 专项应付款 | 0 | |
| 固定资产 | 1 250 000 | 1 000 000 | 预计负债 | 0 | |
| 在建工程 | 0 | | 递延所得税负债 | 0 | |
| 工程物资 | 0 | | 其他非流动负债 | 0 | |

| 资　产 | 期末余额 | 年初余额 | 负债和所有者（或股东）权益 | 期末余额 | 年初余额 |
|---|---|---|---|---|---|
| 固定资产清理 | 0 | | **非流动负债合计** | 300 000 | 30 000 |
| 生产性生物资产 | 0 | | **负债合计** | 720 700 | 80 000 |
| 油气资产 | 0 | | **所有者权益（或股东权）：** | | |
| 无形资产 | 0 | | 实收资本 | 2 000 000 | 1 000 000 |
| 开发支出 | 0 | | 资本公积 | 0 | |
| 商誉 | 0 | | 减：库存股 | 0 | |
| 长期待摊费用 | 0 | | 盈余公积 | 27 200 | 3 200 |
| 递延所得税资产 | 0 | | 未分配利润 | 73 100 | 30 000 |
| 其他非流动资产 | 0 | | **所有者（或股东）权益合计** | 2 100 300 | |
| **非流动资产合计** | 1 450 000 | 1 000 000 | | | |
| **资产总计** | 2 821 000 | 1 113 200 | **负债和所有者（或股东）权益合计** | 2 821 000 | 1 113 200 |

表9-4　账户余额表

2015 年 12 月 31 日　　　　　　　　　　　　单位：元

| 总账账户 | 明细账户 | 借方余额 | 总账账户 | 明细账户 | 贷方余额 |
|---|---|---|---|---|---|
| 库存现金 | | 7 400 | 坏账准备 | | 30 000 |
| 银行存款 | | 706 002 | 累计折旧 | | 50 000 |
| 应收账款 | | 300 000 | 短期借款 | | 200 000 |
| 应收票据 | 诚信公司 | 313 000 | 应付账款 | 酚酞公司 | 40 000 |
| 其他应收款 | 保险公司 | 16 000 | 应付票据 | 华伟公司 | 23 000 |
| 原材料 | | 105 000 | 应付职工薪酬 | | 44 000 |
| 生产成本 | | 132 400 | 应交税费 | | 53 000 |
| 库存商品 | | 213 500 | 长期借款 | | 700 000 |
| 固定资产 | | 1 500 000 | 实收资本 | | 2 000 000 |
| 无形资产 | | 200 000 | 盈余公积 | | 40 400 |
| 长期股权投资 | | 300 000 | 利润分配 | 未分配利润 | 612 902 |
| 合　计 | | 3 793 302 | 合　计 | | 3 793 302 |

要求：编制广茂公司2015年12月份资产负债表。

任务解析：2015年12月份的资产负债表，其"年初余额"栏数字，直接根据该公司2014年12月份资产负债表中的"期末余额"栏的数字填列。"期末余额"栏数字按照前面所述方法填列。填制结果见表9-5。

表9-5　资产负债表　　　　　　　会企01表

编制单位：广茂公司　　　　　　　　2015 年 12 月 31 日　　　　　　　　单位：元

| 资　　产 | 期末余额 | 年初余额 | 负债和所有者权益（或股东权益） | 期末余额 | 年初余额 |
|---|---|---|---|---|---|
| 流动资产： | | | 流动负债： | | |
| 货币资金 | 713 402 | 556 300 | 短期借款 | 200 000 | 250 000 |
| 交易性金融资产 | 0 | 0 | 交易性金融负债 | 0 | 0 |
| 应收票据 | 313 000 | 290 000 | 应付票据 | 23 000 | 60 000 |
| 应收账款 | 270 000 | 255 000 | 应付账款 | 40 000 | 51 000 |
| 预付款项 | 0 | 0 | 预收款项 | 0 | 0 |
| 应收利息 | 0 | 0 | 应付职工薪酬 | 44 000 | 29 100 |
| 应收股利 | 0 | 0 | 应交税费 | 53 000 | 30 600 |
| 其他应收款 | 16 000 | 3 000 | 应付利息 | 0 | 0 |
| 存货 | 450 900 | 266 700 | 应付股利 | 0 | 0 |
| 一年内到期的非流动资产 | 0 | 0 | 其他应付款 | 0 | 0 |
| 其他流动资产 | 0 | 0 | 一年内到期的非流动负债 | 0 | 0 |
| 流动资产合计 | 1 763 302 | 1 371 000 | 其他流动负债 | 0 | 0 |
| 非流动资产： | | | 流动负债合计 | 360 000 | 420 700 |
| 可供出售金融资产 | 0 | 0 | 非流动负债： | | |
| 持有至到期投资 | 0 | 0 | 长期借款 | 700 000 | 300 000 |
| 长期应收款 | 0 | 0 | 应付债券 | 0 | 0 |
| 长期股权投资 | 300 000 | 200 000 | 长期应付款 | 0 | 0 |
| 投资性房地产 | 0 | 0 | 专项应付款 | 0 | 0 |
| 固定资产 | 1 450 000 | 1 250 000 | 预计负债 | 0 | 0 |
| 在建工程 | 0 | 0 | 递延所得税负债 | 0 | 0 |
| 工程物资 | 0 | 0 | 其他非流动负债 | 0 | 0 |
| 固定资产清理 | 0 | 0 | 非流动负债合计 | 700 000 | 300 000 |
| 生产性生物资产 | 0 | 0 | 负债合计 | 1 060 000 | 720 700 |
| 油气资产 | 0 | 0 | 所有者权益（或股东权益）： | | |
| 无形资产 | 200 000 | 0 | 实收资本 | 2 000 000 | 2 000 000 |
| 开发支出 | 0 | 0 | 资本公积 | 0 | 0 |

| 资　　产 | 期末余额 | 年初余额 | 负债和所有者权益<br>（或股东权益） | 期末余额 | 年初余额 |
|---|---|---|---|---|---|
| 商誉 | 0 | 0 | 减：库存股 | 0 | 0 |
| 长期待摊费用 | 0 | 0 | 盈余公积 | 40 400 | 27 200 |
| 递延所得税资产 | 0 | 0 | 未分配利润 | 612 902 | 73 100 |
| 其他非流动资产 | 0 | 0 | 所有者权益（或股东权益）合计 | 2 653 302 | 2 100 300 |
| **非流动资产合计** | 1 950 000 | 1 450 000 | | | |
| **资产总计** | 3 713 302 | 2 821 000 | **负债和所有者权益总计** | 3 713 302 | 2 821 000 |

**想一想**

编制的财务报表应符合哪些要求？资产负债表各项目的数据来源于哪儿？

**课堂活动**

目的：熟练掌握资产负债表中相关项目的填制方法。

地点：教学场所。

时间：30分钟。

方式：个人完成任务。

资料：秋收公司2015年12月31日部分账户余额见表9-6。

表9-6　部分账户余额表

2015 年 12 月 31 日　　　　　　　　　　　　　　　单位：元

| 总账账户 | 明细账户 | 借方余额 | 总账账户 | 明细账户 | 贷方余额 |
|---|---|---|---|---|---|
| 库存现金 | | 5 300 | 应收账款 | 中华公司 | 30 000 |
| 银行存款 | | 1 285 000 | 累计折旧 | | 500 000 |
| 在途物资 | | 23 400 | 短期借款 | | 200 000 |
| 应收账款 | 大地公司 | 117 000 | 应付账款 | 华盛公司 | 88 000 |
| 原材料 | | 620 300 | 应交税费 | | 50 000 |
| 生产成本 | | 123 000 | 长期借款 | | 500 000 |
| 库存商品 | | 652 000 | 实收资本 | | 2 000 000 |
| 固定资产 | | 1 800 000 | 盈余公积 | | 40 000 |
| 应付账款 | 风光公司 | 30 000 | 利润分配 | 未分配利润 | 612 566 |

要求：计算秋收公司2015年12月31日资产负债表中以下项目金额，并写出计算过程。

（1）"货币资金"项目金额 =

（2）"存货"项目金额＝

（3）"应收账款"项目金额＝

（4）"预收账款"项目金额＝

（5）"应付账款"项目金额＝

（6）"预付账款"项目金额＝

（7）"固定资产"项目金额＝

评价：从项目计算的正确性和效率两方面进行评价。

# 任务9.2　编制利润表

任务描述

理解利润表的概念，了解利润表的结构和编制基础，掌握利润表的编制方法。

## 一、利润表的概念与结构

利润表又称损益表，是反映编报单位一定会计期间（年度、半年度、季度、月度）经营成果的报表。本表反映的是收入、费用和利润相关项目。

利润表由表首和表体两部分组成。表首包括报表的名称、编制单位、编制日期和货币计量单位等内容。表体是正表部分，其格式结构有单步式和多步式两种，我国采用的是多步式，其格式见表9-7。

表9-7　利润表　　　　　　　　　　　　　　　　　　　　　会企02表

编表单位：　　　　　　　　　　　　年度　　　　　　　　　　　　　单位：元

| 项　　　目 | 本期金额 | 上期金额 |
|---|---|---|
| 一、营业收入 | | |
| 　　减：营业成本 | | |
| 　　　　营业税金及附加 | | |
| 　　　　销售费用 | | |
| 　　　　管理费用 | | |
| 　　　　财务费用 | | |
| 　　　　资产减值损失 | | |
| 　　加：公允价值变动收益（损失以"－"号填列） | | |
| 　　　　投资收益（损失以"－"号填列） | | |
| 　　　　　其中：对联营企业和合营企业的投资收益 | | |
| 二、营业利润（亏损以"－"号填列） | | |

| 项　　目 | 本期金额 | 上期金额 |
|---|---|---|
| 加：营业外收入 | | |
| 减：营业外支出 | | |
| 　其中：非流动资产处置损失 | | |
| 三、利润总额（亏损以"－"号填列） | | |
| 减：所得税费用 | | |
| 四、净利润（净亏损以"－"号填列） | | |
| 五、每股收益 | | |
| （一）基本每股收益 | | |
| （二）稀释每股收益 | | |

从利润表中各项目的关系可见，利润是经过多个步骤计算才得出结果的，其计算过程如下。

（1）计算营业利润，公式为

营业利润＝营业收入－营业成本－营业税金及附加－管理费用－销售费用－财务费用
　　　　　－资产减值损失＋公允价值变动收益（损失带入负值）
　　　　　＋投资收益（损失带入负值）

（2）计算利润总额，公式为

利润总额＝营业利润＋营业外收入－营业外支出

（3）计算净利润，公式为

净利润＝利润总额－所得税费用

利润表的多步式结构由此而得名。

信息使用者可以通过利润表提供的数据，了解经营单位各会计期间实现利润和发生亏损的情况，分析和考核经营目标和利润计划的完成情况，了解利润增减变动的原因；了解经营效率和效果，考核经营管理水平；通过对不同会计期间利润表的比较，可以了解利润增减变化的趋势，分析预测发展前景。

## 二、利润表的编制基础与方法

利润表的编制以平衡公式"收入－费用＝利润"为理论依据。由于收入和费用是一定时期的数值，所得出的利润仍是时期指标，因此，利润表所反映的是时期指标，反映的是企业损益的动态情况。

利润表中各项目均需填写两栏数字，即上期金额和本期金额。

1. "上期金额"栏的填列方法

"上期金额"栏数据反映的是上期实际发生数，本栏各项目均以上年该期利润表中的"本期金额"栏为依据填列。上期利润表与本期利润表的项目名称和内容不一致时，对上期利润表项目的名称和数字按本期的规定进行调整，将调整后的数字，填入本表的"上期金额"栏相应项目中。

2. "本期金额"栏的填列方法

"本期金额"栏除了"基本每股收益"和"稀释每股收益"项目外，其他各项目均以损益类账户的本期净发生额为依据填列。其中，"营业收入"项目根据"主营业务收入"和"其他业务收入"账户的净发生额合计填列；"营业成本"项目根据"主营业务成本"和"其他业务成本"账户的净发生额合计填列；其他项目均按各账户的净发生额填列。如果投资发生损失，"投资收益"项目应以负值填列。

由于学生尚未学习财务管理知识，所以，本教材对"基本每股收益"和"稀释每股收益"项目的填列不作介绍。

典型任务实例9-2

资料：升腾公司2015年度有关损益类账户累计净发生额见表9-8，2014年度利润表见表9-9。

表9-8　2015年度有关损益类账户净发生额

| 账 户 名 称 | 本年1～12月累计净发生额 |
|---|---|
| 主营业务收入 | 1 900 000 |
| 主营业务成本 | 1 001 000 |
| 营业税金及附加 | 18 100 |
| 其他业务收入 | 65 059 |
| 其他业务成本 | 45 040 |
| 销售费用 | 160 000 |
| 管理费用 | 270 000 |
| 财务费用 | 17 000 |
| 投资收益 | 45 000 |
| 营业外收入 | 185 000 |
| 营业外支出 | 95 000 |
| 所得税费用 | 143 000 |

表9-9　利润表

会企02表

编制单位：升腾公司　　　　　　　　　　2014年度　　　　　　　　　　单位：元

| 项　　　　目 | 本期金额 | 上期金额 |
|---|---|---|
| 一、营业收入 | 7 260 000 | 3 400 000 |
| 减：营业成本 | 4 500 000 | 1 432 000 |
| 营业税金及附加 | 100 000 | 306 000 |
| 销售费用 | 150 000 | 158 000 |

| 项　　　　目 | 本期金额 | 上期金额 |
|---|---|---|
| 管理费用 | 100 000 | 263 000 |
| 财务费用 | 50 000 | 98 000 |
| 资产减值损失 | | 0 |
| 加：公允价值变动收益（损失以"－"号填列） | | 0 |
| 投资收益 | 60 000 | 36 000 |
| 其中：对联营企业和合营企业的投资收益 | | |
| 二、营业利润（亏损以"－"号填列） | 2 420 000 | 1 179 000 |
| 加：营业外收入 | 185 000 | 7 000 |
| 减：营业外支出 | 85 000 | 2 000 |
| 其中：非流动资产处置损失 | | |
| 三、利润总额（亏损以"－"号填列） | 2 520 000 | 1 184 000 |
| 减：所得税费用 | 630 000 | 296 000 |
| 四、净利润（净亏损以"－"号填列） | 1 890 000 | 888 000 |
| 五、每股收益 | （略） | （略） |
| （一）基本每股收益 | | |
| （二）稀释每股收益 | | |

要求：编制升腾公司2015年度的利润表。

任务解析：根据表9-8和表9-9所给资料，编制升腾公司2015年度的利润表（见表9-10）。

表9-10　利润表

会企02表

编制单位：升腾公司　　　　　　　　　　2015年度　　　　　　　　　　单位：元

| 项　　　　目 | 本期金额 | 上期金额 |
|---|---|---|
| 一、营业收入 | 1 965 059 | 7 260 000 |
| 减：营业成本 | 1 046 040 | 4 500 000 |
| 营业税金及附加 | 18 100 | 100 000 |
| 销售费用 | 160 000 | 150 000 |

| 项　　　目 | 本期金额 | 上期金额 |
|---|---|---|
| 管理费用 | 270 000 | 100 000 |
| 财务费用 | 17 000 | 50 000 |
| 资产减值损失 | | |
| 加：公允价值变动收益（损失以"－"号填列） | | |
| 投资收益 | 45 000 | 60 000 |
| 其中：对联营企业和合营企业的投资收益 | | |
| 二、营业利润（亏损以"－"号填列） | 498 919 | 2 420 000 |
| 加：营业外收入 | 185 000 | 185 000 |
| 减：营业外支出 | 95 000 | 85 000 |
| 其中：非流动资产处置损失 | | |
| 三、利润总额（亏损以"－"号填列） | 588 919 | 2 520 000 |
| 减：所得税费用 | 147 230 | 630 000 |
| 四、净利润（净亏损以"－"号填列） | 441 689 | 1 890 000 |
| 五、每股收益 | （略） | （略） |
| （一）基本每股收益 | | |
| （二）稀释每股收益 | | |

**想一想**

利润表中各项目的数据来自哪儿？利润表填制的依据与资产负债表的有哪些区别？

**课堂活动**

目的：熟练掌握利润表相关项目的填制方法。
地点：教学场所。
时间：20分钟。
方式：个人完成任务。
资料：春光公司2015年12月31日部分账户结转前余额见表9-11。

表9-11　损益类账户结转前余额表　　　　　　　单位：元

| 账户名称 | 借方余额 | 账户名称 | 贷方余额 |
|---|---|---|---|
| 主营业务成本 | 4 800 000 | 主营业务收入 | 6 600 000 |
| 营业税金及附加 | 303 000 | 其他业务收入 | 380 000 |
| 其他业务成本 | 150 000 | 投资收益 | 520 000 |
| 营业外支出 | 30 000 | 营业外收入 | 62 000 |
| 管理费用 | 75 000 | | |
| 销售费用 | 65 000 | | |
| 财务费用 | 20 000 | | |
| 所得税费用 | 112 000 | | |

要求：计算春光公司2015年12月的以下项目。

（1）"营业收入"项目金额 =

（2）"营业成本"项目金额 =

（3）"营业利润"项目金额 =

（4）"利润总额"项目金额 =

（5）"净利润"项目金额 =

评价：从项目计算的正确性和效率两方面进行评价。

# 任务9.3　编制所有者权益变动表

任务描述

理解所有者权益变动表的含义，了解所有者权益变动表的结构，掌握所有者权益变动表的编制方法。

## 一、所有者权益变动表含义及其结构

所有者权益变动表是反映所有者权益各项目当期增减变动情况的财务报表。

所有者权益变动表中需要填写"上年金额"和"本年金额"两个大栏目，每个大栏目又分为"实收资本（或股本）""资本公积""库存股""盈余公积""未分配利润""所有者权益合计"六个小栏目。所有者权益变动表的结构格式见表9-12。

表9-12 所有者权益变动表

年度

编制单位：

| 项目 | 本年金额 | | | | | 上年金额 | | | | |
|---|---|---|---|---|---|---|---|---|---|---|
| | 实收资本（或股本） | 资本公积 | 减：库存股 | 盈余公积 | 未分配利润 | 所有者权益合计 | 实收资本（或股本） | 资本公积 | 减：库存股 | 盈余公积 | 未分配利润 | 所有者权益合计 |
| 一、上年年末余额 | | | | | | | | | | |
| 加：会计政策变更 | | | | | | | | | | |
| 前期差错更正 | | | | | | | | | | |
| 二、本年年初余额 | | | | | | | | | | |
| 三、本年增减变动金额（减少以"－"号填列） | | | | | | | | | | |
| （一）净利润 | | | | | | | | | | |
| （二）直接计入所有者权益的利得和损失 | | | | | | | | | | |
| 1. 可供出售金融资产公允价值变动净额 | | | | | | | | | | |
| 2. 权益法下被投资单位其他所有者权益变动的影响 | | | | | | | | | | |
| 3. 与计入所有者权益项目相关的所得税影响 | | | | | | | | | | |
| 4. 其他 | | | | | | | | | | |
| 上述（一）和（二）小计 | | | | | | | | | | |

| 项 目 | 本 年 金 额 | | | | | | 上 年 金 额 | | | | | |
|---|---|---|---|---|---|---|---|---|---|---|---|---|
| | 实收资本（或股本） | 资本公积 | 减：库存股 | 盈余公积 | 未分配利润 | 所有者权益合计 | 实收资本（或股本） | 资本公积 | 减：库存股 | 盈余公积 | 未分配利润 | 所有者权益合计 |
| （三）所有者投入和减少资本 | | | | | | | | | | | | |
| 1. 所有者投入资本 | | | | | | | | | | | | |
| 2. 股份支付计入所有者权益的金额 | | | | | | | | | | | | |
| 3. 其他 | | | | | | | | | | | | |
| （四）利润分配 | | | | | | | | | | | | |
| 1. 提取盈余公积 | | | | | | | | | | | | |
| 2. 对所有者（或股东）的分配 | | | | | | | | | | | | |
| 3. 其他 | | | | | | | | | | | | |
| （五）所有者权益内部结转 | | | | | | | | | | | | |
| 1. 资本公积转增资本（或股本） | | | | | | | | | | | | |
| 2. 盈余公积转增资本（或股本） | | | | | | | | | | | | |
| 3. 盈余公积弥补亏损 | | | | | | | | | | | | |
| 4. 其他 | | | | | | | | | | | | |
| 四、本年年末余额 | | | | | | | | | | | | |

## 二、所有者权益变动表的编制方法

所有者权益变动表的数据来源是资产负债表和利润表。具体填制方法如下。

"上年年末余额"项目，根据上年资产负债表中实收资本或股本、资本公积、库存股、盈余公积、未分配利润的年末余额填列。

"本年年初余额"项目，根据"上年年末余额"项目的金额填列。

"本年增减变动金额"项目，根据本年所有者权益各项目的金额填列。

（1）"净利润"项目，填列当年实现的净利润（净亏损带入负值）额。

（2）"直接计入所有者权益的利得和损失"项目，填列当年直接计入所有者权益的利得和损失额。

"与计入所有者权益项目相关的所得税影响"项目，填列应计入所有者权益项目的当年所得税影响金额。

（3）"所有者投入和减少资本"项目，根据当年所有者投入和减少资本额填列。

"所有者投入资本"项目，根据接受投资者投入形成的实收资本(或股本)和资本溢价（或股本溢价）金额填列。

（4）"利润分配"项目，根据当年分配的利润数额填列。其中：

"提取盈余公积"项目，填列当年按规定提取盈余公积的数额。

"对所有者（或股东）的分配"项目，填列按协议对所有者（或股东）分配的利润（或股利）数额。

（5）"所有者权益内部结转"项目，根据所有者权益构成项目之间增减变动数额填列。其中：

"资本公积转增资本（或股本）"项目，填列资本公积转增资本（或股本）的金额。

"盈余公积转增资本（或股本）"项目，填列盈余公积转增资本（或股本）的金额。

"盈余公积弥补亏损"项目，填列用盈余公积弥补亏损的金额。

"会计政策变更"和"前期差错更正"项目、"可供出售金融资产公允价值变动净额"项目、"权益法下被投资单位其他所有者权益变动的影响"项目和"股份支付计入所有者权益的金额"项目的填列方法，将在专业会计中学习，这里不作介绍。

开阔视野

在财务报表体系中，还包括现金流量表。

现金流量表是指反映企业一定会计期间的现金及现金等价物的流入和流出的财务报表。这里，现金是指企业库存现金以及可以随时用于支付的存款。现金等价物是指企业持有的期限短、流动性强、易于转换为已知金额现金、价值变动风险很小的投资，一般指3个月内到期的债券投资。企业应根据具体情况确定现金等价物的范围，并且保持其划分标准的一贯性。

现金流量是指现金和现金等价物的流入和流出。现金流量表按照经营活动产生的现金流量、投资活动产生的现金流量、筹资活动产生的现金流量分别列报。

在财务报表报送的内容中，还包括财务报表附注。

财务报表附注是对在各财务报表中列示项目的文字描述或明细资料，以及对未能在这些报表中列示项目的说明。其主要内容包括：①单位的基本情况；②财务报表的编制基础；③重要的会计政策和会计估计说明；④会计政策和会计估计变更以及差错更正说明；⑤其他应当在财务报表中披露的相关信息和资料等。

**典型任务实例9-3**

资料：2015年东原公司提取法定盈余公积34 501元，经研究，不向投资者分配利润。东原公司2015年12月31日资产负债表（简表）、2014年12月31日资产负债表（简表）和2015年度利润表分别见表9-13～表9-15。

表9-13　资产负债表（简表）

编制单位：东原公司　　　　　　　　　　　2014 年 12 月 31 日　　　　　　　　　　会企01表　单位：元

| 资　　产 | 期末余额 | 年初余额 | 负债和所有者（或股东）权益 | 期末余额 | 年初余额 |
|---|---|---|---|---|---|
| **流动资产：** | | | **流动负债：** | | |
| 货币资金 | 556 300 | 52 000 | 短期借款 | 500 000 | 200 000 |
| 应收票据 | 295 000 | | 应付账款 | 120 000 | 100 000 |
| 应收账款 | 250 000 | 8 000 | 应交税费 | 61 700 | 50 000 |
| 其他应收款 | 3 000 | | **流动负债合计** | 681 700 | 350 000 |
| 存货 | 267 700 | 163 200 | **负债合计** | 681 700 | 350 000 |
| **流动资产合计** | 1 372 000 | 223 200 | **所有者（或股东）权益：** | | |
| **非流动资产：** | | | 实收资本 | 2 000 000 | 700 000 |
| 长期股权投资 | 200 000 | | 盈余公积 | 27 000 | 53 200 |
| 固定资产 | 1 210 000 | 900 000 | 未分配利润 | 73 300 | 20 000 |
| **非流动资产合计** | 1 410 000 | 900 000 | **所有者（或股东）权益合计** | 2 100 300 | 773 200 |
| **资产总计** | 2 782 000 | 1 123 200 | **负债和所有者（或股东）权益合计** | 2 782 000 | 1 123 200 |

表9-14　资产负债表（简表）

编制单位：东原公司　　　　　　　　　　　2015 年 12 月 31 日　　　　　　　　　　会企01表　单位：元

| 资　　产 | 期末余额 | 年初余额 | 负债和所有者（或股东）权益 | 期末余额 | 年初余额 |
|---|---|---|---|---|---|
| **流动资产：** | | | **流动负债：** | | |
| 货币资金 | 713 952 | 556 300 | 短期借款 | 900 000 | 500 000 |
| 应收票据 | 313 550 | 295 000 | 应付账款 | 107 000 | 120 000 |
| 应收账款 | 270 000 | 250 000 | 应交税费 | 53 190 | 61 700 |

· 204 ·

| 资　　产 | 期末余额 | 年初余额 | 负债和所有者（或股东）权益 | 期末余额 | 年初余额 |
|---|---|---|---|---|---|
| 其他应收款 | 16 000 | 3 000 | 流动负债合计 | 1 060 190 | 681 700 |
| 存货 | 450 950 | 267 700 | 负债合计 | 1 060 190 | 681 700 |
| 流动资产合计 | 1 764 452 | 1 372 000 | 所有者（或股东）权益： | | |
| 非流动资产： | | | 实收资本 | 2 000 000 | 2 000 000 |
| 长期股权投资 | 200 000 | 200 000 | 盈余公积 | 41 500 | 27 000 |
| 固定资产 | 1 750 000 | 1 210 000 | 未分配利润 | 612 762 | 73 300 |
| 非流动资产合计 | 1 950 000 | 1 410 000 | 所有者（或股东）权益合计 | 2 654 262 | 2 100 300 |
| 资产总计 | 3 714 452 | 2 782 000 | 负债和所有者权益总计 | 3 714 452 | 2 782 000 |

表9-15　利润表（简表）　　　　　　　　　　会企02表

编制单位：东原公司　　　　　　　　　2015年度　　　　　　　　　　单位：元

| 项　　　　目 | 本期金额 | 上期金额 |
|---|---|---|
| 一、营业收入 | 1 965 000 | 1 935 000 |
| 减：营业成本 | 1 156 040 | 1 142 040 |
| 营业税金及附加 | 18 150 | 18 160 |
| 销售费用 | 150 000 | 152 500 |
| 管理费用 | 280 000 | 283 700 |
| 财务费用 | 17 000 | 17 500 |
| 加：投资收益 | 45 000 | 46 000 |
| 二、营业利润（亏损以"－"号填列） | 388 810 | 367 100 |
| 加：营业外收入 | 185 000 | 187 100 |
| 减：营业外支出 | 95 000 | 93 000 |
| 三、利润总额（亏损以"－"号填列） | 478 810 | 461 200 |
| 减：所得税费用 | 153 800 | 152 200 |
| 四、净利润（净亏损以"－"号填列） | 345 010 | 309 000 |

要求：编制东原公司2015年度所有者权益变动表。

任务解析：根据表9-13～表9-15编制的东原公司2015年度所有者权益变动表见表9-16。

表9-16　所有者权益变动表

2015 年度

编制单位：东原公司　　　　　　　　　　　　　　　　　　　　　　　　　　　　　　　　　　单位：元

| 项目 | 本年金额 | | | | | | 上年金额 | | | | | |
|---|---|---|---|---|---|---|---|---|---|---|---|---|
| | 实收资本（或股本） | 资本公积 | 减：库存股 | 盈余公积 | 未分配利润 | 所有者权益合计 | 实收资本（或股本） | 资本公积 | 减：库存股 | 盈余公积 | 未分配利润 | 所有者权益合计 |
| 一、上年年末余额 | 2 000 000 | 0 | 0 | 27 000 | 73 300 | 2 100 300 | 700 000 | | | 53 200 | 20 000 | 773 200 |
| 加：会计政策变更 | | | | | | | | | | | | |
| 前期差错更正 | | | | | | | | | | | | |
| 二、本年年初余额 | 2 000 000 | | | 27 000 | 73 300 | 2 100 300 | 700 000 | | | 53 200 | 20 000 | 773 200 |
| 三、本年增减变动金额（减少以"—"号填列） | | | | | | | | | | | | |
| （一）净利润 | | | | | 345 010 | 345 010 | | | | | 309 000 | 309 000 |
| （二）直接计入所有者权益的利得和损失 | | | | | | | | | | | | |
| 可供出售金融资产公允价值变动净额 | | | | | | | | | | | | |
| 1. 权益法下被投资单位其他所有者权益变动的影响 | | | | | | | | | | | | |
| 2. 与计入所有者权益项目相关的所得税影响 | | | | | | | | | | | | |
| 3. 其他 | | | | | | | | | | | | |
| 上述（一）和（二）小计 | | | | | 345 010 | 345 010 | | | | | 309 000 | 309 000 |

| 项 目 | 本年金额 实收资本（或股本） | 资本公积 | 减:库存股 | 盈余公积 | 未分配利润 | 所有者权益合计 | 上年金额 实收资本（或股本） | 资本公积 | 减:库存股 | 盈余公积 | 未分配利润 | 所有者权益合计 |
|---|---|---|---|---|---|---|---|---|---|---|---|---|
| （三）所有者投入和减少资本 | | | | | | | | | | | | |
| 1. 所有者投入资本 | | | | | | | | | | | | |
| 2. 股份支付计入所有者权益的金额 | | | | | | | | | | | | |
| 3. 其他 | | | | 34 501 | −34 501 | 0 | | | | 30 900 | −30 900 | 0 |
| （四）利润分配 | | | | | | | | | | | | |
| 1. 提取盈余公积 | | | | | | | | | | | | |
| 2. 对所有者（或股东）的分配 | | | | | | | | | | | | |
| 3. 其他 | | | | | | | | | | | | |
| （五）所有者权益内部结转 | | | | | | | | | | | | |
| 1. 资本公积转增资本（或股本） | | | | | | | | | | | | |
| 2. 盈余公积转增资本（或股本） | | | | | | | | | | | | |
| 3. 盈余公积弥补亏损 | | | | | | | | | | | | |
| 4. 其他 | | | | | | | | | | | | |
| 四、本年年末余额 | 2 000 000 | | | 61 501 | 383 809 | 2 445 310 | 700 000 | | | 84 100 | 298 100 | 1 082 200 |

**想一想**

所有者权益变动表反映的是什么内容？该表与哪些报表的哪些项目有关？

**课堂活动**

目的：熟练掌握所有者权益变动表相关项目的填制方法。

地点：教学场所。

时间：20分钟。

方式：个人完成任务。

资料：风华公司2015年全年发生的部分经济业务事项如下。

（1）接受光大公司投资100 000元，存入银行。

（2）销售给华远公司A产品一批，货款为20 000元，增值税销项税额3 400元，款项尚未收到。

（3）厂部周加俊报销差旅费400元，原来未借款。

（4）结转已售A产品成本9 000元。

（5）结转损益类账户发生额。

（6）结转本年利润。

要求：根据所给资料，写出"本年增减变动金额"项目中"实收资本""盈余公积"和"利润分配——未分配利润"的金额。

评价：从正确率、速度两方面进行评价。

# 任务9.4 报送会计报表

**任务描述**

明确进行财务报表装订的作用，掌握财务报表装订的方法，知晓财务报表报送的时间要求，认识财务报表报送的格式，明确报送的手续，能对报出的错误财务报表进行适当处理。

## 一、财务报表的装订

财务报表装订是将各类财务报表整理后装订成册的工作，其目的是方便日后查阅和长久保存。会计报表装订没有统一的规定和要求，可以是将年度决算报表和月、季度会计报表分别装订，也可以将所有的会计报表全部装订在一起，还可以是会计报表和银行对账单以及统计报表混合装订。工作中，一般都将年度决算报表和月、季度会计报表分别装订。

财务报表装订与会计凭证装订类似，先对财务报表进行整理、排序，然后添加封皮，按一定方法装订，最后填写封面内容，包括编报单位、编报时间、会计期间、报表人等，并加盖单位公章。

## 二、财务报表的报送

### 1. 财务报表报送的时间要求

相关会计法规对报送财务报表的时间有明确规定，各单位必须按照规定的时间期限对外报表，否则，被认定为不及时。规定中明确的报送时间是：月度报表要在月度终了后6天内（节假日顺延，下同）报送；季度报表要在季度终了后15天内报送；半年度报表要在年度中期结束后60天内报送；年度报表要在年度终了后4个月内报送。

### 2. 财务报表报送的格式和手续

对外报送的财务报表，应当依次编定页码，加具封面，装订成册，加盖公章。封面要写明单位名称、单位地址、财务报表所属时期（年度、季度、月度）、报送日期，并由报表单位的领导人、总会计师、会计机构负责人、会计主管人员签名或者盖章。

对需要进行审计的财务报表，财务报表编制单位应先委托注册会计师进行审计，并将注册会计师出具的审计报告随同财务报表按照规定的期限报送有关部门。

### 3. 报出错误财务报表的处理

报送财务报表就是要使信息使用者了解填报单位的真实财务状况、经营成果和所有者权益变动情况。如果信息有误，可能会造成信息使用者决策失误，所以，发现已报出财务报表有误时，要及时办理更正手续。正确的做法是：对本单位留存的财务报表进行更正，同时将修正的错误告知接受财务报表的单位。如果错误较多，需重新编报。


**想一想**

为什么要以法规的形式对财务报表报送时间做出明确规定？财务报表装订有哪些作用？

**课堂活动**

目的：熟练掌握财务报表报送相关要求。

地点：教学场所。

时间：20分钟。

方式：小组完成任务。

资料：大方公司对会计信息的管理不到位，经常出差错。新上任的财务负责人认为如果时间充足，可能解决此问题，因此决定：每个月的报表都在下月的10日报送，每个季度的报表都在每个季度结束后20天内报送。

要求：讨论分析该财务负责人做法的正确性。

评价：从判断的正确性、理由的充分性、表述的流畅性、合作的协调性四方面进行评价。

# 参 考 文 献

[1] 中华人民共和国会计法[M]. 北京：法律出版社，1999.

[2] 中华人民共和国财政部. 会计基础工作规范[M]. 北京：经济科学出版社，1996.

[3] 中华人民共和国财政部. 企业会计准则——应用指南[M]. 北京：中国财政经济出版社，2006.

[4] 沈清文. 基础会计[M]. 北京：中国农业大学出版社，2007.

[5] 沈清文. 会计基本能力培养[M]. 北京：中国农业出版社，2010.

[6] 程淮中. 会计职业基础[M]. 北京：高等教育出版社，2011.

[7] 高香林，吴彦文. 基础会计[M]. 3版. 北京：高等教育出版社，2011.

[8] 郭黎，国燕萍，黄汉奎. 会计基础与实务 [M]. 北京：中国水利水电出版社，2011.

[9] 马艳华，王竞雄. 会计基础项目化教程[M]. 北京：冶金工业出版社，2010.